法藏知津

九 編

杜潔祥 主編

第18冊

宗教慈善公益事業研究
——以佛光山與救世軍為考察重點

鞠昕彤 著

花木蘭文化事業有限公司

國家圖書館出版品預行編目資料

宗教慈善公益事業研究——以佛光山與救世軍為考察重點／
鞠昕彤 著 -- 初版 -- 新北市：花木蘭文化事業有限公司，
2023〔民 112〕
目 4+240 面；19×26 公分
（法藏知津九編 第 18 冊）
ISBN 978-626-344-361-7（精裝）
1.CST：宗教 2.CST：公益事業
733.08   112010198

法藏知津九編
第十八冊   ISBN：978-626-344-361-7

宗教慈善公益事業研究
——以佛光山與救世軍為考察重點

作　　者　鞠昕彤
主　　編　杜潔祥
副總編輯　楊嘉樂
編輯主任　許郁翎
編　　輯　張雅淋、潘玟靜　美術編輯　陳逸婷
出　　版　花木蘭文化事業有限公司
發 行 人　高小娟
聯絡地址　235 新北市中和區中安街七二號十三樓
　　　　　電話：02-2923-1455／傳真：02-2923-1452
網　　址　http://www.huamulan.tw 信箱 service@huamulans.com
印　　刷　普羅文化出版廣告事業
初　　版　2023 年 9 月
定　　價　九編 52 冊（精裝）新台幣 120,000 元

宗教慈善公益事業研究
——以佛光山與救世軍為考察重點

鞠昕彤　著

作者簡介

鞠昕彤，女，1987 年 6 月出生，吉林省吉林市人，西南大學法學學士，哲學碩士，宗教學博士，研究方向宗教管理，導師楊玉輝教授，現就職於重慶工業職業技術學院馬克思主義學院。近年來，獨立發表專著《優秀傳統文化融入高校思想政治教育的有效路徑研究》，主持結項課題項目「宗教界參與慈善公益事業的途徑與方法研究」、「宗教在老齡化社會中的作用探討」，獨立發表〈Nature，Development Principle and Its Social Function of Religious Charitable and Public Service〉、《獨立養生學學科創建的意義探討》等文章。

提　　要

　　抑惡揚善是世界各大宗教共同的價值追求，行善與奉獻是宗教組織的悠久傳統和一貫主張，慈善公益是宗教進入社會、服務社會的重要途徑。本文首次對宗教慈善公益事業進行了較為全面和系統的梳理，以佛教的佛光山與基督教的救世軍作為研究個案，通過思想理論篇、社會實踐篇和經驗思考篇三部分共十章內容分析闡釋了為什麼要做宗教慈善公益事業、已經做了哪些宗教慈善公益事業、以及如何做好宗教慈善公益事業三個基本問題。其中，思想理論篇梳理了各主要宗教的慈善公益思想，並分析其實踐路徑，挖掘開展宗教慈善公益事業的深層原因；社會實踐篇全面展示了佛光山與救世軍的慈善公益事業及其社會評價，揭示宗教慈善公益事業為社會及組織自身帶來的積極作用與廣泛影響；經驗思考篇首先從社會與宗教兩個角度闡釋宗教慈善公益事業的重要性，並歸納總結宗教慈善公益事業的基本內容，然後從機制、政策與意識三個層面分析做好宗教慈善公益事業的外部條件，提出做好宗教慈善公益事業需遵循原則、健全運營機制以及完善管理模式的內部要求，最後結合前文的分析討論，對推進大陸地區宗教慈善公益事業的發展提出政府、組織和社會三個維度的思考和建議，試圖為宗教慈善公益事業的可持續發展帶來有力對策。

目次

第 1 章 緒 論

1.1 研究緣起

　　慈善公益是一種文化，它是人類文明進步的標誌；慈善公益是一種信仰，它是人們追求公平正義的信念和意志；慈善公益是一種精神，它是人類社會助人、互助的慈悲奉獻；慈善公益是一種尊嚴，它是具有超越性價值的德行善舉。宗教是人類歷史上積極參與和推動慈善公益實踐的重要主體，從某種意義上而言，不瞭解宗教的慈善公益實踐，就不能算真正地認識和理解宗教。慈善公益是宗教參與社會、奉獻社會的重要途徑，也是宗教發揮積極作用的必然要求。歷史與實踐證明，宗教在慈善公益領域具有無可比擬的條件與優勢，是服務社會的重要力量，宗教慈善公益事業是社會慈善公益事業的重要組成部分，具有至關重要的地位、作用和意義價值。

　　中華民族歷來有從善去惡的美德與助人、互助的傳統，宗教參與民間慈善的歷史源遠流長。歷史上，由宗教組織開辦的悲田院、善堂、育嬰堂、醫院、學校等慈善機構都為緩解社會疾苦做出了重要貢獻，儘管此時的慈善行為尚存在偶然性和地域侷限性等因素，但形成了宗教參與社會慈善的優良傳統，宗教組織也成為了民間慈善力量的重要組成部分。當前，大陸地區的宗教慈善公益事業，仍處於探索發展階段。在「充分發揮宗教在促進社會和諧方面的積極作用」〔註1〕提出和 2008 年汶川地震宗教慈善組織的積極救災之後，社會各

〔註1〕 《中共中央關於構建社會主義和諧社會若干重大問題的決定》（2006 年）。

界對宗教組織從事慈善公益事業的特殊優勢、巨大作用及其重要意義引起廣泛討論和高度重視。2012 年,《關於鼓勵和規範宗教界從事公益慈善活動的意見》出臺,宗教慈善公益事業迎來了發展的新契機。2016 年,《中華人民共和國慈善法》的頒布施行保障了善行善施在法律框架內運行,有章可循,有法可依,因此,在新形勢下如何推進宗教慈善公益事業的健康發展成為重要課題。與此同時,香港、澳門、臺灣地區和西方發達國家的宗教慈善公益事業經歷了現代化轉型,發展的如火如荼,一些國際知名的宗教組織取得了非凡的慈善公益成就,為社會做出了巨大貢獻。故而,全面認識和深入理解宗教慈善公益事業,分析和總結海外發展宗教慈善公益事業的成熟經驗,探索宗教參與慈善公益的現代化路徑,在當前具有極其重要的現實意義,同時這也是對充分發揮宗教在社會發展中的積極作用的有益探索。

1.2 研究意義

在理論意義方面,本文結合現實的個案調查與實證基礎,首次系統梳理了佛教、道教、基督教和伊斯蘭教的慈善公益思想及其實踐路徑,歸納總結了宗教慈善公益事業的基本內容、重要意義,剖析了做好宗教慈善公益事業的外部條件與內部要求,並對推進大陸地區宗教慈善公益事業的發展提出思考和建議,為宗教慈善公益事業建構了一個較為宏觀和完整的理論體系,不僅對於挖掘和傳播宗教慈善公益文化具有一定意義,而且為宗教組織提高社會服務能力、促進社會和諧奠定了堅實的理論基礎。

在現實意義方面,宗教慈善公益事業既是宗教慈善公益思想的具體實踐,也是宗教進入社會、服務社會的集中體現,表達了宗教對人的終極關懷,因此,本文主題的討論和研究有助於促進宗教內在核心價值的展現,對社會價值觀的塑造有積極影響。同時,大陸地區社會政策、政治、經濟、文化等方面的發展進步也促使宗教慈善公益事業的理念與運營管理模式進行必要的轉型與創新,本文在總結和借鑒海外宗教慈善公益事業發展經驗的基礎上,提出了推進大陸地區宗教慈善公益事業發展的對策和建議,對於政府引導和規範宗教慈善公益事業的發展,以及宗教充分發揮在社會發展中的積極作用具有一定的現實意義與參考價值。

1.3 相關概念界定

「宗教慈善公益事業」中包含著宗教、慈善、公益、慈善公益事業多個名稱，想要全面深入的認識它的概念，應該先分別認識其所包含的各個名稱的概念，並梳理它們之間的關係。同時，隨著時間的推移與社會的發展，「宗教慈善公益事業」的內涵與外延也發生了一些變化。

1.3.1 慈善與公益的概念

中西方對於慈善的概念見解不同，但均包含了兩個層面，一是善心，即慈悲、博愛的仁慈之心；二是善行，即慈善行為。慈善，是善心與善行的有機統一，既是對人關懷、富有同情心的思想境界，也是關愛他人、奉獻社會的高尚行為。

在中國，「慈善」一詞歷史悠久，「慈」與「善」最初是分開使用的。根據《現代漢語詞典》的梳理，「慈」主要有三種涵義：第一，指母親，如謝朓《齊敬皇后哀策文》中有「閔予不祐，慈訓早違」，古人亦在別人面前謙稱自己的母親為「家慈」；第二，和善，如「慈眉善目」、「心慈手軟」等；第三，慈愛，如《莊子‧盜跖》中有「堯不慈，舜不孝」，如今亦有「敬老慈幼」等詞語，這個「慈」中同時也隱含著一種長輩對晚輩、上級對下級的地位或權威等級關係。當然，除了這三種涵義外，慈悲、仁慈、憐愛也屬於「慈」的範疇。「善」在《現代漢語詞典》中也有三種較為常見的解釋：第一，好的、善良的、與惡相對，如《韓非子‧有度》中有「刑過不避大臣，賞善不遺匹夫」；第二，友好、親善，如《戰國策‧秦策二》中有「齊楚之交善」；第三，愛惜，如《荀子‧強國》中有「善日者王，善時者霸」。綜上所述，雖然「慈」與「善」不同，但二者都包含著仁慈、善良、愛惜、美好的涵義。「慈善」作為一個詞使用，最早出現在南北朝時期的《魏書‧崔光傳》中，「光寬和慈善，不杵於物，進退沉浮，自得而已」，其中「慈善」用來描述崔光的品性。此後，「慈善」一詞頻繁見諸於著述之中，伴隨其廣泛使用，尤其是吸收了中國傳統文化中的儒家仁愛思想、佛教慈悲觀念與道教勸善行善思想後，它的內涵也變得更加豐富。到了近現代，「慈善」的涵義不僅包括慈善思想，還包括慈善行為。懷有仁愛之心謂之「慈」，廣興濟困之舉謂之「善」，慈善成為善心與善行的統一。傳統意義上的慈善表達了社會強勢群體對弱勢群體的關心和愛護，但這種隱含的權威或等級關係在現代社會對慈善概念的使用中逐漸淡化，現代意義上

的慈善可以擴展到整個社會之中，表述人與人之間的關愛。

在西方，「慈善」有廣義和狹義兩種理解。狹義的「慈善」對應著英語中的「charity」，與基督教聯繫密切，《大英百科全書》將其解釋為：「基督教思想中最高形式的愛，象徵著神與人之間的互愛，是人與人之間無私的愛的表現。（In Christian thought, the highest form of love, signifying the reciprocal love between God and man that is made manifest in unselfish love of one's fellow men.）」〔註2〕這種源於基督教的博愛思想與傳統意義上的慈善相契合，因此，狹義的慈善可以理解為社會公眾或社會組織自發、自願的為社會弱勢群體提供無償救助的奉獻行為。廣義的「慈善」對應著英語中的「philanthropy」，意思是：「社會組織或個人以自願幫助社會為目的而做出的有組織的行為。（Voluntary, organized efforts intended for socially useful purposes.）」〔註3〕廣義的「慈善」強調志願精神，凡是有助於社會發展、有利於社會民眾的行為都被其囊括，因此，在幫助對象上不但包括社會中的弱勢群體，而且擴展至全人類，在幫助方式上也由傳統的救濟、救助、施捨等逐步擴展為扶助、支持、資助等。西方的「慈善」既有傳統意義上的濟危扶貧、救災救難，也有對教育、文化、科研、環保等整個人類社會領域的關愛與支持。

在法律界定上，《中華人民共和國慈善法》規定慈善有廣狹兩義，「小慈善」指的是扶貧濟困救災，「大慈善」還包括促進教育、科學、文化、衛生、體育事業的發展，以及環境保護等內容，只要有利於社會公共利益的活動都屬於慈善，這與西方對「慈善」的廣狹認識基本一致。英國2006年的慈善法規定慈善目的事業主要包括以下十三項：「預防或消滅貧困；推進教育；推進信仰；增強健康或挽救生命；推進公民或社區進步；推進藝術、文化、遺產或科學的進步；推進業餘運動的進步；推進人權、解決衝突或和解、促進宗教或種族的和諧或平等及多樣性的進步；促進環境保護和改善；解決由於年幼、年齡、生病、殘障、財政困難或者其他缺陷的需要；推進動物福利；促進王室武裝力量的效率、警力的效率、火警及救生服務或者救護車服務等符合其款項規定的其他目的。」〔註4〕

〔註2〕大英百科全書官方網站 http://global.britannica.com/topic/charity-Christian-concept，2015年8月1日。

〔註3〕大英百科全書官方網站 http://global.britannica.com/topic/philanthropy，2015年8月1日。

〔註4〕《英國慈善法》（2006年）。

　　中西方關於「公益」的提出和使用都比「慈善」要晚一些。在中國，儘管儒家的仁愛理論中可以挖掘到一些類似公益思想的價值觀，但「公益」作為一個詞語出現和使用卻是在五四運動後，魯迅先生的《準風月談·外國也有》中有這樣一句「只有外國人說我們不問公益，只知自利，愛金錢，卻還是沒法辯解。」此時的公益概念並不明確，人們對公益的關注也不夠。直至改革開放後，尤其是新世紀以來，公益才逐漸被人們所認識和瞭解。在西方，公益是從慈善中分化而來的一個概念，隨著時代的發展和社會的進步，人們不僅關注慈善行為對個人的幫助，而且關心其對整個社會的效用，所以公益的概念逐步從慈善中發展並脫離出來。

　　現代對於「公益」的內涵具有兩種不同的理解。第一，公領域範疇的公益。這裡的公益可以理解為公共利益，與個人利益、私人利益相對，即英文中的「Public benifit」，指的是「不特定的社會成員所享有的共同利益，也是國家或社會為了整體的需要超越地區或集團的局部利益，指向非特定多數人的利益。」〔註5〕因此，公領域範疇的公益事業是基於推動社會公平、公正的發展，而由公權力機構（如政府）所採取的有關公共事務的集體性協調行動。第二，私領域範疇的公益。這裡的公益與慈善相關，指的是個人或組織自願通過行善舉來促進有關社會公眾的福祉和利益，與英文中的「philanthropy」意義相近，也與廣義的慈善密不可分。

　　在法律界定上，英國1601年的《公益事業法》是世界上第一個關於民間公益組織的法規，該項法規劃定了公益組織的範疇，明確了其所具有的公益性、慈善性和民間性等原則，制定了政府鼓勵和支持民間公益事業的法定框架，為多種形式的社會募捐提供了法律依據。美國1935年的《信託法重述》規定公益目的主要包括：救濟貧困；發展教育；發展宗教；促進健康；政府或社會目的；其他有利於社會利益實現的目的。我國的法律條文中尚未對「公益」進行明確的概念界定，根據現行《中華人民共和國公益事業捐贈法》第一章第三條的規定，公益事業是指非營利的下列事項：（1）救助災害、救濟貧困、扶助殘疾人等困難的社會群體和個人的活動；（2）教育、科學、文化、衛生、體育事業；（3）環境保護、社會公共設施建設；（4）促進社會發展和進步的其他社會公共和福利事業。〔註6〕

〔註5〕彭小兵，《公益慈善事業管理》，南京：南京大學出版社，2012年，第10頁。
〔註6〕《中華人民共和國公益事業捐贈法》（1999年）。

　　通過對「慈善」與「公益」概念的梳理，我們發現二者具有很多相似性，但也有本質上的不同。

　　首先，雖然「慈善」與「公益」均與宗教思想密不可分，但「慈善」起源早，傾向於為弱勢群體提供救災濟貧等幫助，並隱含著一種上對下的等級關係；「公益」產生較晚，更傾向於為社會公眾提供科學、教育、文化、衛生、環保等利於全社會持續發展的服務，並隱含著一種對社會公平、公正的追求。資中筠教授在《散財之道》中曾有這樣一個生動的舉例幫助我們區分慈善和公益：「在一次水災中，個人和團體紛紛捐款捐物賑濟災民，這屬於慈善行為，若把它組織化、經常化，可成為慈善事業；但是若設立進一步探討災害根源的研究項目或機構，乃至建立植被造林等計劃，則屬於公益事業。」〔註7〕劉繼同教授在《慈善、公益、保障、福利事業與國家職能角色的戰略定位》一文中，將慈善、公益、保障、福利、福祉進行了全方位的比較，我們截取其慈善與公益比較的部分，對它們的聯繫和區別就更加清晰、明確。

慈善與公益的比較 〔註8〕

分析層次	社會慈善	社會公益
英文詞彙	Charity	Philanthropy
誕生時間	奴隸封建社會	近、現代社會
服務性質	利他、非營利	利他、非營利
價值基礎	給予和施捨	博愛與關愛
政策目標	緩解貧困	社會關愛
社會問題	貧困和生存	貧困和生活
國家角色	無足輕重	日趨重要
市場作用	重要角色	主要角色
NGO 角色	主體角色	核心角色
服務對象	貧困與弱勢	弱勢與劣勢
服務範圍	維生和減貧	各類社會關愛
服務方式	實物給予	物質與服務

〔註7〕資中筠，《散財之道──美國現代公益基金會述評》，上海：上海人民出版社，2003 年，第 12 頁。

〔註8〕劉繼同，《慈善、公益、保障、福利事業與國家職能角色的戰略定位》，《南京社會科學》，2010 年第 1 期：第 90～96 頁。

服務機構	宗教團體	第二與第三部門
服務人員	宗教人士	專業與公民
資金來源	宗教團體	企業與 NPO
發展動因	宗教信仰	宗教經濟社會
管理體制	民間管理	行業管理
制度層次	最低層次	第二層次
作用影響	扶貧濟貧	社會關懷

其次，從中西方關於「慈善」與「公益」的相關法律法規的比較中，我們可以發現中西方均把對弱勢群體的救助與促進社會發展的科學、教育、文化、衛生、環保等事業作為「慈善」與「公益」的重要內容，但在對待宗教的發展上卻存在差異。英國、美國的相關法律法規中均把發展宗教作為慈善公益事業的一項主要目標和重要內容，而我國的相關法律法規只強調了世俗性的慈善公益活動。

最後，慈善有廣義狹義之分，公益有公私領域範疇的不同，本文所涉及的「慈善」是廣義的慈善，「公益」是私領域範疇的公益。

1.3.2 宗教慈善公益事業的概念

起初，人們自願關愛他人、奉獻社會的慈善行為只是個人的、偶然的。當這種慈善行為成為有組織的、經常性的，並逐步規模化、制度化以後，就成為了慈善事業。早期的慈善事業主要是為窮苦急難的弱勢群體提供幫助和救濟，由合法的社會中介組織通過社會捐贈的形式將可匯聚的財富集中，然後以合法的途徑分配給受助群體。伴隨時代的發展與社會的進步，傳統慈善事業歷經了三個方面的轉變，進而逐步發展成為現代慈善公益事業。首先，在如何認識慈善這個問題上出現了觀念上的轉變。過去人們認為慈善行為與慈善活動是強者對弱者的施捨和恩賜，而現代人們更傾向於將慈善公益行為與活動看作是社會上提供的一種公共產品；其次，慈善事業的主導者和參與者更加豐富多元。傳統慈善活動通常由宗教團體或有能力的宗族、個人等開展，受助者往往與其形成一種人身依附關係，而現代慈善公益活動的開展主體多為成熟化、專業化的慈善公益組織，捐助者與受助者之間關係平等，不必產生依附；最後，慈善公益活動的領域更為廣泛。傳統慈善活動基本上是對社會弱勢群體的救濟和幫助，而現代慈善公益活動不但關心慈善對個人或群體的效用，而且關注

慈善公益對整個人類社會的功能，進而逐步開展了科研、教育、文化、衛生、環保等多領域的慈善公益活動。

當傳統慈善事業發展成為現代慈善公益事業的時候，它的內涵和外延都發生了一系列的變化。因此，現代社會對慈善公益事業的定義為：「在政府的倡導、幫助或支持下，由民間團體或個人自願組織與開展活動的、對社會中遭遇災難、不幸的人或有利於人們福祉的教育、科研、文化、藝術、體育、環保等社會事務，不求回報地實施救助、扶助、資助的一種無私的支持與奉獻的事業，具體體現在那些旨在救助、救濟、扶助特殊困難群體、個人或組織的非營利公益慈善活動。」〔註9〕與傳統慈善相比，現代慈善公益事業的專業化、現代化、組織化、制度化以及國際化特徵更加突出、明顯。現代慈善公益事業不但拓展到了社會的各個領域，而且為了與高速發展的現代社會相適應，積極地調整著自身的模式。

宗教曾與宗族、社會和政府並稱為傳統慈善公益事業的四大支柱。可見，宗教慈善公益事業既具有悠久的歷史，又具備舉足輕重的地位。那麼，什麼是宗教慈善公益事業？目前學界並沒有一個完整的、權威的定義。究其原因，主要有兩個：一是宗教在人類社會的傳統慈善領域歷來都扮演著重要角色，提到慈善就必然聯繫到宗教，反之亦然，因此缺乏一個專門的定義；二是在大陸地區的現代慈善公益環境中，宗教發揮的力量和產生的影響還有限，但其蘊含的優勢和潛能是巨大的，因此學界對宗教慈善公益事業的現代考察與研究主要集中在近些年，尚缺乏一個全面的定義。本文試圖對宗教慈善公益事業進行概念界定，希望能起到拋磚引玉的作用。

廣義的宗教慈善公益事業指的是凡是具有宗教背景的社會團體或個人等自願自主且合法開展的以救助、扶助社會中的弱勢群體，資助社會的教育、醫療、文化、藝術、體育、環保等社會事務的一種非傳教性、非營利性的慈善公益活動。在這裡，除了宗教組織外，具有宗教背景的社會團體和個人還包括依託宗教道場和教團、依靠宗教信徒和熱心人士、依託宗教協會等建立的慈善公益組織、基金會和社會服務單位等，當然，具有宗教信仰的個人如塞奇夫人、洛克菲勒、卡耐基等通過私人基金會所開展的慈善公益事業也屬於廣義的宗教慈善公益事業範疇。

狹義的宗教慈善公益事業僅指具有宗教背景且明確標識自身宗教性身份

〔註9〕彭小兵，《公益慈善事業管理》，南京：南京大學出版社，2012年，第13頁。

的社會團體或個人等自願自主、合法開展的以救助、扶助社會中的弱勢群體，資助社會的教育、醫療、文化、藝術、體育、環保等社會事務的一種非傳教性、非營利性、有組織性的慈善公益活動。

當然，本文所討論和研究的「宗教慈善公益事業」指的是狹義的宗教慈善公益事業。

1.4　相關研究綜述

關於宗教慈善公益事業的研究通常分為兩大類，一是對宗教慈善公益事業的總體性研究，一是對某個宗教的具體的慈善公益事業的研究。而研究的角度主要集中在歷史學、宗教學、倫理學、社會學、政治學等。

第一，宗教慈善公益事業總體性研究。關於宗教慈善公益事業的概括性和綜合性論述較為多樣，大致可以分為宗教慈善公益思想研究、宗教慈善公益組織研究、傳統的宗教慈善事業研究以及現代宗教慈善公益事業研究，由於本文的研究主要以現代宗教慈善公益事業為主，因此將其作為綜述的主要內容。

現代宗教慈善公益事業是相對於傳統宗教慈善事業而言的，其重要特徵就是慈善公益活動的經常性、持續性和宗教慈善公益組織的制度化、規範化和專業化。現代宗教慈善公益事業的研究主要包括分析宗教慈善公益事業的定位及發展趨勢、考察宗教慈善公益事業的相關法律法規和政策環境、探討宗教慈善公益事業的管理問題等。《當代中國宗教慈善事業發展：歷史與現實的審視》（龔萬達、劉祖雲，2013）一文分析了中華人民共和國成立後 30 年來宗教慈善公益事業衰熄的根本原因，對當代中國大陸地區宗教慈善事業的現實進行了審視，指出在「適應論」的理論指導下，宗教慈善逐步形成了有系統、有組織、多元化的發展格局，而未來在國家的政策支持和制度保障下，宗教在慈善領域服務社會、促進社會信任、積聚社會資本的重要功能也將展現出來。[註10]《宗教與慈善——從同一個月臺出發的列車或走向同一站點的不同交通工具》（劉培峰，2012）一文認為隨著社會分化，慈善和宗教逐漸分離，現代慈善注入了更多的內涵，但宗教慈善仍然發揮著重要作用，現代社會的宗教與慈善

[註10] 龔萬達、劉祖雲，《當代中國宗教慈善事業發展：歷史與現實的審視》，《甘肅社會科學》，2013 年第 5 期：第 236 頁。

都面臨著角色定位和社會管理的問題，如何尋找自性，合理調適自我，回應社會的需求是當前最值得關注的問題。〔註11〕《宗教界開展社會公益慈善事業的優勢與空間》（裴勇，2008）一文指出宗教界參與慈善公益事業的三大優勢，即深刻的信仰基礎、悠久的慈善傳統、以及較高的道德感召力與社會公信度，雖然當下我國的宗教慈善公益事業與西方發達國家存在差距，但我國的宗教慈善公益事業依然具有巨大的潛力可以挖掘。〔註12〕《中國宗教公益慈善事業的定位、挑戰及趨勢》（鄭筱筠，2012）一文認為中國當前處於社會轉型期，宗教慈善公益組織是健全社會保障體系的重要角色，當前我國宗教慈善公益事業水平較低，面臨著組織制度不完善、組織宗教性身份與社會性身份難協調、資金管理機制落後、創新不足、專業人才隊伍缺乏、與國際接軌難等諸多問題和挑戰，應當在國家的政策指引下，提升宗教慈善公益組織的專業化程度，有機整合慈善活動等，探索當代宗教慈善公益事業的中國發展模式。〔註13〕

在我國現代宗教慈善公益事業的起步和發展階段，其相關的法律法規問題也是研究的重要內容。《宗教慈善若干法律問題研究》（劉波，2013）一文認為我國各大宗教都具有開展慈善公益事業的優良傳統和強烈願望，宗教慈善具有撫慰心靈與促進社會和諧的作用，因此應當大力推動和發揚，但存在一些法律問題，如禁止傳教與身份定位問題、雙重管理與稅收減免問題、獎勵機制與監督機制的設立與改進問題等，解決好這些根本問題，才能從機制上、從運行上真正保障宗教慈善公益事業健康發展。〔註14〕儘管宗教組織的自願、透明以及奉獻意識比其他社會組織更為突出，但無論是宗教慈善公益事業，還是世俗慈善公益事業，其相關的管理問題都是研究的重點。《宗教慈善事業的公信度從哪裏來》（胡紹皆，2012）一文指出宗教慈善事業的公信力源於四個方面，即內在信仰作支撐、悲憫情懷作動力、道德持守作保證、民間性質作前提，加強這四個方面的建設，能夠促使宗教慈善公益事業彰顯出超越世俗社會慈善公益事業的內在性、普遍性和長久性，在推動慈善事業發展的同時，也能更好

〔註11〕 劉培峰，《宗教與慈善——從同一個月臺出發的列車或走向同一站點的不同交通工具》，《世界宗教文化》，2012 年第 1 期：第 44 頁。

〔註12〕 裴勇，《宗教界開展社會公益慈善事業的優勢與空間》，《中國宗教》，2008 年第 4 期：第 64 頁。

〔註13〕 鄭筱筠，《中國宗教公益慈善事業的定位、挑戰、趨勢》，《中國宗教》，2012 年第 3 期：第 28 頁。

〔註14〕 劉波，《宗教慈善若干法律問題研究》，《中國宗教》，2013 年第 3 期：第 72 頁。

的利於宗教自身發展。〔註15〕《宗教界開展公益慈善事業問題研究》（董棟，
2012）指出宗教界開展公益慈善事業的領域涉及教育、福利事業等，但面臨著
組織機構註冊難、政策優惠兌現難的問題，而政府對宗教界開展公益慈善事業
的管理也面臨著借機傳教的界限問題、如何正面宣傳的問題、政府管理難落到
實處以及公益慈善服務的後續問題，這些都是值得思考和需要解決的問題，作
者也提出了加強政府的依法管理、推動宗教界和有宗教背景的公益慈善機構
建立制度化的內部管理機制的建議。〔註16〕

　　第二，各宗教的慈善公益事業研究。在五大宗教中，佛教與基督教所開展
的慈善公益事業在數量與規模上較為突出，知名的慈善公益組織也較多，因而
對其所展開的研究相較於其他宗教而言也更為廣泛和深入。

　　佛教慈善公益事業研究。關於佛教慈善公益思想的研究成果較多，如《佛
教慈善的理論支撐》（餘日昌，2009）、《慈善是佛教的本質屬性和本質要求》
（方立天，2011）、《佛教布施觀對當代慈善公益事業的影響》（仲鑫，2009）
等，僅以《阿含經中的臨終關懷研究》（田秋菊，2008）、《從觀念到實踐——
佛教慈善向生態環保的拓展》（陳紅兵、秦克寅，2012）這兩篇文章為例，作
者分別從佛教經典中梳理並闡釋了佛教慈善思想的內涵，並將其與現代慈善
觀念和具體的慈善事業相結合，符合當前慈善公益事業類型多樣化的需求，具
有實踐意義。臺灣地區的佛教慈善公益事業十分發達，佛教慈善公益組織規模
較大，如世界知名的佛教慈善公益組織慈濟功德會、佛光山等，對這些知名佛
教慈善公益組織的考察研究也是宗教慈善公益事業研究的重要成果。王佳在
對廈門南普陀寺慈善會、佛光山慈悲社會福利基金會以及大慈育幼院等進行
調研後，提出了佛教慈善公益組織的三種基本類型：救濟型慈善、弘法型慈善
和服務型慈善，並從理念文化、政府政策、社會民眾以及自身建設這四個層面
對比了海峽兩岸的佛教慈善公益事業，提出了宗教慈善公益組織增加社會性
慈善項目的投入比重、慈善服務專業化與內容多元化發展、以及加強社會協作
等發展建議。〔註17〕除此之外，還有《廣辦四大志業的臺灣慈濟功德會》（何
綿山，2006）、《臺灣人間佛教發展考察》（繆方明、於妹，2009）、《當代佛教

〔註15〕胡紹皆，《宗教慈善事業的公信度從哪裏來》，《中國宗教》，2012 年第 3 期：
　　　　第 35 頁。
〔註16〕董棟，《宗教界開展公益慈善事業問題研究》，《世界宗教文化》，2012 年第 1
　　　　期：第 47 頁。
〔註17〕王佳，《中國佛教和慈善公益事業》，北京：宗教文化出版社，2014 年。

慈善公益組織及其活動的研究——以慈濟基金會南京會所為例》（仲鑫，2011）、《臺灣佛教對社會慈善的積極作用——以佛光山和慈濟為重點》（郭天紅、王佳，2012）、《當代臺灣社會轉型與人間佛教運動》（李尚全，2010）等。這些成果以個案研究為主，對發展成熟的佛教慈善公益組織進行田野調查，研究它們開展的慈善事業、管理模式、組織文化等內容，總結歸納它們的社會功能和重要意義。同時，也有一些學者提出宗教組織在順應世俗時會逐步喪失宗教特性的擔憂，引人深思。

基督教慈善公益事業研究。《基督教慈善思想探析》（高倩倩，2013）一文指出基督教慈善思想包含著慈愛、愛人如己、善待窮人、公平公正、扶困濟貧等內容，具有化解矛盾、慰藉人心、促進平等和穩定社會等重要意義，將其運用到建設當代慈善事業中，將會產生極大的推動與促進作用。〔註18〕《社會公益：制度性宗教轉型的路徑——基於理論與實踐的雙重思考》（邢婷婷，2013）通過對中國北方地區一個具有天主教背景的公益組織進行個案分析，指出在現代化進程中，宗教權力的喪失並不意味著宗教實踐的停滯和宗教信仰的消亡，以社會公益為切入點，制度性宗教可以找到現代社會中轉型的可行途徑，繼續參與公共生活。〔註19〕《當代中國的基督教社會服務組織與公民社會——以愛德基金會和上海基督教青年會為個案》（曹飛廉、陳健民，2010）則通過對比兩個個案，分析和探討基督教慈善組織對中國公民社會發展的影響，文章指出具有信仰基礎的社會服務組織提供的社會服務產生了積極的社會效應，滿足了巨大的社會需求，在推動公民社會的發展過程中扮演了極為重要的角色。〔註20〕此外，《民國時期基督教在華慈善事業——以成都中西組合慈善會為例 1921～1940》（譚綠英，2003）、《重慶近代基督宗教慈善福利事業研究》（周曉光，2012）、《傳教士與近代中國》（顧長聲，上海人民出版社）這些研究是從歷史學的角度對特定歷史時期某地的基督教慈善事業進行的梳理與總結，分析其影響及社會功能，同樣具有一定的研究價值。

道教慈善公益事業研究。相對於佛教和基督教而言，道教慈善公益事業的

〔註18〕高倩倩，《基督教慈善思想探析》，碩士學位論文，濟南：山東師範大學，2013年。

〔註19〕邢婷婷，《社會公益：制度性宗教轉型的路徑——基於理論與實踐的雙重思考》，《理論界》，2013 年第 7 期：第 75 頁。

〔註20〕曹飛廉、陳健民，《當代中國的基督教社會服務組織與公民社會——以愛德基金會和上海基督教青年會為個案》，《開放時代》，2010 年第 9 期：第 119 頁。

研究成果相對較少，比較有代表性的有：《當代中國道教慈善事業研究——以成都道教為樣本》（諶娟，2012）一文通過對成都有代表性的青羊宮、青城山、鶴鳴山和老君山的調研與訪談，探討了成都道教慈善事業的思想基礎、發展基本狀況和主要特徵，指出道教慈善在當代對促進社會和諧具有積極作用，而道教慈善事業也是我國宗教慈善事業的一個重要的有機組成部分。〔註21〕《論道教參與公益慈善事業的歷史傳統與現代實踐——以江蘇茅山道院參與公益慈善事業為中心》（李玉用，2012）一文分析了道教的慈善思想與歷史傳統，並以江蘇茅山道院為研究對象，總結了其近幾年來從事的社會服務和參與的公益慈善事業，指出茅山道院的公益慈善活動具有發展快、特色鮮明和社會效果明顯的特徵，但當前的道教慈善公益事業仍處於初級階段，還有很大的提升和發展空間。〔註22〕

　　伊斯蘭教慈善公益事業研究。《伊斯蘭教的慈善理念》（馬銳強，2011）、《伊斯蘭教慈善思想探析》（曾桂林，2012）、《伊斯蘭教慈善倫理初探》（劉松峰，2012）這三篇文章從伊斯蘭教經典《古蘭經》和「聖訓」中分析其蘊含的豐富的慈善思想，尤其是曾桂林將伊斯蘭教慈善思想歸納為揚善懲惡觀、疏捐散財觀和扶弱濟貧觀，並指出「六信」、「五功」中均蘊含著慈善思想，而這些共同構成了伊斯蘭教的慈善思想體系。〔註23〕《試論伊斯蘭教早期的慈善事業》（王許林，2011）一文認為前伊斯蘭教阿拉伯部落民族的優秀傳統文化與伊斯蘭一神教觀念結合衍生出早期伊斯蘭教慈善事業，是伊斯蘭教宗教道德中十分重要的一部分，也是在此基礎上的物質文化、精神文化、制度文化的綜合體，文章分析了伊斯蘭教早期慈善事業的觀念、形態和慈善實踐，並指出其對重塑阿拉伯半島道德和社會責任乃至後世的慈善事業都具有重要的影響。〔註24〕《宗教與慈善之我見——以伊斯蘭教的慈善事業為例》（高睿，2013）指出伊斯蘭教具有樂善好施、舉善濟世和濟貧扶困的慈善思想，伊斯蘭教慈善事業也在我國慈善事業中起著非常重要的作用，並從思想、場所、資金這幾個

〔註21〕諶娟，《當代中國道教慈善事業研究——以成都道教為樣本》，《青海社會科學》，2012 年第 1 期：第 116 頁。

〔註22〕李玉用，《論道教參與公益慈善事業的歷史傳統與現代實踐——以江蘇茅山道院參與公益慈善事業為中心》，《中國道教》，2012 年第 5 期：第 22 頁。

〔註23〕曾桂林，《伊斯蘭教慈善思想探析》，《寧夏社會科學》，2012 年第 2 期：第 76 頁。

〔註24〕王許林，《試論伊斯蘭教早期的慈善事業》，碩士學位論文，長春：東北師範大學，2011 年。

方面來說明伊斯蘭教慈善事業運營的重要因素和積極影響。〔註25〕

受宗教慈善文化和西方慈善理論的影響，西方發達國家的非營利組織數量非常多，既有百年歷史的知名組織，也有不斷湧現的新型組織，慈善公益事業內容十分豐富，融入在社會生活的各個方面，社會公眾參與度也極高。同時，非營利組織本身也已經發展成為專門的學科，其相關的研究課題眾多，內容包括了慈善事業的原理、慈善組織的運行與制度建設、慈善組織與政府和社會的關係、慈善事業的監督機制、慈善組織公信力建設、慈善事業的稅收優惠、義工的管理與培訓等。宗教慈善公益組織是非營利組織中的常青樹，慈善公益是宗教組織參與社會生活和發揮社會功能的主要方式之一。

國外宗教慈善公益事業的研究綜述將從宗教慈善公益組織研究、宗教慈善公益相關法律、政策研究這兩個方面說明。宗教組織在開展慈善公益事業時具有一些特殊的、積極的作用，美國楊百翰大學教授杜克文（W.Cole Durham）在《社會發展中保護宗教因素》一文中指出，宗教在促進和優化社會發展上是極其重要的，宗教組織是最有力的慈善機構，宗教的教義能夠引導人們養成利他、誠信、在乎他人需求、尊重他人等特質，而且宗教可以改造個人的生命，並在社會中發揮道德整合、團結社會、促進經濟發展等重要作用。因此，宗教能擴大社會願景並給予人們持久的激勵，宗教組織在慈善公益工作上也更具優勢。荷蘭社會科學研究所宗教與社會發展主席 Geritje ter Haar 認為，宗教慈善組織擁有社會資本和精神資本，宗教資源應當有效地參與社會整合，積極開展與政府、社會的合作，宗教組織不僅是慈善援助工具，更是整合社會的有效力量。〔註26〕同時，也有一些對宗教慈善公益組織的個案研究，例如美國社會學家趙文詞對臺灣慈濟功德會、佛光山進行田野調查，將臺灣制度性的宗教慈善公益組織與對公民社會及民主化的研究相聯繫，指明宗教參與慈善公益對社會公共精神的形成有促進作用。

宗教慈善公益事業的發展離不開法律法規和政策的限定空間與有力保障。美國學者里克・託福斯（Rik Torfs）在《宗教及救濟組織的財政與社會活動》（收錄於《國家・宗教・法律》一書）中指出，美國堅持政教分離的政治

〔註25〕高睿，《宗教與慈善之我見——以伊斯蘭教的慈善事業為例》，《今日中國論壇》，2013 年第 1 期：第 19 頁。

〔註26〕李琳、明世法，《國際宗教慈善發展研究的新進展》，《中共石家莊市委黨校學報》，2013 年第 4 期：第 38 頁。

原則，規定國家不得設立國教，同時規定宗教組織可以不受公共權力的限制，在法律允許的範圍內自由實踐宗教活動，政府給予宗教組織免稅地位，以及允許納稅人向這些組織抵稅捐款，美國政府可以向宗教活動提供間接補貼，為宗教組織參與慈善公益提供助力。〔註27〕貝奇·布查特·阿德勒（Betsy Buchalter Adler）在《美國慈善法指南》中指出，根據美國《國內稅收法典》規定，教會類慈善機構是法定的公共慈善機構，但在設立之初需要通過嚴苛的資格審查，必須具備包括合法的組織身份、被認可的教義和禮拜形式、神職人員的組織體制、正規的教義和法典、確鑿的宗教歷史、與其他教會或教派沒有信屬關係、完成規定課程學習的精神領袖、屬於本教會的文獻、定期召集集會和舉辦宗教活動、針對青年人的宗教教育項目、固定的宗教儀式場所和神職人員培訓機構這些要素。〔註28〕

國外關於基督教的著作十分豐富，其中涉及慈善觀念、慈善思想以及慈善文化的內容也是不勝枚舉。基督教具有豐富的慈善文化資源，如何利用這些資源來促進社會的進步是基督教慈善公益事業的使命。英國基督教神學家麥格拉思（Alister E.McGrath）的《基督教概論》是基督教經典教科書，書中對基督教的教義、歷史以及生活方式進行了全面介紹，其中就包括基督教的慈善思想與慈善行為；美國學者查爾斯·L.坎默（Kammer，C.L.）在《基督教倫理學》中闡釋了基督教倫理對人類社會產生的影響，其中便包括基督教慈善思想對社會發展的影響；德國天主教思想家馬克思·舍勒（Max Ferdinand Scheler）在《愛的秩序》中「基督教的愛理念與當今世界」一篇論述了基督教的慈愛理念及其對當今世界的影響。總的來說，國外基督教慈善思想的研究成果非常豐富。宗教慈善公益思想影響著信徒們的慈善行為，而有組織的慈善行為便逐步形成了宗教慈善公益事業。許多社會學家在經過大量的調研後發現有宗教信仰的人比沒有宗教信仰的人更願意參加慈善活動，而且有宗教信仰的人往往更加慷慨，對弱勢群體更為關注。美國學者亞瑟·C·布魯克斯（Arther C·Brooks）在《誰會真正關心慈善》中指出：「每天做祈禱的人的捐款比例，高出從不祈禱的人的 30%，兩者的比例分別是 83% 和 53%；僅僅屬於某個教會的群體的捐獻比例也高出那些沒有宗教歸屬的人 32%，兩者對應的比例為 88%

〔註27〕劉澎，《國家·宗教·法律》，北京：中國社會科學出版社，2006 年。
〔註28〕李琳、明世法，《國際宗教慈善發展研究的新進展》，《中共石家莊市委黨校學報》，2013 年第 4 期：第 38 頁。

和 56%；那些抱有『只要你心地善良，信仰與否並不太重要』的人來講，他們的捐獻比例是 69%，參加義工的比例是 32%，而那些認為信仰確實很重要的人的回應比例則為 86%和 51%。」〔註 29〕可見，宗教慈善公益思想是個人慈善行為與有組織的宗教慈善公益事業的原動力。不僅如此，慈善行為還能使捐贈者在情感上獲得極大的快樂和滿足，使其更好地融入社會，成為一個能夠真正地、充分地履行公民義務的人。當然，宗教慈善行為的作用遠不止這些，在經典宗教社會學理論研究中，馬克思‧韋伯（Max Weber）在分析基督教對西方經濟發展的功能時就指出了慈善行為在教會中所具有的經濟功能，如施捨可以幫助教內信徒等維持生命，並且利於維護教會團結等。

　　綜上所述，國內外學者對宗教慈善公益事業的研究取得了許多成果，不乏獨到的見解，也為本文提供了一定的理論參考和資料信息。但對於整體性的研究現狀而言，仍存在一些不足之處。第一，當前的研究大多呈現出一種分散狀態，對宗教慈善公益事業的整體性和宏觀性的思考與研究不足，為本文深化對宗教慈善公益事業的理解與認識，歸納總結宗教慈善公益事業的基本內容、重要意義、開展原則以及發展經驗等留下了一定空間；第二，當前的研究以對宗教慈善公益事業的描述性內容居多，缺乏深入地分析和討論，未能形成較為完滿的理論建構與實踐依據，本文採用事業描述與組織分析雙管齊下的方式，試圖從制度上和運行上為推進我國大陸地區宗教慈善公益事業的發展提供對策建議，對宗教充分發揮在社會發展中的積極作用進行有益探索。

1.5　研究內容與研究方法

1.5.1　研究內容

　　本文主要基於三個問題展開研究：為什麼要開展宗教慈善公益事業？已經開展了哪些宗教慈善公益事業？如何推動宗教慈善公益事業更好地發展？根據這三個基本問題，本文主體內容分為三大部分：

　　第一部分，思想理論篇，即第二章至第五章，主要梳理佛教、道教、基督教和伊斯蘭教的慈善公益思想，分析各教的慈善公益實踐路徑，明確宗教開展

〔註29〕〔美〕亞瑟.C.布魯克斯著，王青山譯，《誰會真正關心慈善》，北京：北京市
　　　社會科學文獻出版社，2008 年。

慈善公益事業的深層原因；第二部分，社會實踐篇，即第六、七章，選取佛教的佛光山與基督教的救世軍作為研究個案，介紹這兩大國際性宗教組織的慈善緣起、發展歷史及其慈善公益事業的總體概況，著重分類闡述各項慈善公益事業的具體內容與開展情況，展示其取得的慈善公益成就，並通過其社會評價來揭示宗教慈善公益事業為社會以及組織自身帶來的積極作用與廣泛影響；第三部分，經驗思考篇，即第八、九、十章，結合佛光山與救世軍的慈善公益事業進行分析，其中，第八章從社會與宗教組織兩個角度闡釋開展宗教慈善公益事業的重要性，並歸納總結宗教慈善公益事業的基本內容，從而為其他宗教提供開展慈善公益事業的內容參考，第九章著重從政策、意識與機制三個層面分析做好宗教慈善公益事業的外部條件，並提出宗教組織做好慈善公益事業需遵循原則、健全運營機制以及完善管理模式的內部要求，第十章結合前文的分析討論，對推進大陸地區宗教慈善公益事業的發展提出政府、組織和社會三個維度的思考和建議，試圖為宗教慈善公益事業的可持續發展與創新帶來有力對策。

1.5.2 研究方法

本文採取的是從理論到實踐，從案例到經驗的研究策略，在研究方法上主要採取了三種：

第一，文獻研究法，廣泛搜集、認真閱讀和整理分析宗教慈善公益思想及事業的相關文獻。

第二，田野調查法，通過 2015 年 7 月和 2016 年 1 月實地走訪和考察臺灣佛光山與救世軍港澳軍區，力求運用研究個案的第一手材料進行系統梳理和分析。

第三，深度訪談法，主要與佛光山慈善院院長、工作人員，以及各慈善公益單位的執行人、項目負責人、義工等進行面談。

1.6 創新點與不足之處

本文的創新點主要有如下四項：

第一，本文試圖對整個宗教慈善公益事業進行比較完整和系統的考察，並為其建構一個相對完整的體系，通過對宗教慈善公益思想及事業的概括總結，

以及在研究個案的調查分析基礎上，嘗試從理論到實踐、從個案分析到經驗模式的策略，提升宗教慈善公益事業研究的理論性與實踐性。

第二，對佛教、道教、基督教和伊斯蘭教的慈善公益思想及其實踐路徑進行系統梳理和闡述，比較深入地挖掘了宗教文化與慈善公益間的內在聯繫，明確了開展宗教慈善公益事業的深層原因。

第三，對佛光山與救世軍的慈善公益事業進行較為全面地調研和考察，從產生背景、興起及發展演變，到各類慈善公益事業的具體情況，再到其取得的成就與社會評價，完整地展示了佛光山與救世軍的慈善公益成就。

第四，本文對海外宗教慈善公益事業的發展經驗進行制度上與運行上的分析和總結，並在此基礎上提出推進大陸地區宗教慈善公益事業發展的對策建議，是一次對宗教慈善公益實踐的比較深入的探索和研究。

誠然，在如此宏觀的選題下，想對宗教慈善公益事業做一個完整的、系統的展示和說明絕非易事。本文對各主要宗教的慈善公益思想及其實踐路徑進行了一個簡要地概括和總結，對佛光山和救世軍所開展的慈善公益事業做了一點粗淺的介紹，對宗教慈善公益事業的重要性及基本內容、做好宗教慈善公益事業的外部條件與內部要求做了一些分析，對發展宗教慈善公益事業的經驗思考提出了一點討論和建議，目的就是希望能夠更全面、深入地認識和理解宗教慈善公益事業，並希冀為宗教慈善公益事業的可持續發展帶來點滴支持與啟發。當然，限於本人的水平與所掌握的資料有限，難免會出現謬誤與疏漏之處，敬請各位讀者批評斧正。本文對宗教慈善公益思想的研究探討比較淺顯，有待深入，對推進大陸地區宗教慈善公益事業的發展思考和建議比較宏觀，不夠成熟，仍有待深化，在宗教慈善公益思想與宗教慈善公益事業的融匯與結合上也有待加強，這也是本文在以後需要更新進步和豐富完善的地方。

思想理論篇

　　「宗教乃慈善之母，無論是在思想上，還是產生過程上，概莫如此。」〔註
1〕這句話不但道出了宗教的慈善之義，也形象的反映了宗教與慈善公益事業
的緊密聯繫。世界各大宗教的經典和教義之中均有涉及慈善公益的內容，雖然
不同宗教或是同一宗教的不同教派間對慈善公益的具體理解和實踐路徑上存
在一定差異，但各教的宗旨和努力方向卻是一致的，可以說，去惡揚善是世界
各大宗教共同的價值追求，行善與奉獻社會是宗教組織的悠久傳統和一貫主
張，開展慈善公益事業不僅是宗教組織視為天職的工作和義務，也是宗教信徒
們發自內心的願望和要求。本篇圍繞「為什麼要做宗教慈善公益事業」這一基
本問題，通過梳理和闡釋佛教、道教、基督教、伊斯蘭教文化中的慈善公益思
想，並簡要分析各教的慈善公益實踐路徑，從而揭示宗教文化與慈善公益事業
間的內在聯繫，從思想文化層面挖掘宗教進入慈善公益領域的深層原因。當
然，由於本文的研究重點是宗教慈善公益事業，且研究時間與篇幅有限，因此，
對於各教慈善公益思想的梳理和闡釋相對淺顯，有待深化。

〔註 1〕 Warren Weaver,etal.U.S.Philanthropic Foundations:*Their History, Structure, Management and Record*, New York: Harper & Row Publishers, 1967, P19.

第 2 章　佛教的慈善公益思想

　　佛教雖為外來宗教，但在與中國傳統倫理思想的衝突、調適和融合過程中逐漸實現了本土化。佛教以慈悲為懷，以度人為念，以勸善化俗之道引導人們斷惡修善。在佛教文化中，「善」指其性安穩，能於現在世、未來世中，給與自他利益之白淨法，廣義而言，指與善心相應之一切思想行為，凡契合佛教教理者均屬之。「惡」即能招感苦果或可厭毀之不善法，及惡思之所作，其性質包括違理背法、違損自他、與貪嗔等煩惱相應、能障害聖道等。簡言之，順應佛法、佛理為善，心地清靜無染亦為善，違背佛法、佛理為惡，煩惱癡迷亦為惡。基於佛教的善惡觀，下面將系統梳理和探討佛教的慈善公益思想及其實踐路徑。

2.1　慈悲觀

　　儘管佛教各宗各派的經典依據與論述說法有所差異，但緣起論卻是貫穿始終的主線。佛教以緣起論解釋人生、社會和宇宙一切現象的產生、變化與消亡，這是佛教的世界觀，也是佛教慈善公益思想的基礎。「佛言。云何為緣起？初謂依此有故彼有，此生故彼生。所謂無明緣行，行緣識，識緣名色，名色緣六處，六處緣觸，觸緣受，受緣愛，愛緣取，取緣有，有緣生，生緣老死。起愁歎苦憂惱，是名為純大苦蘊集。如是名為緣起初義。」〔註1〕緣起論以「諸行無常、諸法無我、涅槃寂靜」三法印為基礎，以「無明、行、

〔註1〕《緣起經》，《大正藏》第 2 冊：第 547 頁。

識、名色、六入、觸、受、愛、取、有、生、老死」十二因緣，「苦、集、滅、道」四聖諦，「正見、正思維、正語、正業、正命、正精進、正念、正定」八正道為中心思想，揭示了世間萬事萬物由因緣和合而生，由因緣散失而滅的根本規律。

基於緣起論，又可以推導出無我論和平等觀，只有正觀緣起的諸行無常、諸法無我，才能遠離貪嗔癡三毒的煩惱，獲得生命的解脫，而佛教滿足人們離苦得樂的需求，引領眾生破除煩惱獲得自在，其慈悲理念與慈善思想也由此彰顯出來。佛教強調同體共生，根據《佛學大辭典》的解釋，「平等」即均平齊等，無高下、深淺之差別，指一切現象在共性或空性、唯識性、心真如性等上沒有差別。平等觀蘊含了人與人之間的平等、一切有情皆平等、眾生與佛平等以及有情與無情平等四個層次，體悟佛教的平等就構成了「平等智」，以「平等智」去觀照一切現象和自他皆平等即生「平等心」，「平等心」起即「慈悲心」生。

慈悲觀是佛教弘法利生的出發點，也是佛教慈善公益思想的核心所在。慈愛眾生並給與快樂，謂之慈；同感其苦，哀憐同情眾生，並拔除其苦，謂之悲；二者合稱為慈悲，簡言之，慈悲即是與樂拔苦。《大智度論》有：「慈名愛念眾生，常求安隱樂事以饒益之；悲名愍念眾生，受五道中種種身苦、心苦。」〔註2〕又有「大慈與一切眾生樂，大悲拔一切眾生苦。大慈以喜樂因緣與眾生，大悲以離苦因緣與眾生。」〔註3〕儘管在其後的大乘佛教經典中對慈與悲有著不同闡釋，但慈與悲相輔相成，缺一不可，佛教的慈悲視眾生如己身，清靜無染，共同構成了佛教與樂拔苦的踐行基礎。

「以慈悲心故，為說四真諦。」〔註4〕可見，慈悲是佛教向眾生闡釋苦、集、滅、道四聖諦的動力。同時，《阿含經》中也講道「慈悲喜捨四無量心」，即慈無量心，能與眾生安樂之心；悲無量心，救拔眾生離苦之心；喜無量心，見人離苦得樂歡喜之心；捨無量心，對無量之眾生無愛無憎平等包容之心。四無量心是菩薩利益一切眾生的存心，也是佛教信徒們在現實生活中的修行根本。大乘佛教對慈悲精神更加進一步的深化、宣傳和弘揚，更加強調慈悲是佛教的根本。《大智度論》有：「慈悲是佛道之根本。所以者何？菩薩見眾生生老

〔註2〕《大智度論》卷二十，《大正藏》第 25 冊，第 208 頁。
〔註3〕《大智度論》卷二十七，《大正藏》第 25 冊，第 256 頁。
〔註4〕《長阿含經‧大本經》，《大正藏》第 1 冊，第 5 頁。

病死苦、身苦、心苦、今世後世苦等諸多所惱，生大慈悲，救如是苦，然後發心求阿耨多羅三藐三菩提。亦以大慈悲力故，於無量阿僧祇世生死中，心不厭沒。以大慈悲力故，久應得涅槃而不取證。以是故，一切諸佛法中慈悲為大。」〔註5〕可見，慈悲作為佛法之本，是佛教貫穿始終的根本原則，是佛教慈善公益思想的集中表達。

大乘佛教將「慈悲」分為眾生緣、法緣、無緣「三緣慈悲」，與其密切相關的，即為佛教的三個慈悲層次，小慈悲，即將眾生視為赤子而與樂拔苦，凡夫的慈悲；中慈悲，即開悟諸法無我，阿羅漢與初地以上菩薩的慈悲；大慈悲，即基於無分別心而產生的遠離一切差別的絕對慈悲，大慈大悲。〔註6〕儘管慈悲的種類與層次看似複雜，但就其本質與作用而言卻是統一和一致的。在大乘佛教的影響和倡導下，慈悲觀念在社會中廣泛發展和傳播起來。佛法東傳後，慈悲觀也是中國佛教的主導思想和根本精神，更是佛教慈善公益思想的核心要義，中國佛教開展的早期各類社會救濟和現代慈善公益事業也是慈悲觀的外化表現。

2.2　業報輪迴觀

業報輪迴觀，又稱因緣業報說、果報論等，是佛教止惡揚善、勸善化俗的價值取向的規約體現。「業」，是造作之義，若與因果關係結合，則指由過去行為延續下來所形成的力量。業具有多種分類，一般而言將其分為身業、語業、意業，即身體的行動、口業、內心欲行某事的意志，但從性質上來看，主要分為善業，即有益眾生身心，且能夠感召此生或來世好的果報；惡業，即無益眾生身心，且能夠感召此生或來世壞的果報；無記業，既無益也無害的無分別的業。

業報輪迴觀中包含了因果論與輪迴說的思想。佛教認為一切事物受因果法則的支配，善因必產善果，善果必由善因生，惡因必產惡果，惡果必由惡因生，這種因果聯繫具有一定的普遍性和必然性，正所謂「不思議業力，雖遠必相牽，果報成熟時，求避終難脫。」〔註7〕業力若要產生實際的約束效

〔註5〕《大智度論》卷二十七，《大正藏》第 25 冊，第 256 頁。
〔註6〕賴永海，《宗教與倫理》，南京：譯林出版社，2010 年，第 82 頁。
〔註7〕《根本說一切有部毗奈耶》卷四十六，《大正藏》第 23 冊，第 879 頁。

應，僅有因果論還不夠，還需承受因與果的眾生處在有聯繫的輪迴之中。輪迴說是古印度婆羅門教的主要教義之一，佛教根據自己的教義將其吸收並加以改造。佛教的六道輪迴說即是指有情眾生由其未盡之業，故於地獄、畜生、餓鬼、人、天、阿修羅六道中受無窮流轉生死輪迴之苦，有情眾生多修善業則可入人、天、阿修羅三善道，造惡業則在地獄、畜生、餓鬼三惡道中飽受煎熬。善惡果報毫釐不爽，即便是當下身處三善道的生命，倘若沒有積德行善增進自我的福德糧資，那麼也會因為福報消耗殆盡而墮入三惡道。因果論與輪迴說共同構成了佛教業報輪迴觀的理論基礎，使業報輪迴觀成為具有約束行為功能的現實原則。

在中國，佛教的業報輪迴觀與中國傳統文化思想「積善餘慶、積惡餘殃」相結合，發展成為有中國佛教特色的業報論。慧遠高僧著有《三報論》，指出「業有三報，一曰現報，二曰生報，三曰後報。現報者，善惡始於此身，即此身受。生報者，來生便受。後報者，或經二生、三生、百生、千生，然後乃受。」〔註8〕業力在時空中承續相傳，因果置於輪迴之中，既可以勸導人們忍受現世之苦，又能讓人們積德行善廣種善因。從某種意義上來說，佛教的業報輪迴觀既可以喚醒人們的道德自律與行為自覺，又可以通過具有威懾力的規範指導人們的善惡行為，基於對來世幸福生活的嚮往與受苦受難的恐懼，人們注重在今生廣結善緣，廣積福德，提高自身修養，投身慈善公益。因此，業報輪迴觀既是激勵佛教徒們一心向善的支配法則，也是引導人們去惡從善的有力的價值規約。

2.3　修善功德觀

佛教中的善惡二業具有能夠感召果報的力量，因此，佛教徒們在求成佛的過程中需要廣行善業，積功累德，求得未來的幸福或最終成佛。何謂功德？在佛教文化中，功德泛指一切善事，如誦經念佛、持戒、布施、修福田、了生死、度眾生等。這便要求人們不僅要信仰佛教，修習佛法，而且更要自覺行善，積累功德，獲取福報。當然，善事有大小難易之分，功德福報也各不相同，佛教倡導「輕小善不成佛」，佛教徒們不能因為善事細小或繁雜而不屑一顧，應該積極去做每一件善事，並在日積月累的善行之中，將點滴善業匯

〔註8〕《弘明集》卷五，《大正藏》第52冊，第34頁。

聚成無量功德。

　　佛教有「十善十惡」，指的是：「殺、盜、淫、妄言、綺語、兩舌、惡口、貪欲、瞋恚、愚癡，此名十惡。十善者，但不行十惡即是也。」〔註9〕「十善十惡」是衡量佛教徒行為的準尺，但僅僅符合善惡標準還是遠遠不夠的。「善惡是根，皆因心起。」佛教通過一系列的清規戒律約束信徒，從而實現斷惡修善，心地清淨，修行實踐的佛教徒在行為上應該有更高的要求，那就是「修福持戒」。修善能夠積功累德獲取福報，從福報、修福的角度而言，修善功德即為修福田。修福田是佛教修善的根本方法之一。福田，即可生福德之田，佛、法、僧、父母、悲苦者等均可稱為福田。佛教的修福田實質是一種比喻，如農人耕田有所收穫一樣，凡敬侍佛、法、僧、父母、悲苦者等亦可得福德、功德。福田可分為敬田、恩田和悲田。敬田是對三寶的供養，恩田是對父母師長的報恩，悲田是對疾病、貧困、孤老以及動物的布施和收養。當然，根據佛教諸經典，福田亦可分為二福田、三福田、四福田和八福田，雖然分類不同，但其根本性質卻是一致的。《諸德福田經》有：「一者興立佛圖，僧房堂閣；二者園果浴池，樹木清涼；三者常施醫藥，療救眾病；四者作牢堅船，濟度人民；五者安設橋樑，過度羸弱；六者近道作井，渴乏得飲；七者造做圊廁，施便利處。」〔註10〕佛教的「七法廣施福田」在今天看來也是慈善事業的重要內容。同時，佛教認為對疾病、貧困、孤老以及動物的布施和收養功德宏大，廣修悲田也成為推動佛教慈善事業發展的動力源泉。

2.4　佛教慈善公益思想的實踐路徑

　　佛教通過一系列清規戒律來約束和規範信徒們的行為，使他們不但能夠明辨善惡，還能斷惡修善，廣積福德。概括而言，佛教慈善公益思想的實踐路徑主要有不殺生、報恩、布施與修福田，佛教的五戒、十善及其實踐行為向我們展示了其具體實踐的方式：

〔註9〕尚海、傅允生主編，《四大宗教箴言錄》，北京：中國廣播電視出版社，1993年，第 322 頁。

〔註10〕《佛說諸德福田經》卷一，《大正藏》第 16 冊，第 778 頁。

五戒、十善及其實踐表〔註11〕

五 戒	十 善	實 踐
不殺生	離殺生	救生
不偷盜	離偷盜	布施
不邪淫	離邪淫	梵行
不妄語	離妄語	誠實語
	離兩舌	和諍語
	離惡口	愛軟語
	離綺語	質直語
不飲酒	離貪欲	不淨觀
	離嗔恚	慈悲觀
	離邪見	因緣觀

在佛教的五戒之中，不殺生為首戒。不殺生不但意味著不殺人，也有不殺蟲蟻鳥獸、不損花草樹木之意。在不殺生的基礎上，中國佛教還曾提出反對戰爭與刑殺的觀念，南朝梁武帝提倡斷酒肉，過素食生活，大乘佛教普遍將食素作為飲食準則。佛教不殺的戒律表達了尊重和保護一切生命的觀念，體現了佛法慈悲的本質，也是佛教開展環保護生等慈善公益事業的內在動因。

報恩是中國佛教一直強調的慈善思想之一，也是佛教開展慈善事業的理論依據與踐行方法之一。佛教講報四恩，即指報三寶恩、父母恩、國土恩和眾生恩。報三寶恩，是對佛教佛、法、僧三寶救度眾生的報答；報父母恩，是對養育的親朋的報答；報國土恩，是對自己國家的報答；報眾生恩，是對整個自然界和社會的報答。報恩思想明確了有情無情均對人的生存有恩，所以人應常懷感恩之心並予以回報，激勵人們多做好事、善事。

布施為佛教「四攝」和「六度」之首，是到達涅槃彼岸的必由之路，具有無上功德。《大乘義章》有：「以己財事分布與他，名之為布；輟己惠人，曰之為施。」〔註12〕簡言之，布施即以慈悲心而施福利與人之義。小乘佛教的布施分為財施和法施。財施即施財物與他人，以破己之貪心，免來世之貧窮。財施之財亦分為內才和外才，內才包括人的智慧、經驗、學說等；外才指錢財物品等。法施即向人傳教說法，助人成就解脫之智。大乘佛教還提出了無畏施，即

〔註11〕聖嚴，《戒律學綱要》，北京：宗教文化出版社，2006年，第74頁。
〔註12〕《大乘義章》卷十二，《大正藏》第44冊，第705頁。

給人信心，無畏面對人生之苦，在修持之路上勇猛精進。此外，布施仍有多種分類，在此不一一表述。佛教認為真正的布施應是淨心布施，即拋除利己動機，不求回報，以自己的體力、財力和智力去利益眾生。因此，布施是佛教的道德修養和解脫修持中極為重要的善行，也是成就佛道的必由之徑。

　　無論是在印度，還是在中國，佛教都保持了慈悲濟世、利樂眾生和莊嚴國土的優秀傳統，每一個佛教徒都將弘法利生作為自身修行的實踐與責任所在。佛教博大深遠的慈善公益思想既是四眾弟子創建慈善公益組織、開展慈善公益事業的理論支柱與實踐依據，也是佛教徒及信眾成佛得道、涅槃寂靜的內心訴求與精神依歸，更極大地豐富了中國傳統文化中的慈善公益思想，推動了慈善公益事業的發展與進步。在佛教慈善公益思想的指導下，中國的佛教曾建立了用於救濟貧苦的最古老的「慈善基金會」——無盡藏，設置了扶老育孤的專門機構——孤獨園、福德舍，創立了早期的醫院——六疾館、養病坊、疫病坊，成立了具有一定規模的慈善機構——悲田院，以及建立藏經樓、漏澤園、義學、義莊、義冢等涉及環保護生、公共設施建設等多種領域的慈善事業。在現代，伴隨人間佛教的傳播與發展，佛教「解眾生於苦厄，救眾生於倒懸」的慈善公益事業也走出了一條濟世度生的特色道路，無論是賑濟災害、扶貧助殘，還是修橋鋪路、濟生施藥，佛教組織都不遺餘力地參與和奉獻，更是通過成立專門的慈善公益組織增強服務事業的組織性、規範性和專業性，廣度眾生、為民眾謀利的同時，也幫助政府、國家和社會分憂解難，符合佛教「無緣大慈，同體大悲」的精神，福田廣種，報答國土與眾生恩德。不僅如此，佛教認為物質社會出現的一系列問題與困難的根本癥結在於人心，而人心的問題則需通過思想與文化層面的內容才能解決，因此，佛教的文化傳播事業與道德教化事業發展的十分突出，對淨化人的心靈，勸人節制欲望、斷惡修善，提升人的思想境界十分注重，這也對整個社會產生了道德引導和示範作用，有助於社會道德與精神文明的進步。

第 3 章　道教的慈善公益思想

　　道家文化是中國傳統文化的重要組成部分，亦是道教產生的思想文化源泉，故而在探討道教慈善公益思想時，也會涉及道家文化的慈善淵源。道教是東漢末年確立的中國本土宗教，其慈善公益思想既受儒釋文化的影響，又極具自身特色。在道家文化中，何以為「慈」？老子曰：「我有三寶，持而保之，一曰慈，二曰儉，三曰不敢為天下先。」〔註1〕「慈」居三寶之首，有謙卑、慈愛、和善之意，是得道者的首要標準，亦是世間諸德行之根本。先秦道家倫理倡導「全身養生」，為成就理想人格需要「少私寡欲」、「見素抱樸」，而養生延命又必然要受社會條件的制約，因此，養生便與道德評價緊密相連，並逐步擴展成為從個人到社會的價值觀念。老子主張統治者應當慈愛民眾，善待百姓，而人與人之間也要互助互愛，長存慈愛之心。「聖人常善救人，故無棄人；常善救物，故無棄物。」〔註2〕「救人救物」是得道之人的高尚品行，普通民眾亦可「損有餘而補不足」，以自己的有餘幫助他人的不足，傚仿天道，周窮濟急，扶危濟困，立德揚善。何以為「善」？「上善若水，水善利萬物而不爭，處眾人之所惡，故幾於道。」〔註3〕老子以水喻善，認為善與道具有相近的特性。「道」為宇宙之始，是育養萬物之玄德，亦是世間諸善之根源，《老子》中尚有「天道無常，常與善人」。因此，道家文化中關於「慈」與「善」的理念和「尊道貴德」的觀點對道教慈善公益思想具有極其重要的影響。

〔註1〕陳鼓應，《老子今注今譯》，北京：商務印書館，2006年，第310頁。
〔註2〕陳鼓應，《老子今注今譯》，北京：商務印書館，2006年，第179頁。
〔註3〕陳鼓應，《老子今注今譯》，北京：商務印書館，2006年，第102頁。

3.1 樂生好善觀

　　道教蘊含天人合一之氣魄，融匯慈悲度世之精神，世上沒有哪一個宗教能夠超越道教對現世生命的珍愛、重視與養護，對人間仙境的保養、維護與營造。在道經《老子想爾注》中，便將《道德經》裏「道大、天大、地大、王亦大。域中有四大，而王居其一焉」一句中的「王」字注為「生」字，可見道教對於生的重視。〔註4〕在對生命本質的認識上，道教以生為樂，重生惡死，追求健康長壽，甚而長生不老，這也鑄就了道教樂生好善的基本觀念。

　　「仙道貴生，無量度人」出自道教經典《度人經》，向世人揭示了道教對生命的根本看法。首先，尊重一切生命是道教的一貫主張。在道教的理論中，世間萬物皆由道化生，本質上屬於同根同源，這就蘊含著一種平等思想，意味著人類與動物、植物、乃至整個環境都是平等的，正如《太上老君說常清淨妙經》：「大道無形，生育天地；大道無情，運行日月；大道無名，長養萬物。」〔註5〕故而，慈愛萬物是大道至德的根本要求，人類不但應該尊重自己和他人的生命，還應該尊重和愛護動物、植物以及整個環境。

　　其次，養護生命是道教的一貫追求。道教將人看作是形、氣、神或性與命的統一，通過形氣神理論、性命理論和經絡臟腑理論認識和把握人的基本結構，並對人的生命歷程提出一套從先天一氣到胎兒、嬰兒以及成年直至死亡或修道成仙的理論，道教相信神仙的可學與實有，認為通過修道、悟道及煉養，可以達到長生久視，得道成仙。人的生命並不取決於天命，《抱朴子·內篇》中有「我命在我不在天，還丹成金億萬年」，意指人的生命長短與存亡掌握在自己的手中，這種自己的生命自己掌握的積極態度是激勵修道之人堅守修道證仙的宗教追求，弘揚和傳承道風的不懈動力。當然，道教這種對生命的把握與養護是基於修仙的迫切性而言的，並非要求修道之人執著於肉體生命，而是要擺脫生死的羈絆與束縛，達到超越生死、超越時空的境界，真正實現順其自然、物我兩忘，最終逍遙自在、得道成仙。

　　最後，濟度眾生是道教的無量功德。「道」是宇宙間萬事萬物運行的內在規律，修道之人如若理解和掌握了這些規律與法則，並主動去造福天地萬物的話，將會成為具有大智大慧的得道者。道教具有極強的救世精神，引導和幫助世人擺脫世俗，修道成仙，即是「救人」，因此，道教倡導修道之人追求自由

〔註4〕饒宗頤，《老子想爾注校正》，上海：上海古籍出版社，1991年，第32～33頁。
〔註5〕《太上老君說常清淨妙經》。

逍遙、與道合一的神仙生活，不僅要自己消除迷悟，了徹大道，還要通過自身的嚴格要求來影響、引導、協助和濟度他人以及天地萬物，以「上天有好生之德」的廣闊胸襟，在人間積德行善，普濟群生，從而實現一人修行，眾生受益，這便是道教度己度人的無量功德，亦是道教倡導樂生好善、修道行善的集中體現。

3.2　天道承負觀

道教繼承了中國傳統文化中「積善餘慶、積惡餘殃」的觀點，並提出了「賞善罰惡，天道承負」的承負觀。何謂承負？在《太平經》中有這樣的解釋：「然，承者為前，負者為後；承者，乃謂先人本承天心而行，小小失之，不自知，用日積久，相聚為多，今後生人反無辜蒙其過謫，連傳被其災，故前為承，後為負也。負者，乃先人負於後生者也⋯⋯」〔註6〕簡言之，就是前人過失由後人來承受其過責，倘若是前人有負於後人，那麼後人便是無辜受責。換言之，如果前人種下善因，那麼後人也可享善果。《太平經》中提到「一小周十世，而一反初」，旨意天道循環一周為十世，十世祖以前的過失也會為十世祖以後的子孫帶來懲罰。這種承負觀不但應用於家族內部的子孫禍福，而且對於整個自然界和社會的變化也發揮作用，道教的整體的、有機的、聯繫的觀點在承負觀中清晰可見，天道循環，自然而然產生承負。

道教的承負觀中亦包含了現世賞善罰惡的因果報應思想，認為人的吉凶禍福與個人行為的善惡報應密切相關。《太平經》中有：「善者自興，惡者自病，吉凶之事，皆出於身，以類相呼，不失其身。天道無私，但行之所致。」〔註7〕在道教看來，冥冥之中自有天神照察一切，審判一切，主宰一切，人的思想言行不但受到神的注視和監督，而且神知曉人的善惡行為後會賞善罰惡，對行善之人予以獎勵，增壽添福，對作惡之人予以懲罰，減壽添惡。

道教「賞善罰惡、天道承負」的承負觀強調現世因果報應，累世天道承負，不僅規勸人們積德行善，求得本身現世的長生久視、全性葆真，而且還提醒人們為祖輩贖罪、為子孫後代積功累德。這種歸約性質的宗教觀念會對其信仰者產生極強的威懾能力，從而也為修道之人的道德修行提供有力的支撐。

〔註6〕李養正，《道教概說》，北京：中華書局，2001年，第240頁。
〔註7〕李養正，《道教概說》，北京：中華書局，2001年，第242頁。

3.3　勸善成仙觀

大道之中孕育平等，非但人與萬物平等，且善人與惡人亦需平等對待和度化，正如老子所言「善者吾善之，不善者吾亦善之，德善。」莊子在此基礎上亦提出勸善得道能夠羽化成仙的論斷，成為道教勸善成仙，濟世利人慈善思想的淵源，可以說，神仙思想為道教慈善思想的產生及其實踐提供了道德載體。概言之，道教的勸善成仙觀主要包含以下幾個方面的內容：

第一，行善積德是道教信仰者修道成仙的基礎。自《太平經》提出「內以致壽，外以至理」的主張以來，行善積德就成為道教信仰者修道成仙的必要條件。一般來說，神仙家都宣稱道教信仰者通過修煉可以得道成仙，宣揚天道承負，並強調「積德」是得道成仙的實踐前提。《抱朴子・內篇》中有：「欲求仙者，要當以忠、孝、和、順、仁、信為本，若德行不修，而但務方術，皆不得長生也。」〔註8〕唐代道士杜光庭明確指出：「人有一善，則心定神安；有十善，則氣力強壯；有百善，則寶瑞降之；有千善，則後代神真………有一萬善，則為太上玉皇帝。」〔註9〕可見修道之人若想得道成仙，僅僅依靠內修外養的方術是不夠的，還必須慈愛他人，善待世間萬物，自覺為成仙而行善積德。道教將神仙思想與積德行善緊密相連，並將神仙分為不同等級，如《仙經》中將神仙分為三等：上士天仙舉形升虛、中士地仙遊於名山、下士尸解仙先死後蛻；《太真科》中更是將神仙細分為九品：上仙、高仙、大仙、神仙、玄仙、真仙、天仙、靈仙、至仙等。修煉人士的德性等級對應著不同品位的神仙，可見修德性是得道成仙的重要課程。當然，道教慈善公益力量源於「大道」，勸善行善只是修道過程中自然而然的方式之一，德行善舉亦是修道之人悟道證道時自然流露的秉性修持。

第二，樂生好善，追求精神羽化。道教有「功德成神」的說法，認為在施愛於他人、幫助他人時可以獲得內心的滿足與幸福，恰似體驗得道成仙的美妙境界，這種體驗實質上是一種精神羽化，與肉體得道不同。宋代金丹派道士張紫陽根據自身修煉的經驗總結出《悟真篇》，提出修道成仙必須要修煉功德，僅注重內丹修煉而疏忽功德修持的話也是無用的，功德修為是修道成仙過程中極其重要的組成部分。「欲求長生者，必欲積善立功，慈心於物，恕己及人，

〔註8〕　葛洪，《抱朴子內篇・對俗》。
〔註9〕　《墉城集仙錄》卷一，《道藏》第18冊，北京：文物出版社，上海：上海書店，天津：天津古籍出版社，1988年，第166頁。

仁逮昆蟲，樂人之吉，愍人之苦，賑人之急，救人之窮……如此乃為有德，受福於天，所作必成，求仙可冀也。」〔註10〕道教這種「樂人之吉，愍人之苦，賑人之急，救人之窮」的主張既是修道之人行善積德的行為依據，也為當時的社會教化提供了良好的宗教倫理準則。

第三，有財相同，樂以養人。《太平經》中提出「財物乃天地中和所有，以供養人也，此家但遇得其聚處，比若倉中之鼠，常獨足食，此大倉之粟，本非獨鼠有也。小內之錢財，本非獨以給一人也，其有不足者，悉當從其取也。」〔註11〕這便意味著一切財物都是天地中和之氣所在，人不能將財物獨佔，僅供自己使用和揮霍。「積財億萬，不肯救窮周急，使人飢寒而死，罪不除也，或身即坐，或流後生。」〔註12〕在道教的財富觀念基礎上，以「齊同慈愛、異骨成親」為宗旨，倡導樂以養人、周窮救苦、仗義疏財、濟世利人的慈善觀。

第四，積功累德，自然無為。自然無為強調的是一種恬靜淡泊、順其自然的境界，一種「謙下」、「不爭」的寶貴精神，不以做善事而自居，不以得到好處為目的來實施慈善行為，也不四處誇耀讚歎自己的能力和功德，使慈善行為拋除功利性目的，發於內心，自然而然，這既符合「道」的本質規律，也是保證道教慈善公益事業能夠樹立良好的公信力，長久健康地發展的內在原因。

3.4　道教慈善公益思想的實踐路徑

道教慈善公益思想的實踐路徑廣泛分布於道教的勸善書之中。道教的勸善書正式形成於宋代，以南宋時期《太上感應篇》、《文昌帝君陰騭文》等出現和流行為作為標誌，指的是「假借神仙之口訓導、託神仙的名義降授或道教徒以個人名義撰寫的，用道教教義、從道教的角度勸人去惡從善以成仙了道和積善獲福的通俗道德教化書。」〔註13〕明清時期，勸善書如《悟道路》、《陰騭積善》等廣泛盛行，並滲入社會文學創作，成為當時重要的文學藝術主題和素材源泉。道教的勸善書是道教慈善公益思想的一種集中體現，通過神學角度闡述道德原則和規範，提供計量善惡的方法，講述善惡報應的故事，描述作奸犯科的悲慘下場等，以促進倫理秩序和提高道德水平為著眼點，為道教實踐慈善公

〔註10〕葛洪，《抱朴子・內篇》卷六。
〔註11〕王明，《太平經合校》，北京：中華書局，2014 年，第 247 頁。
〔註12〕王明，《太平經合校》，北京：中華書局，2014 年，第 242 頁。
〔註13〕朱越利，《道藏說略》，北京：北京燕山出版社，2009 年，第 645 頁。

益提供了一些具體的路徑和方法。

第一，心存敬畏，尊重神靈。神仙在道教系統中具有至高無上的地位，他們不但能夠洞悉世事，照察一切，而且還具備管理和主宰世俗世界的最高權力。因此，道教信仰者應心存敬畏，尊重神靈。除了齋醮、道符、法服等與神溝通和敬奉神仙以外，道教還有「五戒」、「八戒」、「十戒」、「老君五戒」，以及正一派的「老君百八十戒」、三皇派的「十三禁戒」、上清派的「洞真觀身三百大戒」、靈寶派的「智慧度生死上品大戒」等，通過明目繁複的戒條來約束信徒的行為。此外，道教勸善書中還列舉了各類不敬神的惡行供世人警醒翻悟，例如《太上感應篇》中提到的「呵風罵雨」、「晦臘歌舞」、「朔旦號怒」、「對北涕唾及溺」、「對灶吟詠及哭」、「以灶火燒香」、「穢柴作食」、「夜起裸露」、「唾流星」、「指虹霓」、「輒指三光」、「久視日月」、「春月燎獵」、「對北惡罵」等。〔註14〕同時，不敬神的具體行為之過也被明確定量，如《太微仙君功過格》所載，指斥毀天尊聖像記二十過，指斥毀真人記十五過等。

第二，慈愛他人，奉獻社會。《太上感應篇》中列舉了十六種二十二項善行，例如「不欺暗室，慈心於物，忠孝友悌，矜孤恤寡，樂人之善，濟人之急，救人之危，正己化人。」〔註15〕為世人行善勸善提供了一定的指引和參考，同時，道教的勸善書還規定了社會各個領域的行善準則，這些行善思想和方法有助於人與人之間形成良好關係，也深刻影響著社會生活的方方面面。

道教對社會各領域行善準則的規定

社會領域	行善準則	篇章出處
政治領域	正直代天行化，慈祥為國救民。	《文昌帝君陰騭文》
家庭領域	相通相讓兄和弟，父母心歡家道吉。	《文帝孝經》
醫療領域	以符法針藥救重疾一人，為十功；小疾一人，為五功。	《太微仙君功過格》
經濟領域	斗秤需要公平，不可輕出重入。	《文昌帝君陰騭文》

第三，貴生戒殺，善待自然。道教崇尚有機的、系統的、整體的思維方式，將一切自然存在物納入大道的範疇，大道賦予一切眾生慈愛本性，順之則利他助己，逆之則損人害己。道教勸善書中有一系列保護自然生態，愛護動植物的

〔註14〕朱越利，《道藏說略》，北京：北京燕山出版社，2009年，第652頁。
〔註15〕〔日〕窪德忠著，蕭坤華譯，《道教史》，上海：上海譯文出版社，1987年，第266頁。

慈善公益思想。例如《太上感應篇》中有明確禁止射飛逐走、發蟄驚棲、填穴覆巢、傷胎破卵、用藥殺樹、殺龜打蛇等傷害動植物的行為。《老君說一百八十戒》中亦有二十二戒是關於道教信仰者應如何尊重生命和善待自然萬物的戒規。但同時，道教亦遵循道法自然的規律，講求「是道則進，非道則退」，認為戒殺雖好，但面對傷人害人的動植物之類，殺之反為功。道教的貴生戒殺思想以符合天道為準則，不拘泥於規條，具有一定的靈活性。

　　在道教慈善公益思想的指導下，中國的道教組織和道教信徒曾開展了大量的慈善公益事業，如明末時期湧現的善士、善堂以及專門印行傳播勸善書的機構「善書坊」，北京白雲觀組織的募捐、施粥、施藥、集廟資辦學等慈善活動，全真派創辦善堂、開展賑濟、救助和勸善等活動，道教界也湧現出了鄭觀應、黃承元、張維新、金誠澤等全力組織和投身於慈善公益事業的信徒。在現代，武當山、茅山、青城山、北京白雲觀、廣州純陽觀、四川青羊宮、香港蓬瀛仙館等諸多道教宮觀、組織以及各地道教協會也長期致力於開展慈善公益事業，涉及災難救助、急難救濟、教育學術、環境保護、養生養老等多項領域，逐步形成了具有道教特色的實踐內容，例如各道教組織在開展慈善公益事業時，注重挖掘和運用其豐富的養生文化資源，不僅將養生理念與各傳統慈善項目相結合，開展「醫療＋養生」、「養老＋養生」等項目，而且著力打造道教養生品牌的慈善公益事業，使養生文化資源在慈善公益領域發揮積極作用，幫助和服務更多的人。同時，道教要求信仰者對世間萬物時刻抱有慈愛之心，是一個典型的「環保型宗教」，因此，道教組織和道教信徒十分重視開展支持環保護生公益事業，這對於建設和諧的自然與人文社會，推動人與自然、社會的共生共榮具有重要意義。值得一提的是，儘管道教不是世界性的宗教，但其勸善成仙的宗教追求、濟世利人的使命感和諸惡莫作、眾善奉行的道德觀也深深影響了日本、朝鮮、越南等周邊國家，根據《中國宗教調查報告（2015）》顯示，我國有 11% 的道觀開展了國際交流，9% 的道觀在民政部門登記了社會服務機構，在五大教中比例最高。

第 4 章　基督教的慈善公益思想

　　基督教〔註1〕的慈善觀念產生於羅馬帝國晚期，其形成主要來源於兩大理論基礎，一是以《舊約》為經典依據的猶太教，一是希臘哲學。「猶太教的公正觀念給與窮人表達願望、要求關懷的合法性，希臘文明中不記報償的慈愛觀奠定基督教慈善觀的概念基礎，耶穌的教導與行為體現了基督教『給與』的宗教意義，中世紀基督教神學的發展，最終確立慈善的神學意義：慈善行為代表著上帝之愛。」〔註2〕在中世紀，基督教的慈善實踐包含了一切榮耀和取悅上帝的事情，例如裝修教堂、救助殘弱、扶貧濟困、甚至還有保護基督教免受異教的攻擊。在經歷了宗教改革和近現代漫長的社會發展歷程後，基督教的慈善公益思想在理論上進行了新的探索，在實踐上也展開了積極地推進。

4.1　贖罪論

　　原罪說是基督教重要的基礎教義，也是基督教慈善公益思想的理論基礎。「原罪」在《聖經》中並沒有明確的定義，其教義的主要依據是保羅的《羅馬書》，而後主要是由基督教神學家奧古斯丁根據《聖經》的內容建立起來的。何謂「原罪」？在基督教看來，上帝創造了人類，並讓人類能夠自在地生存，

〔註1〕　基督教是世界三大宗教之一，以上帝為信仰對象，以《聖經》、教會傳統和教會訓導為理論基礎，蘊涵著豐富的慈善公益思想。在中國學術界，基督教一詞有廣狹二義，狹義的基督教指基督新教，我們將從廣義的意義上使用基督教一詞，即指基督宗教，包括天主教、東正教和基督新教三大派系以及其他派系。
〔註2〕　畢素華，《論基督教的慈善觀》，《南京社會科學》，2006 年，第 12 期：第 55 頁。

但由於人類違背了與上帝的約定，便具有了「原罪」，與此同時，人類的行為又是其自由意志支配的結果，因此，人類應該通過贖罪和救贖對其行為產生的後果負責。

原罪的本質是人類對上帝意志的違背。根據《聖經·創世紀》第三章的描述，人類的始祖亞當和夏娃因為違背了上帝的命令，偷吃了伊甸園的禁果，因而失去了上帝的恩寵，被逐出伊甸園，從而也就產生了人類的「原罪」。基督教各派系對原罪的神學解讀不盡相同，天主教認為人「生殖遺傳」的人性有罪，並用惡魔撒旦的七個形象來代表七宗罪，即傲慢、嫉妒、暴怒、懶惰、貪婪、饕餮和淫慾。而基督新教則不接受原罪遺傳的說法，認為亞當的原罪把罪責歸算給了所有人類。在基督教看來，原罪是人類塵世生活的開端，人類的罪會給上帝、社會以及人本身帶來嚴重的傷害。對於上帝而言，人類背棄與上帝的約定，違背上帝的意志，放棄對上帝的依賴，勢必會傷害上帝；對於社會而言，人類不顧鄰人、兄弟姐妹以及其他集體的意願和利益，僅從自我出發，勢必會給社會帶來傷害；對於人類自身而言，拒絕完善自我的心靈，放棄對真正幸福的追求，最終傷害的是自己本身。

奧古斯丁在《論自由意志》中對《聖經·創世紀》裏的「原罪說」的理解和闡釋確立了一切罪的源頭和根據，並將罪的觀念與責任的觀念緊密聯繫在了一起。在圍繞著「人類如何能夠違背上帝意志」、「為什麼違背上帝意志就是有罪」等問題上，奧古斯丁提出了「罪來源於人類的自由意志」的論斷，他認為雖然人類是按照上帝的旨意被創造出來的，但是人類也被賦予了自由意志，擁有了自由意志，人類才有能力經受住外來的誘惑。「你們受的引誘，無非是人普遍受的。上帝是信實的，必不讓你們受的引誘超過你們能忍受的。」〔註3〕從某種程度上而言，人類的自由意志能力可以抵擋住誘惑，上帝賦予人類自由意志的目的是讓人類過上正當、正義的生活，並非濫用自由意志犯罪作惡，因此，當人類違背上帝意志的行為是出自於人類自由意志的決斷時，這種行為就是有罪的。人類是自己行為的決定者和實施者，也就應該成為行為後果的承擔者和負責者，故而，贖罪與救贖成為人類塵世生活的重要內容。在贖罪與救贖的方式上，基督教認為人類只有信仰上帝，完善自我的心靈，養成高尚的德性，才能抵制住外來的誘惑。「人類雖因原罪而不得不生活於塵世，但每個人仍可以通過自己的善舉和上帝的恩典獲得幸福和拯

〔註3〕《新約·哥林多前書》10：13。

救。」〔註4〕賞善罰惡是「原罪說」中隱含的一種正義原則，也正是因為這
一原則的存在，為人類獲得幸福和拯救帶來了希望和可能。綜上而言，基於
基督教的原罪說與贖罪論，人類應當不懈地完善和鞏固自身的心靈與德性，
信仰上帝並持之以恆地為榮耀上帝而積極行善。

4.2　博愛觀

　　信、望、愛是基督教推崇的美德，也被稱為超性德性，即聖德。其中，
信即信德，指的是「對包含在《聖經》啟示和教會所提出的信條真理的認同」
〔註5〕；望即希望的德性，指的是「人們對完全的救贖和得救的期待以及對
上帝全能助佑的確信」〔註6〕；愛即愛的德性，指的是「充滿喜悅地讚揚上
帝無限的善，希望增進他外在的榮耀並期待與他合而為一的德性」〔註7〕。
在基督教看來，信望愛德性是一個人成義和獲救的必要條件，而愛德又被看
作是諸德性的總綱，居於首要地位。愛是基督教的主旨，也是基督教慈善公
益思想的核心要義，其內容主要有以下幾個方面：

　　第一，神愛世人。「神愛世人，甚至將他的獨生子賜給他們，叫一切信他
的，不至滅亡，反得永生。」〔註8〕上帝以救贖的愛奉獻世人，為了讓信仰者
乃至所有人得救、獲得永生，上帝的獨子耶穌奉獻了自己的生命，這是上帝對
人類的一種愛的給予和奉獻，也可以說愛就是上帝的本質屬性。

　　第二，愛上帝。「你要盡心、盡性、盡意，愛主你的神。這是誡命中的第
一，且是最大的。」〔註9〕《聖經》中以命令和誡命的方式告訴世人要愛上帝，
在《申命記》中更是系統闡述了人類應該全心、全靈、全力、全意愛上帝，竭
盡全部的精神和情感，竭盡全部的存在與生命，隨時準備以誠心的服務去全心
全意尊敬上帝、服侍上帝、榮耀上帝。

　　第三，愛鄰人。愛鄰人是基督教愛人如己誡命的本質要求，與愛上帝具有

〔註4〕黃裕生，《原罪與自由意志——論奧古斯丁的罪責倫理學》，《浙江學刊》，2003
　　　　年，第2期：第7頁。
〔註5〕〔德〕卡爾・白舍客著，靜也、常宏等譯，《基督宗教倫理學》第二卷，上海：
　　　　上海三聯書店，2002年，第26頁。
〔註6〕賴永海，《宗教與倫理》，南京：譯林出版社，2010年，第128頁。
〔註7〕賴永海，《宗教與倫理》，南京：譯林出版社，2010年，第129頁。
〔註8〕《約翰福音》3：16。
〔註9〕《馬太福音》22：37。

統一性。在基督教看來，人無法完全依靠自己的良知實現道德上的完善並獲得自救，道德從本質上而言是上帝愛的產物，道德建立在信仰的基礎上，從而由愛上帝到愛鄰人。愛鄰人即是上帝要求人們平等公正地對待他人，不偏不倚地愛著所有人，同時還要尊重他人的物質財富和精神財富，並在上帝的教導下保護他人的這些財富。

基督教的博愛觀表達了慈善是愛的主題，以「神愛世人」的拯救信仰確立了「愛上帝」、「愛鄰人」的博愛精神。這種博愛精神以誡命的方式教導世人要像神愛一切創造物一樣去愛他人、愛人如己，超越性的愛無分血緣、階級、國家、種族、貧富和信仰等因素，甚至要愛罪人和仇人，這種聖愛既是責任，也是義務，更是一種行動。同時，基督教博愛觀所蘊含的平等、正義、寬容等原則和理念也是基督教慈善公益思想的核心所在和內在要求。

4.3　奉獻觀

基督教倡導奉獻，這種奉獻包括了物品、錢財甚至生命。上帝將他的獨子給予人類，這是神的奉獻，而人類生活在塵世生活中，所以人類贖罪、承擔責任和奉獻的落腳點就是現實社會，具體而言，基督教的奉獻觀包含以下幾個內容：

第一，什一稅。什一稅源於《聖經·舊約》的十一奉獻，「地上所有的，無論是地上的種子是樹上的果子，十分之一是耶和華的，是歸給耶和華為聖的。人若要贖這十分之一的什麼物，就要加上五分之一。凡牛群羊群中，一切從杖下經過的，每第十隻要歸給耶和華為聖。不可問是好是壞，也不可更換，若定要更換，所更換的與本來的牲畜都要成為聖，不可贖回。」〔註10〕什一稅即歐洲基督教會徵收教徒收入的十分之一用作宗教事務，除了神職人員薪俸和教會費用以外，還包括一些慈善用途，如賑災濟貧、撫孤育幼等。在《聖經·新約》中提出了奉獻自願的原則，信徒自主、自願地奉獻給神，但仍需遵守一定的原則，「你施捨的時候，不要叫左手知道右手所做的；要叫你施捨的事行在暗中，你父在暗中查看，必然報答你。」〔註11〕基督教要求信徒在行慈善之舉時要保持低調謙卑的心，不能以行善自居，也不能將獲得回報作為行善的目

〔註10〕《利未記》27：30。
〔註11〕《馬太福音》6：4。

的和動力，而應將善行作為個人自發、自然的行為。

第二，工作。工作是上帝為人類創造的一個原初秩序，是上帝對人類的恩賞與祝福，也是人類的一種普遍責任。不同於其他萬物，人類被上帝揀選為世間萬物的管家，具有管理萬物的重要職責。「我們要照著我們的形象，按著我們的樣式造人，使他們管理海裏的魚、空中的鳥、地上的牲畜和全地，並地上所爬的一切昆蟲。」〔註12〕正因上帝賦予人類管理萬物的責任，人類要勤奮、忠實、認真地工作，保護萬物不被破壞摧毀。在《聖經·新約》中，工作被看作是人生的天然組成部分，也是基督教開展慈善活動的重要基礎。「從前偷竊的，不要再偷；總要勞力，親手作正經事，就可有餘，分給那缺少的人。」〔註13〕就工作的現實意義而言，人類不但可以獲取日常生活所需，還可以克服懶惰等惡行，並使人在實現自養的同時，有能力周窮救濟、廣施善舉，做榮耀上帝的善行。

第三，善待窮人及弱勢群體。《聖經》中曾多次提到憐憫貧窮的人有福，上帝倡導人類要善待窮人。善待窮人也包含了兩個層次的意思，一是在物質上幫助窮人，「憐憫貧窮的，就是借給耶和華，他的善行，耶和華必償還。」〔註14〕在錢財物資上施捨窮人、周貧濟窮，是上帝的旨意和要求；二是公平公正地對待窮人，「你當為啞巴開口，為一切孤獨的伸冤，你當開口按公義判斷，為困苦和窮乏的辨屈。」〔註15〕上帝倡導不欺侮窮人，在審判上對窮人公平公正才是真正的正義。綜上，基督教的善待窮人既體現了一種平等思想，也表達了對社會弱勢群體的關愛，其蘊含的公平正義觀念具有十分重要的意義。

第四，尊重愛護所有人。基督教倡導每一個人都應該被給予尊重和愛護，尤其是對於一個社會群體而言，要對社會中的每一個成員都予以必要的尊重和足夠的愛護。在《聖經·馬太福音》中有失羊尋羊的比喻：「一個人若有一百隻羊，一隻走迷了路，你們的意思如何？他豈不撇下這九十九隻羊，而到山裏去尋找那一隻迷路的羊嗎？若是找著了，我實告訴你們：他為這一隻羊歡喜，比為那沒有迷路的九十九隻羊歡喜還大呢！你們的天父也是這樣，不願意這小子中失喪一個。」〔註16〕上帝不會拋棄、也不會放棄對每一個人的愛，這

〔註12〕《創世紀》1：26。
〔註13〕《以弗所書》4：28。
〔註14〕《箴言》19：17。
〔註15〕《箴言》31：8-9。
〔註16〕《馬太福音》18：12-14。

對於人類社會而言也具有極其重要的啟示，一個社會群體的愛與尊重應該竭力覆蓋到每一個社會成員的身上，基督教慈善公益事業正是在這種積極意義上彰顯了基督教愛的本質。

4.4 基督教慈善公益思想的實踐路徑

基督教在原罪文化的基礎上，倡導信徒們在塵世生活與現實社會中秉持博愛精神，行善贖罪，榮耀上帝。就具體實踐路徑而言，傳統方式包括奉獻什一稅、關愛弱勢群體、尊重愛護他人、倡導社會公平正義等，在現代，基督教的社會服務更是融入人類生活領域的方方面面。就基督教的慈善公益事業發展歷史而言，基督教對人類社會的文化、教育、醫療、社會救濟、福利事業等眾多領域都曾做出過具有開創意義的巨大貢獻。與此同時，基督教的慈善理念也自然地形成為一些國家的慈善文化傳統，例如基督教的捐贈理念在美國逐步形成為一種社會責任，社會中的富人以在巨富中死去為恥辱，不但勸募行為非常普遍，敲門索捐也十分常見。不僅如此，在基督教文化影響下的國家中，宗教組織作為開展慈善公益事業的重要主體，同時也被直接作為慈善組織來看待，基督教教會是社會福利與慈善公益事業的主要承擔主體之一。

在中國，基督教早期的慈善公益事業主要有賑濟災難、救助貧苦、開辦育嬰堂、育幼院、孤兒院以及殘疾兒童學校等。據有關資料顯示，1921 年，基督教教會在我國上海成立的「中國華洋義賑救災總會」設置了水利、農業等專門委員會，並在各地廣設分會，救濟長江、黃河等流域附近的災民，為各地災區的生產恢復與災民救助帶來很大幫助。〔註17〕1930 年，天主教在我國各地開辦的孤兒院達 360 餘所，收養孤兒超過 2 萬人，收容嬰兒 5 萬餘人。〔註18〕在現代，基督教在我國香港、澳門地區依然具有廣泛而深遠的慈善公益影響，教會主要通過提供專業的慈善救濟服務、普遍的志願服務、相對缺乏的拾遺補缺服務以及組織化的社會服務等多元方式，始終與時俱進地參與和服務社會，為社會民眾尤其是弱勢群體構建了一個親切、專業、充滿活力的服務網。〔註19〕

〔註17〕牟鍾鑒主編，《中國宗教通史》，北京：社會科學文獻出版社，2003 年，第 164、頁。

〔註18〕楊玉輝主編，《宗教管理學》，北京：人民出版社，2008 年，第 191 頁。

〔註19〕卓新平主編，《基督宗教與當代社會》，北京：宗教文化出版社，2003 年，第 234 頁。

　　值得一提的是，根據對基督教慈善公益事業的開展歷史與現實管窺，我們發現基督教在文教事業方面具有極其突出的貢獻。基督教新教曾為美國文教事業奠基，其殖民地時期的各類學校幾乎都與教會有關，當今的私立學校，尤其是高等教育院校也與教會聯繫緊密，據 1972 年美國統計資料顯示，在 803 所私立大學中有 489 所由基督教新教教會主辦，占全國大學總數的 18%。〔註20〕在德國，基督教新教早在上世紀 70 年代就已興辦 59 所小學、190 所中學和職業高中。在我國，燕京大學、輔仁大學、金陵大學、東吳大學等知名高等院校早期都屬於教會辦學。時至今日，基督教依然十分重視開展文教類慈善公益事業，在全球範圍內大力興辦學校教育，推動教會院校成為社會教育事業中的重要組成力量。除此之外，現代志願精神也是建立在以基督教「慈善志願」為本體基礎上的，基督教強調社會關係中的個體互相幫助和關愛，對於提升與推廣志願服務也具有卓越貢獻。現代社會的基督教教會大都組織有專業化的志願隊伍，志願人員既能夠服務傳統慈善領域的救濟活動，也具備醫療、教育、心理諮詢、法律諮詢等專業技能，可以為社會中有需要的人群提供專業服務。當然，在志願隊伍的吸納、培訓以及管理方面，基督教相較於其他宗教而言，也具備更加豐富和成熟的經驗。

〔註20〕楊玉輝主編，《宗教管理學》，北京：人民出版社，2008 年，第 198 頁。

第 5 章　伊斯蘭教的慈善公益思想

　　世界三大宗教之一的伊斯蘭教以真主安拉為信仰對象，以先知穆罕默德的教導為基礎，以《古蘭經》和聖訓為根本經典。《古蘭經》和聖訓不但確立了伊斯蘭教的教義和教法，而且從政治、經濟、文化、道德以及習俗等眾多方面規範了穆斯林的個人以及社會生活準則，其中蘊含的慈善思想與公益觀念也成為穆斯林處理世俗與精神生活的根本依據。

　　在伊斯蘭教文化中，慈善與信仰緊密相關，慈善行為往往被看作是內在信仰的外化，亦是一種宗教義務。在《古蘭經》與聖訓中，與「慈善」意義相通或相近的詞語有很多，例如邁阿魯夫（恩惠、善舉）、薩利哈（公正的、善功）、亥爾（財產、人人喜愛的東西、與惡相對）、賓爾（善良、服從、正義、真善）、伊赫薩尼（慈善、善行、行好）、泰坦沃阿（順從、自願）、因法格（在善事、好事方面的開銷花費）等，儘管詞語表述不同，但卻都在一定程度上表達和體現著慈善公益等含義。通過對這些詞語的管窺，我們認為伊斯蘭教視閾內的「慈善」是穆斯林個人及群體服從安拉旨意、博取其喜悅以獲得兩世幸福的宗教義務，並在此基礎上形成的思想觀念、行為實踐與文化制度的統一，是一種完整的生活方式與社會制度。

5.1　敬主愛人觀

　　「伊斯蘭」一詞源於《古蘭經》，意為順從、和平，信仰伊斯蘭教的「穆斯林」意為安拉意志的順從者、順從的人。「真主所喜悅的宗教，確是伊斯蘭

教。」〔註1〕因此，伊斯蘭教的世界觀建立在信仰真主的基礎上。同時，信仰真主也是伊斯蘭教慈善公益思想及其實踐的基礎與起點，它主要包含以下幾個方面的內容：

第一，順從。穆斯林要全心全意地順從真主安拉，順從安拉派遣的使者，順從穆斯林領袖。哈里發阿里曾說：「我給伊斯蘭下一個在我之前任何人沒有下過的定義：伊斯蘭即順從，順從即堅信，堅信即確信，確信即確認，確認即履行，履行即行動。」〔註2〕由此可見，順從則意味著穆斯林要從內心和行為上信仰真主安拉、虔誠敬主。「真主確是喜愛行善者的。」〔註3〕「全體歸順真主，且樂善好施，並遵守崇正的易卜拉欣的宗教的人，宗教方面，有誰比他更優美呢？」〔註4〕一位真正的穆斯林必定是信仰真主且愛人的人，順從同時也意味著穆斯林應該效法安拉的美德，依照安拉的要求慈愛眾生，行善愛人。

第二，平等。伊斯蘭教倡導人類平等，信仰真主即要堅信人人平等。首先，人類源於共同的祖先——阿丹。「眾人啊！我確已從一男一女創造你們，我使你們成為許多民族和宗教，以便你們互相認識。」〔註5〕儘管安拉創造的人們在種族、膚色、民族、語言、宗教、國籍、文化等諸多方面有所不同，但並不存在優劣之分、高下之別與貴賤之差，人是平等的；其次，穆斯林平等地享受宗教權利，履行宗教義務。《古蘭經》中有：「一個負罪的人，不負別人的罪。」〔註6〕這便強調了穆斯林個人應該對自己的行為負責，無論是享受權利，還是履行義務，都是建立在個體平等的基礎上的。在真主安拉面前，穆斯林摒除了一切社會不平等的因素，如社會等級、財富、名望、地位等，人人都可以崇拜真主、讚歎真主、向真主傾訴與奉獻；最後，在伊斯蘭法律、法規面前人人平等。真主安拉是伊斯蘭教義、教法的絕對立法者、審判者和實施者，安拉公平、公正地運用教法保護或制裁所有人，在神聖的教法面前人人平等，如《古蘭經》中有：「行一個小螞蟻重的善事者，將見其善報；作一個小螞蟻重的惡事者，將見其惡報。」〔註7〕

〔註1〕《古蘭經》3：19。
〔註2〕〔伊拉克〕穆罕默德·本·侯賽因·謝里夫·萊迪選編，張志華譯，《辭章之道》，北京：宗教文化出版社，2003年，第508頁。
〔註3〕《古蘭經》5：13。
〔註4〕《古蘭經》4：125。
〔註5〕《古蘭經》49：13。
〔註6〕《古蘭經》39：7。
〔註7〕《古蘭經》99：8。

　　第三，仁慈。仁慈源於真主安拉，亦是安拉的本質屬性。不僅如此，真主安拉還將仁慈作為一種道德規範和既有屬性賦予給世間萬物，正如《古蘭經》中所說：「我們的主啊！你的慈憫和知識包容了萬物。」〔註8〕在穆斯林看來，仁慈是安拉慈愛世間萬物的恩典，無論是人與人之間，人與世間其他萬物，抑或是萬物之間都充滿了安拉的仁慈之愛。作為穆斯林效法的楷模，使者穆罕默德也傳承著真主安拉中正、謙遜、溫和、寬容和仁慈的品質，而他也被看作是真主安拉對人類最大的恩惠和仁愛。因此，仁慈是穆斯林人格的重要組成部分，也是伊斯蘭社會開展慈善公益事業的重要動因和強力保障。

　　第四，奉獻。真主安拉是世間萬物的創造者、所有者和支配者，但同時安拉也鼓勵人們通過工作等合法合理的手段獲取其賜予和獎勵的財富。「你們應當信仰真主和使者，你們應當分捨他所委你們代管的財產，你們中通道而且施捨者，將受重大的報酬。」〔註9〕人類受真主安拉的委託管理世間的財富，便有一定的責任和義務按照安拉的旨意和要求獲取和支配財富，並將這財富的一部分拿出來幫助有需要的人，這既是信仰真主、敬畏真主、取悅真主，也是一種奉獻。相反，如果人類作為代管者侵吞財富，將其據為己有，不盡職盡責地行使管理義務，則會受到真主安拉的懲罰。真主安拉通過財富、貧富差距等對人類進行考驗和揀選，並由此形成了穆斯林反對壟斷、適度消費、疏捐散財和扶弱濟貧的慈善思想與行為實踐。

5.2　兩世吉慶論

　　信後世是伊斯蘭教六大信仰之一。伊斯蘭教主張兩世生活，現世的生活與後世的幸福緊密相連，而真主安拉則是兩世生活的主宰者和保護者，正如《古蘭經》中所言：「誰想獲得今世的報酬，我給誰今世的報酬；誰想獲得後世的報酬，我給誰後世的報酬。」〔註10〕在伊斯蘭教教義中，今世生活過的人都將在世界末日那一天復活，而這些復活的人將自己拿著記載自己行為的功過簿逐一接受真主安拉的末日審判。經過「天秤」的稱量，行善的穆斯林進入天園、樂園，即穆斯林所追求的後世極樂之地。612 年，穆罕默德在麥加傳教時，就

〔註 8〕《古蘭經》40：7。
〔註 9〕《古蘭經》57：7。
〔註 10〕《古蘭經》3：145。

向人們講述末日審判、恐怖的火獄和幸福的天園,明確的告誡人們要止惡行善,倡導所有穆斯林兄弟不分貧賤,停止仇殺,並且提出積極賑濟貧困、優待和釋放奴隸等一系列改良社會的主張。〔註11〕「敬畏的人們所蒙應許的樂園,其情狀是這樣的:其中有水河,水質不腐;有乳河,乳味不變;有酒河,飲者稱快;有蜜河,蜜質純潔;他們在樂園中,有各種水果,可以享受。」〔註12〕《古蘭經》中如是描述天堂樂園的幸福生活。而作惡之人、不信仰真主安拉的人將受到真主安拉的懲罰,進入「多災海」,即火獄。在《古蘭經》和聖訓中所描述的火獄共有七層,開門七道,每一道門中都關閉著特定罪惡的人群。火獄中烈焰翻滾,而進入火獄的人將遭受鞭打、沸水澆頭等諸多刑罰。對於火獄形象生動、逼真恐怖地描述事實上是為了警醒人們要信仰真主安拉,要抑惡揚善,通過今生的精進和善功去獲得後世永恆的幸福。

伊斯蘭教認為,儘管人生現世短暫且福禍無常,但並不能簡單地否定現世的生活,人們依然要珍惜現世的美好生活,合理地安排和享用今世。《古蘭經》中指出:「你應當借真主賞賜你的財富而營謀後世的住宅,你不要忘卻你在今世的定分。」〔註13〕這即是要求穆斯林要把握今世的時間,增進信仰,認真工作,努力學習,不斷提高自己的品行,培育高尚的情操,多行善舉,為後世的幸福生活積累和奮鬥。因此,伊斯蘭教的兩世吉慶論也是穆斯林敬主行善的一種價值規約。

5.3 拜主行善觀

拜主行善是伊斯蘭教慈善公益思想的集中表達,其中拜主是核心,行善是外化。拜主,即信仰伊斯蘭教,尊崇真主安拉是唯一的神,是伊斯蘭教的最高宗旨;行善,即遵循真主安拉的旨意樂善好施、廣行善舉,是向真主安拉表達虔誠敬意的方式之一,也是穆斯林獲得安拉獎勵,實現兩世吉慶的根本方法。

拜主便要堅守伊斯蘭教的基本綱領,即六大信仰。第一,信安拉。這是六大信仰中的首要、也是最重要的一條,其他五大信仰是圍繞其展開的。信安拉,便是要人們明確稱頌安拉是獨一的、無始的、最崇高的、實在的主,是創造、

〔註11〕 王家瑛,《伊斯蘭宗教哲學史》上冊,北京:民族出版社,2003年,第5頁。
〔註12〕 《古蘭經》47:15。
〔註13〕 《古蘭經》28:77。

主宰並超絕萬物的主，是全知全能的主，簡言之，即認主獨一。第二，信使者。穆罕默德是真主安拉的使者，雖然是一位凡人，但他是真主派給人間的「傳達者」、「警告者」和「報喜者」，他是最後一位，也是最偉大的一位先知。第三，信經典。《古蘭經》是真主安拉降示的經典，經中有七十餘處明確提出該經出自安拉的語言，是人類無法創作的妙文，信經典就是要求穆斯林遵循安拉的意旨，以《古蘭經》為個人和社會行為的準則。第四，信天使。天使是真主安拉利用光創造的一種妙體，不具性別，長有翅膀，神通廣大，純潔高尚。伊斯蘭教中的天使數目眾多，而且各司其職，共同協助真主安拉。第五，信末日。伊斯蘭教認為真主安拉將在世界末日之時復活人類，屆時將全面審查和清算人類在現世的行為，根據其善惡好壞予以獎勵或懲罰，善者進天園，惡人進火獄。因此，伊斯蘭教倡導兩世兼顧，即現世的拜主行善為後世創造永恆的幸福。第六，信前定。前定，即真主安拉的法則。信前定則意味著萬事萬物皆由安拉的前定所決定，一切事情都恰好依照安拉的全知全能而發生，人類不能違抗。但信前定又不能簡單的等同於宿命論，因為人類仍然要為自己的所作所為負責，安拉給予人類有限的權力以適應其有限的天賦和責任，人類後世的幸福生活仍然要靠自己努力爭取。

行善便是要求穆斯林做好五功。五功是伊斯蘭教五項基本實踐功課的總稱，包括念、禮、齋、課和朝，被認為是伊斯蘭教的五大基礎，也是穆斯林必須履行的宗教義務和功修課程。第一，念功，即念誦清真言。念功是穆斯林的首要功課，清真言指的是「萬物非主，惟有真主。穆罕默德是主的使者。」穆斯林必須在念誦和理解清真言的基礎之上誦讀《古蘭經》。第二，禮功，即穆斯林分別在一天的晨、晌、晡、昏、宵五個時間段固定禮拜，每週五的午後聚禮，每年一次的會禮。禮拜在保持潔淨、心淨、守時的情況下，面朝麥加站立、鞠躬、跪拜、叩首、念誦贊詞等固定程序。第三，齋功，即穆斯林在伊斯蘭教的齋月（伊斯蘭教曆的每年九月）從黎明到日落禁止飲食及房事。第四，課功，即伊斯蘭教法規定的施捨，穆斯林每年交納四十分之一的財產濟貧稅，作為給社會的奉獻。第五，朝功，即朝覲，穆斯林一生如若條件允許，應赴聖地麥加克爾白朝覲一次。

伊斯蘭教六大信仰中的信末日、信前定與穆斯林的慈善公益思想與實踐聯繫密切，而五功也是穆斯林拜主行善的必然要求，真主安拉以善惡清算、賞善罰惡的價值觀引導穆斯林趨善避惡，同時經典和聖訓中亦有勸導人們行善

止惡的箴言，成為穆斯林個人及社會的規範準則，指導穆斯林踐行信仰、廣行善舉。

5.4　伊斯蘭教慈善公益思想的實踐路徑

　　伊斯蘭教五大天命功課又被稱作五善功，不僅是穆斯林拜主行善的基本途徑，也是其必須履行的宗教義務。當然，相比較而言，念、禮、齋、朝四功的慈善意蘊沒有課功直接了然，但事實上，不僅課功是一種行善制度，齋功和朝功也在一定程度上表達著伊斯蘭教的慈善思想，它們共同構成了伊斯蘭教慈善公益思想的實踐路徑。

　　第一，天課。天課在阿拉伯語中是「純淨」的意思，穆斯林通過繳納天課來使自己的財富更加純淨，心靈得到淨化。天課起初作為一種穆斯林自願自覺的慈善行為，後來逐步發展成為依據不同類型的財物以一定比率繳納的用於穆斯林社會慈善公益事業的宗教課賦。「天課比例的份額為，金銀首飾的納課比例為 2.5%；礦產為 20%；農產品根據土地灌溉狀況的不同，分別為 5%和10%；其他商品和貨物按市價折現金納課 2.5%等等。」〔註14〕天課不但是穆斯林扶危濟困的重要方式之一，也有助於穆斯林個人及社會形成樂善好施的美好品德和社會風氣。

　　第二，施捨和乜貼。施捨和乜貼與天課密切相關，聖訓中有「凡穆斯林均應施捨」〔註15〕，施捨的內容既包括善行，還包括善言。天課作為善行，即為施捨的囊中之義，我國著名的穆斯林研究者劉智指出：「課者，隆施濟以防聚斂也。聖人曰：凡物有課，有所能而施之，以濟不能也。財富者，利濟貧乏；學優者，導化愚頑；言美者，釋訟解爭；力強者，扶危助弱；廣修屋廈以延賓客，多備器用以應借貸，皆課義也。」〔註16〕如果說天課是伊斯蘭教法規定的宗教義務，那麼乜帖則是穆斯林自願履行的善舉。乜帖，意為「心願」、「決心」、「舉意」，通常指的是穆斯林有某種有益於他人的意願，如做善事，我國的穆

〔註14〕中國伊斯蘭百科全書編輯委員會，《中國伊斯蘭百科全書》，四川：四川辭書出版社，1994 年，第 558 頁。

〔註15〕〔埃及〕穆斯塔發·本·穆罕默德艾瑪熱編，穆薩·寶文安哈吉、買買提·賽來哈吉譯，《布哈里聖訓實錄精華》，北京：中國社會科學出版社，2003 年，第 67 頁。

〔註16〕劉智，《天方典禮》，天津：天津古籍出版社，1988 年，第 97 頁。

斯林將給清真寺或者慈善機構施財散物，或者修建清真寺、學校等也稱之為乜帖。實際上，散乜帖是穆斯林一種高尚的善舉，其與天課、施捨具有同樣的積極意義，它們為伊斯蘭教慈善公益事業的發展提供了寶貴而直接的依據。

除此之外，齋戒和朝覲這兩項宗教義務中也蘊含了一定的慈善意義。《古蘭經》中這樣闡述齋戒的慈善意蘊：「通道的人們啊！齋戒已成為你們的定制，猶如它曾為前人的定制一樣，以便你們敬畏。故你們當齋戒有數的若干日。……難以齋戒者，當納罰贖，即以一餐飯，施給一個貧民。自願行善者，必獲更多的善報。」〔註17〕不僅如此，先知穆罕默德還倡導穆斯林要在齋月裏關心病人和有困難的人，周窮濟苦，樂以助人。在齋戒結束後的開齋節上，穆斯林家庭還應「開齋捐」，即將自家的食物、錢物等以一定成員和僕役記數，每人拿出約兩升半麥子的錢捐給窮人、旅人等需要幫助的人。朝覲的過程以及儀式中也包含著一定的慈善實踐。「你應當在眾人中宣告朝覲，他們就從遠道或徒步或乘著瘦駝……在規定的若干日內，記念真主之名而屠宰他賜給他們的牲畜。你可以吃那些牲畜的肉，並且應當用來款待困苦的貧窮的人。」〔註18〕宰牲節是穆斯林在朝覲儀式中的重要一環，用牲畜的肉款待困苦和貧窮的人也是這盛大的宗教儀式中必不可少的內容。因此，朝覲不但彰顯了穆斯林敬主行善的本質，其濟困救貧的行為實踐也是伊斯蘭教慈善公益事業的重要組成部分。

不僅如此，伊斯蘭教教法中還規定了慈善行為必須依據幾項基本原則。例如就慈善物品而言，用於行善的物品必須是通過正當手段獲得的美品，不能是自己不想要的劣質品；就行善動機而言，穆斯林不能以求名求利為目的來實施善行，而應敬畏真主，誠心行善；就行善對象而言，穆斯林應該首先幫助那些飢餓貧窮的人、婦女、兒童等社會中的弱勢群體及有困難的人；就行善者本身而言，不應該以自己的善行而自居，不要索求行善對象的回報，應該保護行善對象的尊嚴和不公開的權力。穆斯林只有遵循以上這幾項基本原則，其善行才能得到真主安拉的肯定，同時真主也會根據其善功給予恩惠。

伊斯蘭教慈善公益思想以敬主愛人的基本信仰為基石，在《古蘭經》和聖訓的指導下，以兩世吉慶的價值規約引導穆斯林拜主行善，通過「六信五功」揚善抑惡、扶弱濟貧、仗義疏財，從而取悅真主，獲得真主的恩惠。與佛教、

〔註17〕《古蘭經》2：183-184。
〔註18〕《古蘭經》22：27-28。

道教和基督教相對比而言，伊斯蘭教慈善公益思想的宗教性和民族性色彩更加鮮明，慈善制度化也是其十分突出的特點之一。伊斯蘭教慈善公益事業以面向教內為主，同時也為教外需要幫助的人們提供幫助，除了災難救助、扶弱濟貧等傳統慈善內容外，還十分注重對穆斯林社會的基礎設施建設以及信眾生活的保障與滿足，如我國西北地區的伊斯蘭教清真寺為缺水地區修建公共浴池，為困難學生提供教育資助，為無力承擔治療費用的家庭提供醫療救助等。此外，伊斯蘭教的經堂教育也為社會教育事業做出了巨大貢獻，例如我國的伊斯蘭教經堂教育起於明代，距今已有四百多年的歷史，不僅提高了我國西北地區穆斯林的教育文化水平，而且培養了大批優秀的穆斯林文化人才。總的來說，伊斯蘭教慈善公益思想與實踐對穆斯林社會的穩定起到了積極作用，同時也推動了現代慈善公益事業的發展。

本篇小結

　　慈善公益是世界各主要宗教的共性之一，儘管它們有著基於本教信仰的不同表達方式與實踐路徑，但無論是東方宗教，還是西方宗教，抑惡揚善均是它們的一貫主張，社會服務均是它們的悠久傳統，其慈善公益的追求在本質上是相同的，宗教慈善公益思想即是宗教慈善公益事業產生的根本原因。

　　首先，教義教規直接推動慈善公益行為的產生。各大宗教的教義教規中都蘊含著大量的慈善公益思想和指導信徒抑惡揚善的行為規約，可以說，宗教的教義教規是對信徒慈善公益行為最直接地一種刺激和鼓勵。當然，為了強化和說明行善的重要性，各宗教還將那些代表著本教的道德準則和善惡標準的故事記載到經典當中，通過生動的事例給信徒們帶來具有教育和警示意義的參考。信仰某一宗教，即意味著信仰者將此教的人生觀、世界觀和價值觀作為自己的人生準則和行為指導，因此，當宗教的慈善公益思想真正內化為信仰者的基本觀念時，信仰即會轉化為實踐，善念就會發展成為善行，當善行成為信徒天長日久、日積月累地生活方式和日常行為時，善行即成為一種習慣。故而，當信徒將自己的慈善公益實踐體驗與信仰理論相結合時，便能夠強化自身信仰，從而激發出持之以恆的善念善行，形成一種良性循環。

　　其次，宗教信仰對信徒行為的心理驅動。教義教規的約束並非推動宗教慈善公益事業的長效機制，宗教信仰的魅力在於信仰價值與信徒心靈的內在契合，它的能力在於讓信徒認識到自身的有限性與神明的無限性，繼而做出自發地、自願地善行去獲得宗教經驗、體會宗教的精神實質、超越有限。張慶熊教授對信徒宗教經驗的描述很好地揭示了這一問題，他說：「宗教經驗體現在實

在的交往、個人與共同體的交往兩個方面。宗教信徒在於超驗實在的交往中，認識到自己的有限性，表示自己對無限偉大的終極實體的愛慕，訴說自己的痛苦，懺悔自己的罪咎，尋求獲得力量，希望得到拯救。與此相應，宗教信徒把從超驗實體那裡得到的啟示、靈感和倫理教誨應用於與共同體的交往中。正是在與其他人的友好相處中、互相幫助中、仁愛的行動中，宗教信徒也體驗到了宗教的精神實質，體驗到了超驗者活生生的存在。」〔註1〕可以說，慈善公益行為既是宗教信仰者愛心的具體體現，也是追求無限性的行為實踐，因而，從心理上來講，善行會給信仰者帶來靈魂的淨化和道德的昇華，這是一種巨大的精神滿足與心理享受。

最後，宗教組織對慈善公益事業的使命肩負。世界上的許多宗教，無論教派大小，都將發揚慈善精神、傳播慈善思想、開展慈善事業作為組織活動的重要內容，可以說，大部分宗教組織具有與生俱來的慈善要求和悠久的慈善傳統，慈善公益事業是其視為己任的使命。對於社會而言，宗教組織的慈善公益事業可以緩解物質缺乏、調節人際關係、緩和社會矛盾、促進社會和平穩定。對於宗教組織而言，開展慈善公益事業也可以在社會中體現自身價值、擴大組織影響。因此，宗教組織與慈善公益事業是密不可分、相互促進、相輔相成，宗教組織對於慈善公益的使命感也遠遠超過其他任何社會組織。

當然，不同宗教的特色慈善公益實踐為我們對宗教慈善公益事業的研究提供了豐富素材，下面我們將以佛教的佛光山與基督教的救世軍為例，試圖全面深入地展示和分析它們的慈善公益事業，並期許為宗教慈善公益事業的可持續發展帶來些許思考。

〔註 1〕張慶熊，《愛心和社會關懷是一切偉大宗教的共同點》，《基督教學術第二輯》，上海：上海古籍出版社，2004 年，第 3 頁。

社會實踐篇

　　本文在個案的選取上主要基於三個層面的考慮：首先，佛教、道教、基督教、伊斯蘭教等都具有豐富的慈善公益思想和悠久的慈善公益傳統，但就目前的發展情況而言，佛教和基督教在全球範圍內對慈善公益領域具有相對突出、卓越的貢獻，同時，佛教和基督教也是當前大陸地區信眾人數較多、發展較為迅速的兩大宗教，以這兩個宗教為切入點，對我國宗教慈善公益事業的發展進步具有較大的借鑒意義和參考價值；其次，研究個案應該是國際性宗教慈善公益組織，慈善公益事業超越國家、種族、性別和宗教等界限；最後，研究個案開展的慈善公益事業應既包括以救濟為主的傳統慈善事業，還包括成熟的現代公益事業，服務社會的教育、文化、醫療、環境等多個領域，具有組織運營管理方面的先進經驗。基於以上三個方面的考量，以及在對比各宗教慈善公益組織的知名度、成熟度等因素後，我們最終選取佛教的佛光山和基督教的救世軍作為研究個案。

　　本篇將圍繞「已經做了哪些宗教慈善公益事業」這一基本問題，系統地梳理佛光山與救世軍慈善公益事業的背景、興起及歷史演變，全面展示這兩大宗教近年來慈善公益組織的社會服務內容及其取得的成就，並通過其社會評價來呈現慈善公益事業對於社會和宗教的特殊作用與意義價值。

第 6 章　佛光山的慈善公益事業

佛光山，位於臺灣高雄市大樹區，由星雲法師攜弟子創辦於 1967 年，歷任主持有心平和尚、心定和尚、心培和尚，現任主持心保和尚。佛光山是一座集中外古今佛教宗派、殿堂朝聖、文化藝術、人才教育、社會慈善、弘法共修、觀光體驗為一體的僧信平等的道場聖地，同時亦是具有大眾化、國際化、教育性、福利性等本質特徵的佛教教團。開山宗長星雲法師（1927 年 8 月 19 日～2023 年 2 月 5 日）出生於江蘇江都，十二歲剃度出家，二十一歲出任南京華藏寺住持，授記為臨濟宗第四十八代傳人。星雲法師 1949 年來到臺灣，始終踐行「人間佛教」之道，帶領弟子一磚一瓦建設佛光山，使佛光山成為臺灣信眾極多的佛教聖地、揚名世界的佛教寶殿。

6.1　佛光山慈善公益事業的總體情況

6.1.1　佛光山慈善公益事業的背景

佛光山慈善公益事業的開展與佛教的慈善公益思想聯繫緊密，亦與人間佛教理論的倡導和推行密不可分。眾所周知，星雲法師一直致力於在海內外推動人間佛教，而佛光山在開山一甲子以來取得的成就也被稱為是「星雲模式」的成果。因此，探討人間佛教有助於我們更好地認識和理解佛光山的慈善公益事業。

20 世紀以來，伴隨著近現代中國佛學的復興與佛教的革新、轉型運動，人間佛教逐漸成為中國佛教發展的主流。人間佛教的基本理念是倡導和弘揚菩薩

道救度精神，廣泛參與現世活動，積極恢復佛教對社會的促進功能。究其本源，人間佛教應是釋迦牟尼佛的學說，太虛、印順、星雲、證嚴、聖嚴等高僧大德都是該理論的倡導者、推廣者、探索者和實踐者。太虛大師曾受時代與革命思潮的影響，致力於佛教的革新與復興，倡導「仰止唯佛陀，完成在人格」的思想。在《怎樣來建設人間佛教》的會講中，太虛法師指出：「人間佛教，是表明並非教人離開人類去做神做鬼，或皆出家到寺院山林裏去做和尚的佛教，乃是以佛教的道理來改良社會，使人類進步，把世界改善的佛教。」〔註1〕這便是說，人間佛教是以佛教的積極精神和佛法道理來面向社會、進入社會，從而服務社會、改造人生的。不僅如此，太虛法師還特別強調要建設人間淨土。「遍觀一切事物無不從眾緣時時變化的，而推原事物之變化，其出發點都在人等各有情之心的力量。既人人皆有此心力，則人人皆已有創造淨土本能，人人能發造成此土為淨土之勝願，努力去作，即由此人間可造成為淨土，固無須離開此穢齷之社會而另求一清淨之社會也。質言之，今此人間雖非良好莊嚴，然可憑各人一片清淨之心，去修集許多淨善的因緣，逐步進行，久之久之，此濁惡之人間便可一變而為莊嚴之淨土，不必於人間之外另求淨土，故名為人間淨土。」〔註2〕實際上，建設人間淨土即是太虛法師希望通過將出世法與入世法的緊密結合來改造人類所生存和生活的這個並不完美的世界。太虛法師推崇的人間佛教理論充分體現了佛教救世度人的慈悲精神，對人類的進步與世界的改善帶來了積極影響，儘管在當時的社會條件下還難以實現人間淨土的建設，但人間佛教的道路卻成為中國佛教未來發展的主流。

在臺灣，印順法師、星雲法師等豐富和發展了人間佛教理論體系，並大力弘揚、積極實踐，取得了一定的成就，也使得建設人間佛教成為臺灣地區佛教發展的主要思潮和實踐路徑。佛光山開山宗長星雲法師是當代極有影響力的一位人間佛教思想者與實踐者，他將精深的佛法解讀成通俗易懂的話語：「『人間佛教』就是佛說的、人要的、淨化的、善美的，凡是有助於幸福人生增進的教法，都是人間佛教。」〔註3〕由此可見，佛說、人要、淨化、善美構成了人

〔註1〕太虛大師全集在線閱讀《怎樣來建設人間佛教》https://www.uaohbc.org/news_in.aspx?siteid=&ver=&usid=&mnuid=1049&modid=18&mode=&nid=81&noframe=，2016年1月3日。

〔註2〕太虛大師全集在線閱讀《建設人間淨土論》http://read.goodweb.net.cn/news/news_view.asp?newsid=62742，2016年1月3日。

〔註3〕滿義法師，《星雲模式的人間佛教》，臺北：遠見天下出版股份有限公司，2005年，第2頁。

間佛教的基本要件，而踐行人間佛教的目的就是增進幸福人生。「人間佛教主要的內涵是關懷生命，因為人到世間生活，就有生命，有生命就有生死。生死的本體不生不滅、不增不減，是真常無限的永恆存在；但是生命所顯露的現相，則有生滅、去來的無常變化；而生命從生到死，每天生活的衣食住行、言行舉止、思想感受等身心活動，則無一不是生命的作用。生命是體、生死是相、生活是用，體、相、用三者不可分割，所以人間佛教所重視的，是如何在生活中運用佛法，透過佛法之用來超越生死的現相，進而圓滿生命的本體，這就是星雲法師弘揚人間佛教的主旨所在。」〔註4〕星雲法師從生命為體、生死為相、生活為用三個維度來闡釋人間佛教環環相扣的關係與功用，明確了人間佛教對人類的現實意義，即擁抱生命、解決生死、落實生活。在建設人間淨土方面，星雲法師在太虛法師和印順法師的理論基礎之上有繼承也有發展，他認為建設人間淨土的首要任務是心理建設，即拋除五欲六塵，實現心淨國土淨，星雲法師也將人間淨土的藍圖呈現在大家眼前：「平等包容是我們的淨土；自由民主是我們的淨土；慈悲喜捨是我們的淨土；安住禪心是我們的淨土；大乘方便是我們的淨土；清淨唯心是我們的淨土；勤奮願力是我們的淨土；智慧靈巧是我們的淨土。」〔註5〕在具體實踐上，則分為人生淨土的建設和社會淨土的建設。其中，人生淨土的建設包括六個方面：眼耳鼻舌的淨土、行住坐臥的淨土、人際間的和諧淨土、居家環境的淨土、思想見解的淨土和心田識海的淨土。社會淨土的建設包括五個方面：美好環境、安全居所、良善親友、自由生活和淨化感情。〔註6〕

　　根據人間佛教的緣起、發展以及實踐所感所悟，星雲法師的人間佛教理論逐步發展成為「星雲學說」。「星雲學說」是經過知行合一的不斷總結和提煉的成果，其本質依然是佛陀本懷的人間佛教，但又具有星雲法師和佛光山自身的特色。在《星雲模式的人間佛教》一書中，滿義法師將星雲法師的人間佛教特色總結為三十二項、四大類別，概言之分別是：第一，說法的語言不同，即以通俗易懂、簡明扼要、人性化的語言和善於舉例、機智幽默的方式，與時俱進的、親切的從人的立場出發，將精深博奧的佛法化作生活之理，使人獲得啟示；第二，弘化的方式不同，即將信仰與事業相結合，開創多元化的活動和事業，

〔註4〕滿義法師，《星雲模式的人間佛教》，臺北：遠見天下出版股份有限公司，2005年，第3頁。
〔註5〕星雲法師，《禪學與淨土》，上海：上海辭書出版社，2008年，第188～202頁。
〔註6〕星雲法師，《禪學與淨土》，上海：上海辭書出版社，2008年，第203～211頁。

使佛教走進社會、走向國際，從而擺脫傳統佛教守舊落伍的面貌，使信眾逐步年輕化、知識化，呈現出佛教改良社會風氣、創新社會風貌的新景象；第三，為教的願心不同，即星雲法師發慈悲弘願將佛法傳播從個人到大眾、從本山到教界、從佛教到異教、從僧眾到信眾、從慈善到文教、從人權到生權、從本土到國際以及從統一到和平，實現了「佛光普照三千界，法水長流五大洲」的遠大願景，也使人間佛教得以光照寰宇；第四，證悟的目標不同，即星雲法師以「現證法喜安樂」為修行目標、以「建設佛光淨土」為弘法要務，強調以人為本，即此時、此地、此人，重視現世的開發與完成，構建淨土於此岸，建設國際化、社會化、文藝化、本土化、現代化、人間化、生活化、事業化、制度化、未來化的佛光淨土。因此，星雲學說講求八宗兼弘、心物合一、法界圓融，是極具特色的人間佛教理論與實踐之道。

綜上所述，人間佛教不是某位高僧大德獨有的理論，而是基於佛陀本懷所發展出的現代佛教理論與實踐。「重視倫理道德，鼓勵生活修行，注重五戒十善，強調六度四攝，講究因緣果報，奉行慈悲喜捨，主張尊重包容，促進普世和諧。」〔註7〕星雲法師將信仰與事業相結合，積極舉辦各種活動、開展各項事業，將佛教推入社會、家庭、生活和人間，讓佛教在社會之中發揮其應有的教化功能，帶領佛教走出了一條守正創新之路，也造就了佛光山宏偉的慈善公益事業。

6.1.2　佛光山慈善公益事業的興起及發展演變

早期的中國佛教因循明清隱遁山林的自了思想而無心發展佛教事業，但星雲法師認為「真正的佛教應該是教人如何解脫自在、如何獲得幸福安樂，如果缺少這些義理的弘揚與資生事業的發展，則佛教對人生又有什麼意義呢？」〔註8〕「佛教要有前途，必須發展事業。」〔註9〕因此，自佛光山開山以來便十分注重各項事業的發展，每位佛光人本著「弘法是家務、利生為事業」的使命感積極舉辦各類活動、開展各項事業，以人間性、社會性、生活性、創新性

〔註7〕滿義法師，《星雲模式的人間佛教》，臺北：遠見天下出版股份有限公司，2005年，第30～33頁。

〔註8〕滿義法師，《星雲模式的人間佛教》，臺北：遠見天下出版股份有限公司，2005年，第100頁。

〔註9〕滿義法師，《星雲模式的人間佛教》，臺北：遠見天下出版股份有限公司，2005年，第100頁。

和利他性的現代弘法方式踐行人間佛教。「以教育培養人才、以文化弘揚佛法、以慈善福利社會、以共修淨化人心」是佛光山的四大宗旨，教育、文化、慈善和共修這四項事業構成了佛光山弘法事業的基本內容。我們所討論的佛光山慈善公益事業不僅特指其慈善事業，還囊括了教育、文化和共修事業中的公益內容。從佛光山一甲子的發展情況來看，凡是關於人一生的生老病死，皆在其服務的範疇，其發展情況大致可以分為三個階段：

第一階段，1964 年～1985 年，即佛光山開山宗長星雲法師創建壽山寺至主持退位。這是佛光山的起步時期，這個時期的臺灣社會日趨安定，給佛光山的發展創造了穩定的社會環境，但仍有戰後動亂、政權紛擾、社會福利欠缺等影響民眾生活的因素，貧苦在社會中依然常見。基於此，星雲法師在創建壽山寺時便設立了「慈善堂」，主要負責開展慈善救濟、醫療義診、扶殘助孤、安養老弱等以救濟、救助為主要內容的社會福利工作。其後幾年，佛光山相繼成立急難救助會、大慈育幼院、佛光精舍和雲水醫院，「慈善堂」也於 1983 年擴大規模，改組為「慈善監院室」；在教育事業方面，星雲法師在佛光山開山兩年前即創辦了壽山佛學院，而兩年後的東方佛教學院則是佛光山第一座硬件建築，可以說，佛光山開山即在辦教育人。這個時期的佛光山教育事業處在探索發展道路的階段，也是佛光人與社會信眾集體努力、共同創作、力圖將佛光山教育事業提升質量、扎根社會的時期；在文化事業方面，佛光山早期的文化公益事業包括每月印經、開辦民眾講習班、幼教研習班、星期學校、信徒講習會、印度文化研究所等，許多活動都是臺灣地區佛教界的首創之舉；在共修事業方面，佛光山以實踐佛陀的「觀機逗教」為原則，認為佛教的共修活動應該有包括念佛、禮佛、誦經、坐禪等在內的更豐富的內容、更廣闊的空間。「過去佛教只重視念佛、拜佛，失去了許多信徒；佛教是要普度眾生的，普度眾生就是要讓大家歡喜什麼就做什麼。你不念佛，可以禪坐；甚至不信佛也沒有關係，你可以行佛，替佛教動員大眾一起來做善事。乃至你不喜歡拜佛，也可以到寺院來吃素菜；你覺得素菜吃不習慣，也可以到道場來談話聯誼，或是唱梵唄、聽音樂。所以現在提倡的人間佛教，就是多元化、多功能的弘化，依大家的根機需要，實踐佛陀的觀機逗教，這就是人間佛教。」〔註10〕在此期間，佛光山也逐步發展壯大，成長為有制度、有規模、有傳承的佛教教團。

〔註10〕滿義法師，《星雲模式的人間佛教》，臺北：遠見天下出版股份有限公司，2005年，第 122 頁。

　　第二階段，1985 年～1991 年，即星雲法師主持退位至國際佛光會成立。這個時期的臺灣社會經歷瞭解嚴、黨禁、報禁的解除，兩岸觀光和探親開放，整個社會都處於快速發展的時期，全球政治、經濟也進入高速發展的多元化時代，這些為佛光山慈善事業的發展帶來了一些新的機遇和挑戰。1989 年，佛光山成立了「佛光山慈悲社會福利基金會」，整合了慈善福利內容，提高了慈善服務的規模和效率。此時，佛光山的慈善事業也與時俱進，除了從物質與精神方面開展救濟、救助事業外，還將服務對象擴展至退伍軍人、監獄服刑人員、出獄人員、吸毒人員等社會邊緣人以及普通社區居民等。1991 年，佛光山成立了國際佛光會中華總會，次年於美國洛杉磯成立國際佛光會世界總會。國際佛光會是佛教國際化、僧信七眾弟子共有的團體，是超越國界、種族、宗派等的社會團體，國際佛光會的成立標誌著佛光山從此邁上國際舞臺，其慈善公益事業的版圖也拓展到泰國北部邊區、香港難民營等海外地區。在教育事業方面，佛光山著力弘化擴展，在各地廣設佛學院，教育質量逐步提升、教育成果顯著；在文化事業方面，發展領域開始涉及文字出版、傳媒影音、文教基金會、佛音唱團、人間美術館等，各類文化事業單位，如出版社、書局、電臺、報社、通訊社和美術館等也相繼籌備建立；在共修事業方面，佛光山針對青年、教師、老年人、兒童、母親等不同人群開設了各類佛學夏令營、佛學社團、青年會、兒童班等，並設置了各類獎項鼓勵大眾參與活動，組織了佛光青年成年禮、親子運動大會、人間音緣、書畫義賣等多類活動供民眾選擇參與。同時，佛光山開始定期組織佛學講座和座談會、讀書會、信徒講習會、國際學術會議等，接引了無數民眾認識佛教文化，並取得了豐碩的理論成果，產生了巨大的社會影響力。

　　第三階段，1991 年至今，即國際佛光會成立至今。自上世紀末開始，臺灣地區經濟繁榮，社會穩定，社會福利事業也得到了大力發展，但同時人口老齡化、環境污染、失業率上升等一系列新的社會問題也顯現出來。佛光山積極調整慈善事業的運作，於 1997 年將「慈善監院室」升為「慈善院」，作為佛光山五大院之一，總領佛光山各類慈善事業。2003 年，「佛光山慈悲社會福利基金會」改隸臺灣內政部，成為專門開展慈善公益事業的財團法人。這幾十年是佛光山向內深入、向外擴張的快速發展時期，佛光山的全球道場如雨後春筍般迅速成立，國際佛光會世界各地的分會機構也陸續建立，通過二者的有機結合，參與和開展了許多國際性慈善公益活動，使佛光山的慈善公益事業也不再

侷限於傳統的慈善事業，而是以蓬勃發展之勢擴充至現代公益事業領域。尤其
是在海外地區，佛光山根據各地的社會背景、風俗、民情、經濟、宗教等情況
的不同因地制宜、量身打造慈善公益事業，通過物質救助、心靈撫慰等多種方
式服務當地社會，贏得了全球各地的好評。在教育事業方面，佛光山開始邁向
國際舞臺，將教育薪火傳至全球五大洲，不僅佛學院遍布全球各地，社會教育
也已建成從幼教、中小學教育乃至大學教育的全套體系，佛光校園遍布海內
外，多次榮獲世界各地的表彰與讚揚；在文化事業方面，佛光山通過出版各類
佛教文化內容的圖書、發行報紙雜誌及論文刊物、重編藏經、舉辦各類文化交
流活動等實現文字弘法的重任，從圖書報刊和經典的編輯、翻譯到製作、發行，
再到流通、結緣，佛光書籍已傳播至海內外各高校、圖書館、學術研究機構、
寺院道場等地，以及學者、研究人員、信徒和民眾手中等。不僅如此，佛光山
還首開多項臺灣地區多媒體影視弘法的先河，通過電臺、電視臺和網絡媒體製
作和傳播了許多佛教文化節目，備受社會各界的好評與推崇。先後成立的五個
文教基金會也組織和開展了多次佛教學術會議、佛教文化交流與傳播、優秀弘
法人員獎助以及其他公益活動。佛光山本山的寶藏館，臺灣和海外地區的二十
餘座佛光緣美術館，三十餘間滴水坊餐廳，也為佛教文化藝術的傳播做出了巨
大貢獻；在共修事業方面，佛光山開設了一系列修持活動和公益培訓班，使社
會民眾能夠培養良好的興趣愛好和技能特長，從而豐富身心、提升生活質量。
佛光山的公益服務團，如愛心媽媽、考生服務、交通服務、醫院服務、殘障服
務、語言服務、資源回收等，也為淨化社會風氣，帶領社會民眾建設自覺行佛
的人間淨土貢獻良多。總的來說，這個時期的佛光山慈善公益事業超越了地
域、國家、種族和信仰，成為全社會、全人類共同的福利和福祉。

　　綜上所述，雖然佛光山本著「文教為主、慈善為輔、共修為方便」的原則
開展各類活動和事業，但無論是其文化事業、教育事業，還是慈善事業和共修
事業，無不在融會貫通地向社會民眾闡釋佛法的慈悲，佛光山的慈善公益事業
是兼容文化、教育和共修，去除人的貪嗔癡，以淨化社會為根本的事業。因此，
從傳統慈善事業發展到現代公益事業，佛光山的慈善公益事業既具有悠久的
歷史，又具備年輕的活力，既起到了福利社會的作用，又發揮了現代佛教的積
極影響。佛光山的慈善公益事業蘊含著現代性、大眾性、制度性、社會性和國
際性等諸多特點，為振興宗教慈善公益事業的發展提供了一個成功的範例，故
而，我們將分門別類地梳理和認識當前佛光山各類慈善公益事業的發展情況，

為全面理解和分析其作為成功範例的可靠因素夯實基礎。

6.2 佛光山各類慈善公益事業的發展情況

6.2.1 救助關懷

佛光山的救助關懷服務伴隨開山之初「慈善堂」的設立便已開展，目前主要由佛光山慈善院統領，佛光山的全球寺院道場與佛光會各地分會共同承擔，在具體工作的開展上亦有國際佛光會、佛光山慈悲社會福利基金會、義工團體等相關組織機構與團體的協助配合，根據救助性質的差異，我們將其分為災難救助、急難救助和特殊救助三項內容。

第一，災難救助。長期以來，佛光山都積極開展和參與對海內外各類災害的救援與救助工作，在大陸、南非、巴西和巴布新幾內亞等地主要開展災後撫孤育離、教育援助、醫療援助等工作，在歐洲各國、美國、日本、澳大利亞等社會福利比較完善的國家主要開展災後環境修復等工作，無論是全球各地哪裏發生了自然災害，佛光人都竭力在第一時間伸出救援之手。

佛光山災難救助工作概覽 〔註11〕

洲	國家、地區	救援內容
亞洲	大陸與香港地區	1991 年、1992 年大陸水災，海內外各地佛光會分別捐贈新臺幣 800 多萬、50 萬美元救災；1997 年起在大陸興建百餘所希望小學及二十餘所佛光醫院；2005 年廣西水災，香港佛光會前往賑災救濟；1991 年、1993 年星雲法師香港講經托鉢善款，捐贈東華三院及弱智兒童；1997 年香港佛光會創辦佛光慈蔭安老院；1999 年佛香講堂設立羅陳楚思老人中心。
	日本	1995 年阪神地震，佛光山捐贈慰問金及民生物資賑災； 2011 年東北地區 9 級地震，全球佛光山和國際佛光會提供各類救援物資，「星雲教育基金」為受災學生提供教育援助。
	泰國	1988 年組建「泰北弘法義診團」並成立「佛光山信徒援助泰北難民村建設功德會」；2002 年泰國東北部水災，曼佛光會捐贈泰幣 150000 株及物資賑災； 2011 年水災，「佛光醫療隊」開展災區義診，共赴 7 個災區，為 2 千餘災民施診贈藥，主治醫師們親自診治 820 位災民。

〔註11〕圖表內容整理自佛光山：《佛光山開山四十週年紀念特刊・慈善弘法》，高雄：佛光山文教基金會出版，佛光山宗委會發行，2007 年。

	緬甸	2006 年國際佛光會捐贈 1 萬美元及書籍、CD、VCD 幫助密支那育成學校。
	菲律賓	1995 年羅辛颱風，馬尼拉佛光山組隊前往 20 幾個村落賑災，發放上萬份賑濟品，約五萬名民眾受益；2000 年馬容火山爆發，馬尼拉佛光山及菲律賓佛光會成立賑災中心，前往災區救災；2006 年太陽一號遊輪沉沒，怡朗佛光緣與佛光會員籌資救援。
	馬來西亞	2006 年柔佛等 8 縣發生水災，當地佛光人開展救援，並與《星洲日報》聯手發放救濟款項。
	印尼	2006 年爪哇地震，香港佛光會籌募 400 個帳篷至災區救援。
	印度	1998 年起連續 3 年舉辦千戶萬人「佛光人廣結善緣」賑濟活動；2001 年古笈拉地震，佛光山與佛光會前往賑災，並認領姆拉女生宿舍重建及那利亞學校造井等工程。
	斯里蘭卡	2001 年蒙那拉卡旱災、2003 年南部水災，佛光山及佛光會前往賑災救濟。
	伊拉克	2003 年戰火迫害，國際佛光會協助勸募救援物資及捐助款項。
	伊朗	2003 年巴姆城地震，國際佛光會捐贈 10 萬美元作為災童教育經費。
北美洲	美國	1992 年佛羅里達颶風，國際佛光會及西來寺共同捐贈 1 萬美元賑災；1995 年大峽空難，西來寺協助善後殯葬、傷員醫療；2001 年「911 恐怖事件」，佛光山梵唄讚頌團美加巡迴演出收入美金 20 萬元用於災後重建；2005 年卡翠娜颶風，捐款 10 萬美元賑災並加入當地政府的救援工作。
	加拿大	2002 年多倫多佛光會捐贈 25000 萬加幣贊助「公益金 211 社區熱線」。
中美洲	洪都拉斯、尼加拉瓜等	1998 年密契颶風，國際佛光會籌資 10 餘萬美元緊急救助，並募集食品、衣物送抵災區。
南美洲	巴西	如來寺實施「如來之子教養計劃」，幫助貧民區小孩接受教育，學習一技之長。
	巴拉圭	1999 年起設立「早產兒安置方案」，捐贈保溫箱拯救貧困早產兒；2001 年進行「零飢餓方案」，贈送豆漿機幫助解決貧困問題； 2001 年興建中巴佛光康寧醫院，為貧困人口提供免費醫療服務。

非洲	尼日利亞	2002 年拉各斯州省都軍營彈藥庫爆炸，尼日利亞佛光會捐款 120 萬奈拉及白米 1 萬斤救災。
	南非	2002 年發起「希望工程計劃」，設立「週日學校」教導貧童讀書，成立「藝術文化組」，接引青年學佛，設立「湯廚房」，供應老人飲食。
	馬拉維	2005 年設立「阿彌陀佛關懷中心」收容孤兒，解決兒童教養問題，每月下鄉發放認養 1000 多名孤兒的食品和用品。
大洋洲	澳大利亞	1998 年雪梨臥龍崗水災，佛光會捐款 2 萬澳幣救災。
	巴布新幾內亞	設立幼兒園，免費教導原住民學童讀書寫字；1997 年旱災，星雲法師捐贈 2 萬美元、佛光人募集物資送往災區，計 10 萬人受益；1998 年地震海嘯，佛光人深入災區救災，籌措物資。

　　佛光山的災難救助工作有兩個突出的特點，一是救助內容系統完整、救助工作持久貫徹、善始善終，主要包含了災難救援、災後重建和心靈撫慰三項內容，不但整合資源為災區提供飲食、醫療、物質等生理方面的保障，而且注重災後地區各項事業的重建與恢復，以及受災群眾心靈的安撫與慰藉。以臺灣9‧21 大地震救災工作為例〔註12〕，此次地震造成了臺灣兩千多人死亡，十萬餘戶災民無家可歸，在地震發生後，佛光山與國際佛光會在第一時間成立臺灣北、中、南三個聯合救災中心，同時在歐洲、美洲、新西蘭、澳大利亞等地成立救災中心來動員全球佛光人投入賑災行列。在前線賑災的佛光人多達四萬人次，主要包括佛光山的五百名出家眾、佛光會員、佛光山叢林學院和普門中學師生、義工服務隊以及各別分院道場的信徒等。在救災階段，佛光山的救災中心主要開展緊急捐款活動，並及時向災區提供各類物質救濟。佛光山開放全臺灣八十多所別分院提供食宿、賑濟災民，雲水醫院醫護人員與海外專業醫療團隊一起組成救災醫療小組，大慈育幼院收容受難者家庭無法照料的幼童，同時各災區有法師巡迴，隨時幫助往生者處理後事，免費提供罹難者龕位，安奉靈骨及牌位供奉，舉行超度法會告慰亡靈。在災後重建階段，佛光山的救災中心協助災民重整，建立了中僚佛光村、永平佛光二村、和平佛光村、清水佛光村等 300 間組合屋，並捐助了 1200 個貨櫃屋以解決災民睡帳篷的不便，認領 10 所中小學校園重建工程，提供 20 所學校多功能帳篷做臨時教室，提供 27 所學校營養午餐，捐贈 9 所學校午餐炊具，認領 2000 個學童的營養午餐，幫

────────────

〔註12〕案例資料整理自《佛光山開山四十週年紀念特刊‧國際佛光會》，高雄：佛光山文教基金會出版，佛光山宗委會發行，2007 年。

助災區學子解決受教問題。在心靈撫慰階段，佛光山在災區成立了 14 所「佛光園心靈加油站」，開通了「佛光心靈專線」電話，舉辦了多場心靈講座、談心茶坊、影片觀賞、法律諮詢、遊戲輔導、文藝表演等活動為災民做心理疏導，同時還開展了災區才藝研習電腦班、兒童美語班、舞蹈班、古箏班、親子創作班、心靈重建書法比賽、佛光園災區定期醫療義診等活動，在臺灣北、中、南同步舉辦了 5 場地震週年追思祈福大會，以紓解災民內心的恐懼和痛苦。佛光山在災難救助這三個階段總共花費約兩千萬美元，持續對災區跟進和回訪也長達數年，真正地將災難救助工作進行到底，善始善終。

　　佛光山災難救助工作的另一個特點是高度的靈活性和包容性，基於信仰而又超越信仰。以高雄 7‧21 氣爆事故救災工作為例〔註13〕，在物質捐贈、災民安置、災區關懷、醫院慰問、助念祈福等工作環節中，佛光人根據災民的信仰需求為其提供能力範圍內的幫助，不強制、刻意地傳播佛法。在為災難舉辦的追思祈福會上，佛光山作為主辦方邀請了天主教、基督新教、伊斯蘭教、道教、一貫道、佛教等 50 多個宗教、民間慈善團體共同追思遇難者，祈願社會消災免難。在追思祈福會上，天主教代表獻上《有人在為你祈禱》詩歌、伊斯蘭教代表獻上祈願文、基督教代表獻上《願您平安》詩歌、一貫道獻唱《祈禱》、佛光人合唱《送別》，所有宗教代表依次上臺獻花，祈願往生者能夠隨其所願，得生天國、天堂或者往生西方極樂世界。佛光山以開闊的胸懷、包容的姿態開展災難救助工作，佛光人以信仰指導工作但又超越信仰而工作，始終如一地將災民放在首位。

　　第二，急難救助。幫助急難貧苦的人們離苦得樂是佛光山社會救助事業的又一項重要內容，當前急難救助工作主要包括兩類，一是處理急難個案，一是定期開展急難救助活動。

　　佛光山處理急難個案的流程清晰完整。首先，救助個案的來源主要有個人來信求助、政府轉介和佛光人自己發掘等。在接到救助個案後，佛光山慈悲社會福利基金會的工作人員會主動關懷並瞭解具體情況，以救急救苦不救窮為原則，根據訪視的實際情況予以評估，而後制定詳細的救助方案。其次，在救助工作的具體實施方面，基金會根據救助方案將個案轉介給各機構部門處理或者直接由基金會負責開展救助工作，救助內容上除了金錢和物質濟助外，還包括精神調整、心理疏導、改善生活、協助就學與就業等多方面的關懷。最後，

〔註13〕案例資料整理自《人間佛教的實踐：2014 國際佛光會中華總會特刊》，2014 年。

在救助工作完成後，基金會將定期對救助個案進行跟進和回訪，一方面與受助者保持聯繫，瞭解受助者的最新動態，以便確定其是否需要其他救助和改善，另一方面積累和總結經驗，為之後的個案處理提供參考。下圖是佛光山慈悲社會福利基金會 1999 年的個案受理與濟助狀況，通過此表我們便可對佛光山的急難救助工作有一個較為清晰和全面的瞭解。

關懷組個案受理、濟助狀況〔註14〕

受理個案 312 件	開案 291 件 93.27%		團體 84 件 26.92%
	不開案 21 件 3.73%		個人 228 件 73.08%（男 128，女 100）
分布地區	北部	32 件 10.26%	臺北 24；基隆 2；桃園 5；新竹 1
	中部	52 件 16.67%	臺中 16；彰化 16；雲林 10；南投 6；苗栗 4
	南部	209 件 66.99%	高雄縣 110；高雄市 34；嘉義 10；臺南 30；屏東 25
	東部	8 件 2.56%	花蓮 5；宜蘭 3
	離島	1 件 0.32%	澎湖 1
	海外	10 件 3.21%	大陸 4；印尼 1；美國 1；越南 1；印度 1；孟加拉 1；蘇格蘭 1
來　源	自薦	134 件 42.95%	信函 131；親臨本會 3
	轉介	178 件 57.05%	佛光會 49；善心人士 36；縣政府 35；慈善團體 15；鄉公所 12；法堂 11；醫院 8；學校 5；媒體 5；警局 2
開案處理 291 件	濟助	175 件 60.48%	金錢濟助 171 件
			物質濟助 4 件
	不濟助	116 件 39.52%	精神關懷 57 件
			不予濟助 59 件
濟助 175 件	急難救助 45 件		老人福利 17 件
	喪葬輔助 30 件		社會公益活動 6 件
	婦女福利 20 件		青少年福利 14 件
	殘障福利 19 件		兒童福利 6 件
	醫療輔助 14 件		志願服務 4 件

〔註14〕圖表引自《佛光山慈悲社會福利基金會 2000 年慈善年鑒》，第 87 頁。

　　除了對個案的救助外，佛光山還定期開展各類急難救助活動，這其中以冬令救濟會和急難救助會兩個組織的救助活動最為突出。冬令救濟活動早在星雲法師宜蘭弘法時期便已開始舉辦，冬令救濟會正式成立於 1981 年，每年歲暮天寒之時舉辦賑濟活動，內容主要是發放賑濟物品和禮金慰問各鄉鎮的低收入、貧困、生病的民眾，舉辦醫療義診活動，並配合精神上的安慰與疏導。自 1984 年起，冬令救助會的賑濟範圍逐步從高雄大樹鄉擴大到臺灣全境。隨著佛光山海外道場、別分院和國際佛光會的建立，賑濟的範圍也延伸到國際，如菲律賓、南非、印度、巴拉圭、巴西等地，美國西來寺與當地摩門教美以美教會合辦冬令救濟活動，不但惠及當地貧苦民眾，還能加深不同宗教間的合作與交流。急難救助會成立於 1967 年，主要負責對突遭變故的民眾給予物質與精神上的救濟，協助受助者渡過難關。急難救助會不僅會受理民眾的急難個案，而且也會協助佛光山其他部門開展災難救援、急難救助工作，同時還不定期舉辦一些惠及民眾的援助和救助活動。

　　第三，特殊救助。在多元社會問題頻發的現代社會，救助社會特殊群體、關愛他們的身心健康顯得尤為重要，因此，特殊救助也是佛光山救助關懷事業的重要組成部分。

特殊救助歷年受益人數（人）[註15]

年度	兒童	青少年	老人	急難	貧窮	殘障	醫療	天然	社福	婦女	合計
1997	67	13	21	113	136	38	67	-	25	18	498
1998	46	8	39	82	179	26	56	2	18	29	485
1999	35	3	5	187	98	19	92	12	34	46	531
2000	73	9	15	129	81	24	178	-	-	15	524
2001	32	24	36	125	146	33	235	14	-	23	668
2002	82	-	23	14	145	18	53	-	31	56	422
2003	87	3	3	186	196	12	161	-	24	58	730
2004	63	12	18	179	112	39	121	26	48	52	670
2005	53	16	13	105	213	34	144	11	71	43	703
2006	5	13	18	65	148	35	63	86	46	42	521

〔註15〕圖表引自《佛光山開山四十週年紀念特刊‧慈善弘法》，高雄：佛光山文教基金會出版，佛光山宗委會發行，2007 年。

上圖是 1997 年至 2006 年十年間佛光山歷年救助的受益人數統計表，從表中我們可以看出，佛光山對兒童、青少年、老人、殘障和婦女這些特殊群體的救助由來已久、長期堅持並且十分重視，旨在通過救助活動實現社會問題的減少和預防。

以佛光山大慈育幼院為例，這是佛光山撫孤育離、救助兒童的專門單位，成立於 1970 年，幾經遷移和改建後於 1991 年落成現有建築，具有教室、寢室、輔導室、活動中心、辦公室和會客廳等，為孩子們提供了良好的生活、學習和成長環境。大慈育幼院主要收容三至十二歲的海內外失怙以及由各縣市政府轉介的兒童保護個案，是佛教界第一所收容國際兒童的育幼院。截至 2006 年，大慈育幼院共收容撫育來自臺灣的兒童 647 人、印尼 18 人、新加坡 7 人、香港 14 人、馬來西亞 11 人、美國 4 人、泰國 12 人、印度 5 人、南非 2 人、西班牙 4 人。大慈育幼院不僅提供院童醫療保健，照顧生活起居，輔導課業、升學以及就業指導，培育他們健康成長並形成美好品德，而且十分注重孩子們的心理建設，適度限制外來參觀和對外傳播，為孩子們提供正常的生活空間，使其能夠與一般家庭的孩子一樣快樂、有尊嚴地成長。同時，育幼院還依據孩子們的喜好來開發他們的潛力，培養才藝和技能，如體操、樂器、舞蹈、繪畫、寫作等，每到春節時育幼院還帶領孩子們組織花車巡展、遊行表演和愛心義賣等活動，寒暑假期間舉辦大家庭式的旅遊，帶領孩子們親近自然、認識歷史、開拓視野，安排他們參加海外參學之旅及各類國際性活動和盛會，使他們建立宏觀雄偉的胸懷。迄今為止，育幼院已培養了近千名身心健全的孩子，現在已進入社會各階層服務和奉獻。據統計，截至 2006 年，大慈育幼院的院童在離院後成為學生的有 284 人、僧侶 14 人、幼教 38 人、護士 11 人、軍警 51 人、廚師 29 人、服務業 297 人。〔註16〕

為了救助巴西貧民窟的少年兒童，讓其獲得正面的教育並習得一技之長，佛光山開展了「如來之子教育救助計劃」。其中，A 計劃是收養 6 歲至 12 歲兒童，為其提供衣物、文具與交通費用，以及每位每月 15 公斤的基本食物籃、點心和午餐，如來寺為他們提供語言課程、道德教育、禪修、運律舞、合唱等學習，同時還有心理老師的輔導。B 計劃是培訓 14 歲至 18 歲的青少年，讓他們接受烘焙、培苗、手工藝、語文等技藝學習，並安排禪坐、法師開示、專業

〔註16〕案例資料整理自《佛光山開山四十週年紀念特刊・慈善弘法》，高雄：佛光山文教基金會出版，佛光山宗委會發行，2007 年。

人士座談、身心輔導等課程，每週上課 4 天，學期 2 年，學成期滿後由市政府
與國際佛光會巴西協會共同頒發文憑。該計劃幫助巴西貧民區青少年兒童遠
離毒品、偷盜、失學等問題與困境，培養了他們一定的生活技能與健全的品格，
引導他們邁向光明的人生與未來。〔註17〕

　　綜上所述，佛光山的救助關懷從救災、救急到救助特殊群體，從物質救助、
精神救助到社會問題的預防，兼容補充型慈善與預防性慈善。值得一提的是，
伴隨著社會的快速發展，新的社會問題不斷湧現，對新的群體如單親媽媽、失
孩家庭、留守兒童、獨居老人、艾滋病人等的救助也逐步成為佛光山救助工作
的重要內容。佛光山的救助關懷既幫助受助者脫離苦難、一定程度上解決了現
實問題，又調整了社會資源配置、促進了社會公平，起到了淨化社會風氣、維
護社會穩定的積極作用。

6.2.2　僧信教育

　　「以教育培養人才」是佛光山教育事業的目標和宗旨，目前佛光山的僧信
教育由教育院統領，主要包括僧伽教育、社會教育和信眾教育。

　　第一，僧伽教育。建寺安僧、弘法度眾是歷代高僧大德共有的期願。壽山
佛學院的成立標誌著佛光山僧伽教育的開端。自佛光山創辦佛學院以來從未
間斷招生，並於海內外設立各學部，逐步形成系統完整的僧伽教育體系。佛光
山的僧伽教育具有以下幾個特點：

　　首先，佛光山的僧伽教育體系完整一貫，從基礎佛教教育到研究部一應俱
全。僧伽教育研究委員會是教育院主管僧伽教育的決策機構，主要負責規劃、
研討和解決關於僧伽教育的重要問題；中國佛教研究院和佛光山叢林學院是
開展僧伽教育的具體單位，其中，中國佛教研究院成立於 1977 年，下設五所
研究所，開設中國佛教、韓國佛教、藏傳佛教、南傳佛教、東西方宗教比較等
不同研究方向，設有本科、碩士及博士學位點，面向世界招生，旨在培養師資
及高深的佛學研究人才，同時，研究院每年都會召開世界性的學術會議，並定
期邀請海內外知名學者講學及學術交流，推動宗教學研究的進步。佛光山叢林
學院屬大學級教育，旨在培養佛教教育、文化、慈善和弘法的專業人才，東方
佛學院則由早期的壽山佛學院更名而來，高中及以上畢業者可以報考，旨在培

〔註17〕卓新平、鄭筱筠主編：《宗教慈善與社會發展》，北京：中國社會科學出版社，
　　　　2015 年，第 186 頁。

養青少年學佛、養成高尚的品格。佛光山的各佛學院生活管理嚴謹，日常鐘板、行儀皆遵循佛教傳統叢林制度，注重理論與實踐結合，安排法務、布教等實習，食宿、學雜費全免，並設有各種獎、助學金，畢業後可服務於本山派下各佛教事業單位或到海外佛教大學進修。

佛光山僧伽教育體系表〔註18〕

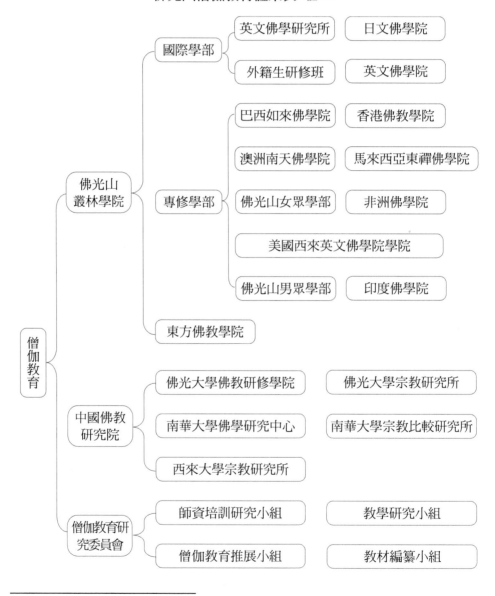

僧伽教育

佛光山叢林學院
- 國際學部
  - 英文佛學研究所　日文佛學院
  - 外籍生研修班　英文佛學院
- 專修學部
  - 巴西如來佛學院　香港佛教學院
  - 澳洲南天佛學院　馬來西亞東禪佛學院
  - 佛光山女眾學部　非洲佛學院
  - 美國西來英文佛學院學院
  - 佛光山男眾學部　印度佛學院
- 東方佛教學院

中國佛教研究院
- 佛光大學佛教研修學院　佛光大學宗教研究所
- 南華大學佛學研究中心　南華大學宗教比較研究所
- 西來大學宗教研究所

僧伽教育研究委員會
- 師資培訓研究小組　教學研究小組
- 僧伽教育推展小組　教材編纂小組

〔註18〕圖表整理自《佛光山開山四十週年紀念特刊‧僧信教育》，高雄：佛光山文教基金會出版，佛光山宗委會發行，2007年。

　　其次，佛光山踐行「四眾共有、僧信平等」的理念，竭力保證男眾與女眾、在家眾與出家眾享有同等的權力義務。佛光山叢林學院的專修學部設置了男眾學部和女眾學部，為了接引更多青年學佛，佛光山還專門開辦了臺北女子佛學院（後更名為基隆女子佛學院）、北海學部（後更名為佛光山叢林學院北海學部）、彰化福山佛學院（後更名為福山學園）、屏東佛學院（女眾）等十六所佛學院，無論是培養男眾還是女眾，其課程設置、師資力量、教學設備、配套設施以及藏經資料等都一應俱全，處處體現著平等與慈悲。

　　最後，佛光山的僧伽教育具有很強的國際性。佛光山的各佛學院皆面向世界招生，設有專門的國際學部，與美國東方大學、韓國松廣寺傳統講院等締盟為兄弟院校，推動國際性佛教交流。佛光山叢林學院的專修學部也遠播香港、馬來西亞、巴西、澳大利亞、印度、美國和非洲等地，而且自 2004 年起開始設置「海外易地教學」課程，有中文系、日文系、英文系、西班牙文系、葡萄牙文系等，招收有心學習外文和樂於易地參學的大學畢業及同等學力的 22～35 歲未婚青年，培養其運用外語弘法的能力以及形成宏觀的國際視野。

　　第二，社會教育。在總結僧伽教育的辦學經驗基礎之上，佛光山為實現培育人才的理念，在世界各地創建了多所幼兒園、中小學和大學，建立了一套較為完善的社會教育體系，也為社會教育貢獻了佛教的一份力量。

佛光山社會教育體系表〔註19〕

社會教育	幼兒教育發展研究中心	台南慈航托兒所	沙巴普門幼兒園
		善化慧慈幼兒園	新加坡慈愛三好學校
		新營小天星幼兒園	
	中小學教育	高雄普門高級中學	南投縣私立均頭國民中學
		台東縣私立均一國民中小	宜蘭人文中小學
	大學教育	美國西來大學	宜蘭佛光大學
		嘉義南華大學	澳洲南天大學
		菲律賓光明大學	

〔註19〕圖表整理自《佛光山開山四十週年紀念特刊・僧信教育》，高雄：佛光山文教基金會出版，佛光山宗委會發行，2007 年。

　　在學前教育方面，1956 年宜蘭創辦的慈愛幼兒園是佛光山第一所以幼兒發展教育為主旨的學校，也是臺灣第一所佛教幼兒園，標誌著佛光山社會教育的開端。慈愛幼兒園擁有良好的教學、師資和設備，學生曾多達五百人，並且多次榮獲行政管理、環境設備、教學保育活動等表彰和獎項，是宜蘭地區學前教育的楷模單位。在此辦學經驗基礎上，佛光山於 1976 年、1981 年和 2000 年又相繼開辦了臺南慈航托兒所、善化慧慈幼兒園和新營小天星幼兒園，並於 2013 年在新加坡開設了慈愛三好學校，這幾所學前教育單位採用蒙特梭利教學法，以增進幼兒身心健康、培養其形成良好習慣、開發幼兒潛在能力、豐富其生活經驗、增進其幸福和快樂的體驗，從而養成健全的人格為教育目標，幾十年來為當地培養了眾多身心健康、品德優良的兒童，備受學生、家長、政府和社會的肯定和褒獎。1985 年成立的佛光山幼兒教育發展中心是專門為佛光山學前教育系統內的單位進行整體規劃和資源整合的機構，負責監督指導佛光山旗下的幼教單位，定期舉辦提升幼教師資的培訓活動、促進幼教老師的進修深造、編訂幼教教材等具體工作，具有推動佛光山學前教育體系發展完善的重要作用。

　　在中小學教育方面，佛光山秉承「慈悲為懷、尊重生命」的教育理念，堅持在中小學中採用開放的社會化教育，注重從知識、道德和生活三個方面培養學生。目前，佛光山開辦了高雄普門高級中學、南投縣私立均頭國民中學、臺東縣私立均一國民中小學、宜蘭人文國小四所中小學，為學生們創造了良好的學習、生活和感悟生命的環境，培養了眾多品學兼優的學生。以普門中學為例，普門中學取「普度眾生之門」的意思為名，建於 1977 年，是一所綜合性中學，設有普通科（國中、高中）和職業科（觀光事業科、餐飲管理科、資料處理科），現有學生一千一百人，學校的辦學特色是「勤管嚴教，加強生活教育。重視課業，加強升學輔導。五育均衡，涵養人文素養。鼓勵考照，提升本位能力。外籍教師，實施外語教學。重視社團，培育多元興趣。宗教活動，融入生活輔導。住宿學校，伙食葷素供應。優質環境，陶冶和諧性情。三好運動，培育健全人格。」〔註20〕旨在培養「知識活用、生活達人、品德至善、國際接軌」的學生，現已為社會培養和輸送了逾五萬名學生。

　　在大學教育方面，佛光山目前已建立五所大學，分別是：美國洛杉磯的西來大學、臺灣嘉義的南華大學、臺灣宜蘭的佛光大學、澳大利亞的南天大學、

〔註20〕引自普門中學官網 http://www.pmsh.khc.edu.tw/pmsh/abus.htm，2016 年 2 月 4 日。

菲律賓的光明大學，這五所大學形成了佛光大學體系，不但學校間資源共享，學生可以跨校選課、易地學習、獲取雙學位，而且大學與佛光山道場資源結合，提供學修實踐，同時高校大部分專業設有碩士點、部分專業設有博士點，具備完整的人才培養體系，各學校獎學金、助學金俱全，為優秀生、貧困生等提供物質與精神的獎勵和保障。位於臺灣的佛光大學和南華大學是具有現代意蘊的傳統書院式大學，開設師徒小班制教學。佛光大學現有人文學院、社會科學暨管理學院、創意科技學院、樂活產業學院、佛教學院五大學院，下設十五個系，每系約招收三十至四十名學生，其中，中國文學與應用系和佛教學系設有博士點。南華大學目前有學生 5200 餘人，專職教師 220 位，學校設有管理、人文、社會科學、藝術、科技五大學院和通識教育中心，共有 21 個系、24 個研究所碩士班、1 個博士班，學校首創的「生死學系」在臺灣地區享譽盛名。位於海外的西來大學、南天大學和光明大學是促進不同地方文化交流和融合的學校，其中，西來大學是中國佛教在西方國家創辦的第一所大學並通過了「美國西區大學聯盟」（WASC）認證成為準會員，南天大學是中國人在南半球創辦的第一所大學。在佛光人看來，開展社會教育事業是佛教反饋給社會的最好禮物，培育具備人文精神、宗教情懷和專業知識的社會中堅力量是佛光山堅持不懈的目標。

佛光山信眾教育體系表〔註21〕

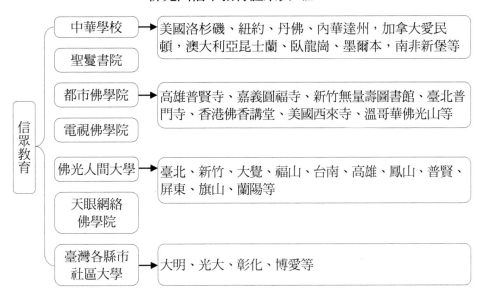

〔註21〕圖表整理自《佛光山開山四十週年紀念特刊‧僧信教育》，高雄：佛光山文教基金會出版，佛光山宗委會發行，2007 年。

　　第三，信眾教育。為了引導社會信眾形成正確的信仰，保障在家眾與出家眾能夠獲得同樣快捷方便的佛法學習路徑，佛光山開展了一系列信眾教育活動，並逐步建立起了信眾教育體系。

　　通過上圖我們可以看出，佛光山的信眾教育單位眾多，從臺灣各縣市的社區大學到遍布全臺的佛光人間大學，再到邁上國際舞臺的中華學校，從專門為女信眾打造的聖鬘書院到服務海內外各地信眾的都市佛學院，從多媒體弘法單位電視佛學院到網絡弘法單位天眼網絡佛學院，佛光山為社會信眾打造了一個多元信眾教育網，滿足了海內外不同信眾循序漸進、修持佛法的信仰需求。下面我們將對信眾教育中的特色活動展開介紹。

　　都市佛學院是佛光山各別分院道場為了讓在家眾也能獲得方便進修佛學的機會而創辦的，開辦於 1984 年 9 月，每期兩個月，開三到四個科目，其課程內容與一般的佛學院相同，如基本佛學、讀經、禪坐等，但為了不影響在家眾的日常生活與工作，課程一般在節假日和晚上進行，學生設有學籍，學滿八期課程畢業。都市佛學院講求解行合一，旨在推動佛法進入社會、深入家庭，提升在家眾的修持素質。目前，都市佛學院已至少在海內外培育了二十萬有心學佛的社會人士，接引的信眾與所結的善緣更是不計其數。

　　聖鬘書院是佛光山教育院為培養女性學佛信眾專門創立的，成立於 1994 年 9 月，主要為 20～45 歲單身女性提供為期四個月的佛門短期進修。其中，前兩個月課程在佛光山進行，學習正確的佛門行儀和佛學思想、體驗梵唄課頌、抄經、禪坐等佛門修持，後兩個月是海外參學，主要前往佛光山的海外別分院，通過行萬里路來體會異國歷史文化與風俗民情，體味佛法在行住坐臥間。聖鬘書院致力於成為女性的人生加油站，開拓女性的人生視野，為女性打開更廣闊的生命格局。截至 2009 年 1 月，聖鬘書院已成功開辦了 21 期，學員結業後可以根據自身興趣與專長選擇在佛光山的各單位服務。

聖鬘書院歷屆資料統計〔註22〕 （單位：人）

	學員人數	結業領職人數	目前領職			
			出家	入道	職員	總計
第一期	25	8	4	0	4	8

〔註22〕圖表引自《佛光山開山四十週年紀念特刊・僧信教育》，高雄：佛光山文教基金會出版，佛光山宗委會發行，2007 年，第 146 頁。

第二期	20	9	3	1	5	9
第三期	23	3	1	1	0	2
第四期	21	7	3	2	3	8
第五期	19	14	3	1	8	12
第六期	22	17	3	4	7	14
第七期	25	18	2	1	7	10
第八期	21	15	4	1	5	10
第九期	27	21	3	1	12	16
第十期	27	16	4	0	12	16
第十一期	22	16	2	0	14	16
第十二期	22	20	未舉行剃度典禮		20	20
第十三期	20	17	0	0	17	17
第十四期	21	21	未舉行剃度典禮		16	16
第十五期	25	16	0	0	12	12
第十六期	20	13	0	0	13	13
總計	340	225	32	12	155	196

　　佛光人間大學（原佛光信徒大學）是佛光山於 2002 年專門為信徒建立的大學，旨在「提供社會大眾終身學習環境、利益大眾研究佛法、掌握現代生活樞紐、適應世代社會需要」〔註23〕，主要是配合各社區大學開展社區教育，除此之外，還將信眾教育的內容擴展至社會教育，與南華大學合作舉辦「非營利組織管理研究所」和「生死學系」，並陸續於各地開展佛學研修、宗教輔導與協談、服務技能專業進修、社區總體營造、國際合作發展、第二專長養成、佛教應用藝術等課程，開辦至今，佛光人間大學的學員已萬人有餘。

　　社區大學是佛光山專門為臺灣各縣市的社區民眾營造終身學習的教育環境而創辦的，其課程內容的設置往往會結合當地民眾的年齡、性別以及興趣愛好等，如佛光社區學苑的成長營包括了婦幼成長營、親子成長營、青少年成長營和長青成長營，嘉義博愛社區大學設置了生命學、生活學、生死學和美學藝術四個方向供民眾選擇學習，當然社區大學也會經常舉辦各類佛學講座和生活講座，開展文藝、體育等各類活動等，為男女老少提供多元化的選擇，為社區民眾帶來書香與文藝氣息，提升人們的心靈層次，淨化人心。目前，佛光山

〔註23〕引自《佛光山開山四十週年紀念特刊‧僧信教育》，高雄：佛光山文教基金會出版，佛光山宗委會發行，2007 年，第 150 頁。

的社區大學基本遍布臺灣全境，受益民眾不計其數。

電視佛學院是佛光山電視中心於 1997 年創設製作的佛學節目，在佛光山人間衛視播出。電視佛學院以佛教三藏十二部典籍為基本內容，以《佛光教科書》和《佛教叢書》為教材，通過多元化的節目將佛法傳播人間，既有適合兒童觀看的卡通動畫，又有趣味十足的佛教故事，還有系統介紹佛教的講座節目等。

電視佛學院節目播出統計圖
（1997 年 12 月 16 日至 2006 年 12 月 31 日，總計 2579 集）〔註24〕

類　別	集　數	類　別	集　數
經典	466	人間佛教	18
佛陀	86	法相叢林	52
弟子	145	專題講座	155
教理	335	英文佛學名相	117
教用	90	佛教一字禪	33
教史	120	人間福報佛學院	156
宗派	209	人間生活禪	26
儀制	157	禪林寶訓	51
佛法概論	39	從金剛經談人間佛教	30
佛教常識	52	菩薩行證	26
佛教文選	154	佛教百問	62

天眼網絡佛學院是佛光山為打破傳統教育的地域限制，接引更多社會民眾學佛而開辦的免費網上佛學院，於 2004 年 8 月 15 日正式網上招生。只要學生上網提交申請，便可入學、上課，手續十分簡便。早期的課程解行並重，主要以人間佛教系列、英文佛學、華嚴經、佛法概論、短期出家、禪修、念佛、朝山、行佛為主，經過多年的發展和完善，現在的課程種類多樣、內容更加豐富，主要包括經教修持、美術、佛教藝術應用、科學、媒體傳播、養生、語文、兒童學習、健身、音樂、蔬食餐飲文化、文化產業、宗教參學、人間佛教學等。

〔註24〕數字資料引自《佛光山開山四十週年紀念特刊‧僧信教育》，高雄：佛光山文教基金會出版，佛光山宗委會發行，2007 年，第 149 頁。

實際上，天眼網絡佛學院不但為學生開設各類佛學課程，還提供世界各地的佛學信息，學生可以下載生動的影音教學視頻和豐富的教材，是一個網絡的佛教資源寶庫。

中華學校是佛光山在海外創辦的專門協助華僑信徒照顧共修時無暇兼顧的兒童，並讓海外華僑子女學習中文，瞭解中國文化的機構。最早的一所中華學校是 1970 年美國佛光山白塔寺創辦的，目前，全球分布的佛光山中華學校至少八十餘所，它們是傳承中華傳統文化的重要紐帶，也是當地的國際文化交流重地，取得了一系列傲人的成績，獲得了各方肯定。例如美國佛光西來學校憑藉優良的師資、完善的設備和認真的教學，三十餘年來蟬聯多屆洛杉磯華校「團體精神總冠軍獎」；達拉斯佛光中文學校的雙語教學是當地中文學校的首創；澳洲佛光山中天學校發展成為昆士蘭最大的中文學校，設有黃金海岸、東區、西區、北區四個分校區；非洲南華寺的南華教育中心自 2005 年起成立計算機培訓班，為當地第一所由宗教團體成立的計算機教學、培訓中心，截至 2012 年共約 1700 位學生受益，並在當地就業。

除此之外，佛光山每年還會舉辦各類會議供大眾參與、分享，例如講習會類，婦女法座會、青年會、寺院行政管理講習會、國際佛教僧伽講習會、信徒講習會、功德主會、義工講習會、知賓講習會、世界傑出佛教婦女、世界佛教青年會議等；活動類，全國教師生命研習營、金剛訓練營、夏令營、成長營、禪學營等。這些會議和活動不僅促進佛教界的學術與文化交流，而且為信眾們正確、深入的學習佛法、認識佛教提供了廣泛的途徑和方便的渠道。除此之外，佛光山還相繼設立了幾所圖書館，如 1965 年設立的叢林學院綜合圖書館、1982 年設立的民眾圖書館、1983 年改組的無量壽圖書館、2008 年落成的江蘇揚州鑒真圖書館等，2007 年佛光山特別設置了雲水書坊行動圖書館，目前共有 50 臺雲水書車巡迴於高雄、屏東、嘉義、宜蘭等地的校園、社區等，為僧眾、信徒和社會大眾深入法海、增長智慧提供了方便。

綜上所述，僧信教育是改造人心的慈善，是授之以漁的慈善，也是佛光山長期積極開拓與堅持落實的慈善公益事業。佛光山的僧信教育是從僧伽教育到社會教育、從學前教育到高等教育、從學校的教育到家庭的教育一應俱全的貫徹體系，是從建規立制到培育僧才、從積極辦學到弘法利生的社會事業，也是從生活到生命、從佛教到人間的淨化教育。

6.2.3　醫療照護

對身心疾苦的救治與照護一直是佛光山慈善公益事業的重要內容，佛光山自 1964 年建成壽山寺之時便已組成醫療義診團，繼而創辦佛光診所，標誌著佛光山醫療照護的開端。經過幾十年的發展，佛光山的醫療照護服務範圍不斷擴大，服務內容也更加精細，目前主要分為醫療、護理、保健、關懷四項事業。

第一，醫療事業。為了讓社會的一般低收入者和貧困患者獲得醫療機會，佛光山於 1967 年 6 月 21 日創立佛光診所，初期設有兒科、內科、婦科、耳鼻喉科、眼科等項目，後又增設中醫、西醫、針灸、牙科部門，診療器械也不斷完善，佛光診所由醫護人員發心加入，義務為前來的患者輪流診治，旨在為社會民眾提供高質量的醫療和基礎保健服務。儘管佛光診所為貧困患者免費施診，但仍有許多偏遠地區的貧困病患難以得到醫療照護，因此，佛光山於 1983 年試行巡迴義診，並於 1984 年正式成立佛光山施診醫療隊（後更名為雲水醫院）。雲水醫院如行雲流水般深入臺灣各偏遠地區，為醫療資源匱乏處的貧困患者帶來診療服務，並有法師隨行給予患者心理與精神的疏導和開示。自 1993 年起，雲水醫院與國際佛光會合力打造雲水分會，將義診工作在佛光山的全球別分院推廣開來，使更多的貧困患者受惠。

醫療服務 1998～2006 年受益人數統計表 〔註 25〕

年　度	佛光診所就診人數（人）	雲水醫院醫療受益人數（人）	合　計
1998	8485	20149	28634
1999	7616	41336	48952
2000	9513	23762	33275
2001	10394	12704	23098
2002	10500	7954	18454
2003	10301	5560	15861
2004	13034	6009	19043
2005	13404	5310	18714
2006	14393	2345	16738

〔註 25〕圖表引自《佛光山開山四十週年紀念特刊・慈善弘法》，高雄：佛光山文教基金會出版，佛光山宗委會發行，2007 年，第 55 頁。

　　為了提供符合社會需求的醫療保健服務，佛光診所與雲水醫院於 2003 年進行資源整合與功能劃分，雲水醫院將工作重心轉為保健事業，佛光診所更名為佛光聯合門診，與社會體系中的醫院合作交流，繼續提供高質量的醫療服務，並成為臺灣全民健保特約醫事服務機構。

　　為了幫助海外貧困地區改善醫療服務質量、彌補當地醫療不足的問題，國際佛光會陸續在全球多地開設佛光醫院。例如 2001 年在南美洲巴拉圭建中巴佛光康寧醫院，成為當地首座由佛教人士發起創辦的醫院，該院以婦幼救治為主，醫療完全免費，截至 2006 年已救治超過二十萬人，接生的佛光寶寶超過一萬名，早產兒保溫箱至 2011 年止共救活了 3559 位嬰兒。在大陸地區，國際佛光會也分別於廣東德慶縣、四川沐川縣、雅安市等偏遠縣興建了二十多所佛光醫院，為更多貧困患者帶來希望。

　　除了通過開設醫療機構來發展醫療事業外，佛光山慈悲社會福利基金會也開展了多項醫療捐贈活動。1988 年，臺灣通過了器官移植條例法，佛光山星雲法師便積極回應，倡導器官捐贈，並成為第一位登記捐贈器官者，而後基金會也長期宣傳捐贈理念、推動器官捐贈工作的發展。同時，基金會還與臺灣各地的捐血中心合作，經常舉辦捐血活動，得到許多民眾的支持回應。據臺灣捐血中心統計，自 2000 年開始，佛光山募得的捐血數量高居各捐血團體之首，每兩位輸血者中就有一位的血來自佛光人。據國際佛光會統計，本會在 2014 年共組織了 438 場捐血活動，共募得 55466 袋熱血，總計 13866500C.C.。〔註 26〕佛光山的醫療捐贈活動造福民眾，深受社會各界的贊同與肯定。

1999～2006 年捐血數量統計〔註 27〕

年　　度	捐血數量（袋）
1999	6677
2000	7599
2001	10666
2002	14455
2003	18155

〔註 26〕數據引自《人間佛教的實踐：2014 國際佛光會中華總會特刊》，2014 年，第 52 頁。

〔註 27〕圖表引自《佛光山開山四十週年紀念特刊・慈善弘法》，高雄：佛光山文教基金會出版，佛光山宗委會發行，2007 年，第 122 頁。

2004	25213
2005	28843
2006	33542

第二，護理事業。佛光山的護理事業主要由義工團體友愛服務隊開展進行。友愛服務隊成立於1983年普門寺，兩年後佛光山與全球各地道場也陸續成立。友愛服務隊的成員主要來自信徒，依據信徒的個性和專長分組培訓，現有二手輔具組、雲水義診組、關懷組、監獄教化組和文書庶務組，其中關懷組又分為機構探訪、醫院探訪和個案訪視。關懷小組是護理事業的主要承擔組，由法師和義工組成，通過探訪醫院病患，為患者及其家屬帶來關懷慰問、心靈疏導和身體照料等。

友愛服務隊1998～2006年義工服務統計表〔註28〕

年度	老人關懷		機構關懷		醫院探訪義工人數（人）
	義工人數（人）	受益人數（人）	義工人數（人）	受益人數（人）	
1998	502	643	334	1047	1464
1999	523	828	432	1378	1440
2000	436	680	396	1426	1422
2001	356	632	406	1764	1367
2002	262	523	448	2240	1382
2003	264	422	378	595	1410
2004	171	382	422	3760	1452
2005	142	331	647	4579	1376
2006	806	2384	793	3642	1378

第三，保健事業。佛光山的保健事業主要由資源整合後的雲水醫院負責開展，如預防保健、健康檢查、衛生教育等。其中，由佛光山慈悲社會福利基金會與雲水醫院共同打造的失智症篩查和二手醫療輔具中心是影響廣泛、頗受好評的兩項特色保健活動。

〔註28〕圖表引自《佛光山開山四十週年紀念特刊‧慈善弘法》，高雄：佛光山文教基金會出版，佛光山宗委會發行，2007年，第118頁。

　　根據臺灣政府過去的統計，臺灣的每一百位老人中就有約 5 人失智，全臺失智老人約 14 萬，而隱藏在家中尚未發現的有失智傾向的老人更難以統計。〔註29〕為此，佛光山慈悲社會福利基金會自 1997 年起便開始預防失智症的講座倡導，至今已舉辦了兩百餘場，受益人數眾多，並於 2011 年正式成立了護智中心。

2011 年 9 月預防失智症講座統計〔註30〕

序	講座日期	講座主題	講　師	活動地點	受益人數
1	09/03	抗老化——保護智慧的妙方	楊洲韓醫師	佛光山雲居樓二樓	1500
2	09/08	認識及篩檢失智症	楊洲韓醫師	佛光山員林講堂	48
3	09/16	腎臟保健注意事項	王志強醫師	高雄市老人公寓	31
4	09/17	食品保健與大腦健康	王玲珺護理師	高雄市老人公寓	30
5	09/18	極早期失智症篩檢及治療	楊洲韓醫師	佛光山如來殿	56
6	09/20	失智症簡介	郭弘頡醫師	高雄市老人公寓	33
7	09/24	失智症危險因子及預防	李建勳醫師	佛光山南臺別院	54
8	09/25	失智症簡介	徐榮隆醫師	佛光山桃園講堂	80
9	09/25	保護智慧的妙方	楊洲韓醫師	佛光山小港講堂	123

　　除了開展預防失智症講座外，護智中心還舉辦了多場專業醫護人員、義工的教育培訓，推動兩岸三地千餘個失智症病例的研究與交流，並在臺灣北中南三區投入了多臺雲水護智車，護智車裏載有各式各樣的醫療檢測儀器、衛教教材和多媒體放映器等，並隨車有醫護人員，為所到之地的民眾開展免費的睡眠障礙、失智症、腦中風、糖尿病、高血壓、骨質酥鬆、飲食營養、衛生習慣等相關篩查和倡導，只要有單位提出要求，護智中心就會評估行程，安排護智車到點展開服務，被稱為臺灣民眾的「行動保健室」。2014 年，護

〔註29〕數據引自《佛光山慈善事業‧專刊第二期》，財團法人佛光山慈悲社會福利基金會出版，2013 年，第 4 頁。

〔註30〕圖表截取自佛光山慈悲社會福利基金會官網 http://www.compassion.org.tw/h_0273_service.aspx，2016 年 2 月 7 日。

智中心推出了護智手鏈和 AD8 篩檢早期失智症動漫光盤，無償提供給有需要的機關團體和社會民眾，既可用作內部醫護人員的教育訓練，也可以受惠民眾。

二手醫療輔具中心是佛光山慈悲社會福利基金會於 2008 年成立的專門回收和借用二手醫療輔具的部門，目前已設有彰化福山寺、高雄佛教堂、臺東日光寺三個點，主要回收輪椅、氣墊床、電動床等二手醫療輔具，經過維護、清潔、消毒和整理後建檔入庫，若民眾有輔具需求則可以向中心提出申請，中心確認申請後便會選擇適合的輔具進行現場試用評估，辦理半年期的承借手續。自成立以來，二手醫療輔具中心已轉借輔具數百件，為許多民眾提供了方便。此外，國際佛光會殘障福利委員會也長期致力於施惠殘障人士的工作。例如 1998 年，由星雲法師發起的、國際佛光會回應的「助殘扶殘大家一起來」活動，於全球開展輪椅捐贈，幫助貧困的肢體殘障人士重獲行走的力量，在加拿大、美國、哥斯達黎加、巴拉圭、智利、巴西、法國、越南、泰國等三十多個國家和地區共捐贈了約七萬輛輪椅，是一項具有國際意義的公益保健事業。

第四，關懷事業。佛光山的臨終關懷事業始於 1983 年萬壽園的正式啟用，園內除了設有告別追悼禮堂、靈骨龕位和塔林外，還特別設有六間現代化的家庭起居設備的安寧病房，用於臨終者與家人共聚，讓臨終者在助念梵音和妥善照護中有尊嚴地、安詳地走完人生最後一程，同時也使家屬得到身心的安慰。除此之外，基金會還專門成立了臨終關懷助念團，與高雄榮總崇德安寧病房合作，長期有義工和法師前往開展臨終關懷工作，以佛法引領臨終者坦然離去。友愛服務隊的機構探訪小組也會每月定期前往老人福利機構開展關懷工作，通過講述佛教故事、歌唱、傾聽長者心聲等方式與長者結緣，為許多老人帶來了心靈的撫慰。

綜上所述，佛光山的醫療照護以踐行佛菩薩的慈悲精神為己任，既不盲目地在城市中興建醫院，也不以爭做世界前沿的醫療機構為目標，而是切實地為社會中的貧苦民眾提供高質量的醫療服務，堅持為社會中的特殊群體提供身心照顧和精神指引，為全體民眾提供醫療保健的優惠與方便。既能夠獲得身體的救治，還能得到心靈的治癒，重新審視生命、生活和信仰的意義，這便是佛光山醫療照護的獨到之處。

6.2.4　敬老安養

對生命的關懷與關切一直是佛教慈善公益事業的重要內容，佛教具有豐富而又獨特的養生安老資源，因此，敬老安養事業也是佛光山慈善公益事業的重要構成。

第一，養生事業。佛教講求身心並養，尤其是對心的修養十分重視。佛光山雖然未設置專門的養生機構或部門，但其開展的養生活動內容豐富，形式多樣。在養生文化的建設和宣傳方面，佛光山製作和發行了許多用世類的書籍、音像製品和電視節目，如《跨越生命的藩籬——佛教生死學》、《如何解脫人生病苦——佛教養生學》、《開闊心・清淨心》等書籍，《佛教的福壽之道》、《淨化心靈之道》、《幸福人生之道》等有聲出版品，《迷悟之間》、《與大師心靈對話》等電視節目；在養生理論與實踐教育方面，佛光山的高雄人間大學開設了「中醫經絡養生保健」初級和進階課程，通過講授中醫經絡的課程內容，使民眾認識身體的自動修復機能，提升民眾預防勝於治療的養生保健之道；在飲食養生方面，佛光山長期在社會上推廣和倡導佛教素食文化，不僅經常舉行素食博覽會來傳播素食理念，而且還在海內外開設了約三十家佛光滴水坊餐廳，作為推行素食的先鋒隊，人們不但可以在滴水坊就餐，而且還可以購買餐廳製作的素食方便食品、素食菜譜和素食料理書籍等；在運動養生方面，佛光山定期開辦禪修、瑜伽、養生鄭子太極拳、成人養生八段錦等內容的學習與體驗班；在旅遊養生方面，佛光山長期組織各類學修體驗、修道會、兒童成長營、青年夏令營、國際禪學營等海內外遊學活動，結合讀經、禪修、抄經等活動，使參與者獲得身心淨化。

第二，安老事業。為了讓每一位長者都能夠老有所養，得到精心良好的照顧，佛光山自開山初年便接辦了當時運營困難的仁愛救濟院，並於 1971 年改組為蘭陽仁愛之家。早期的蘭陽仁愛之家主要以傳統的救濟和安養孤寡老人為主，隨著時代與社會發展的需要，現已將服務拓展為安老所、日托班、社區關懷據點、文康巡迴休閒活動和樂齡學習中心等。

蘭陽仁愛之家服務內容簡介〔註31〕

項　目	內　容
安老所	為安養老人提供舒適的生活環境、信仰殿堂、多元課程與活動、貼心的照護等。
日拖班	為白天無人陪伴的年滿60歲的健康老者提供良好的學習環境，由義工講師陪伴，給予社區大學般的教學活動。
社區關懷據點	以龍潭社區居民為主要對象，提供獨居關懷訪視、電話問安、定點餐飲服務、健康促進及文康活動。
全縣文康休閒巡迴活動	受縣政府委託，每月與各鄉鎮社區結合，舉辦22場文康休閒活動，包括社會福利倡導、佛教故事、健康管理知識等。
礁溪鄉樂齡學習中心	受教育部委託，為礁溪鄉樹里社區、玉光社區、白雲社區、匏崙社區的年滿55歲的老人提供行動式教室，學習內容包括健康知識、外語、音樂等。

除了這五項基本服務外，仁愛之家還在每年的重陽節舉辦敬老活動，並與宜蘭縣政府簽訂協議，擔任宜蘭縣緊急庇護所，承辦收容游民的業務。

蘭陽仁愛之家重陽敬老活動統計表〔註32〕

年　度	活動名稱	參加人數（人）
2002	長者慶生會	523
2003	表揚金婚、銀婚、寶石婚、鑽石婚	586
2004	表揚五代同堂、四代同堂及百歲人瑞	626
2005	表揚百歲人瑞及重溫舊夢婚紗福證	629
2006	重陽銀光閃耀嘉年華	709
合計		3073人

為了讓佛教界的長者頤養天年，佛光山於1976年啟用佛光精舍，精舍為三棟兩層公寓式樓房，分別是智道樓、明心樓和慧靜樓。佛光精舍的入住者大多為皈依三寶的信徒，少數出家僧尼，還有退休的公務員、企業家、大學教授、軍官等。佛光精舍不但提供一般的老人安養服務，還提供寺廟的修行生活，入

〔註31〕內容整理自財團法人宜蘭縣私立蘭陽仁愛之家官網 http://www.fgsrm.org.tw/%e6%9c%8d%e5%8b%99%e5%85%a7%e5%ae%b9%e7%b8%bd%e8%a6%bd，2016年2月20日。

〔註32〕《佛光山開山四十週年紀念特刊‧慈善弘法》，高雄：佛光山文教基金會出版，佛光山宗委會發行，2007年，第43頁。

住的長者可在此課頌禮佛、深研藏經、讀經抄經、禪修等，度過出世的修行晚年。同時，佛光精舍還為長者舉行慶生聯誼，定期安排旅遊等活動。

　　佛光山鳳山松鶴樓是高雄縣政府於 1995 年委託佛光山慈悲社會福利基金會經營管理的老人公寓，現已歸由高雄縣政府管理。在慈悲社會福利基金會經營管理的十年間，以熱忱的服務與細緻的照顧，服務入住長者 406 名、社團活動 3242640 人次、醫療服務 507710 人次、轉介服務 357850 人次，並獲得行政院人事行政局評定為各縣市委外業務績優單位。〔註33〕除此之外，佛光山慈悲社會福利基金會還於 2006 年提出籌建佛光安養村的申請。佛光安養村將毗鄰佛陀紀念館，佔地 3.5 公頃，結合套房式和家居型，旨在為長者提供一處景色優美、服務多元的優質安老社區。

　　除了專門的敬老安養機構之外，佛光山的友愛服務隊、童軍團、青年團等公益團體也長期開展敬老尊賢的慰問活動。例如西來寺的「重陽敬老孝親活動」、東京協會組織的「佛光敬老音樂會」、澳洲昆士蘭友愛服務隊定期帶領老人做益智活動等，2014 年佛光童軍團開展的「佛光有愛・幸福九九」重陽敬老活動，童軍團深入拜訪了社區中 2460 位獨居、身心障礙、行動不便或長期臥床的長者，並由義工為長者義剪、測量血壓等，給予長者精神支持和物質幫助。〔註34〕

　　綜上所述，佛光山的敬老安養處處體現著對生命的尊重、愛護和關懷，不但為人們傳遞了淨化身心、健康生活的理念與方法，還為長者規劃了安享晚年的美好環境與空間，為長者度過有尊嚴且圓滿的晚年提供了重要保障。

6.2.5　往生安厝

　　第一，義葬難民。佛教寺院在歷史上主動設置義阡、義冢等安葬流離失所的難民，義葬無名死屍，或是幫助無力安葬的貧苦家庭料理後事等義舉數不勝數。佛光山也一直身體力行地保持這種傳統，每次災難發生時，佛光山都會有法師隨行救助隊伍，隨時幫助罹難者助念、處理後事，免費提供罹難者龕位，安奉靈骨及牌位供奉，舉行超度法會告慰亡靈，並為家屬提供大悲咒水、念珠等，給予遇難者家屬心理安撫與宗教關懷。同時，高雄佛光山萬壽園還提供了

〔註33〕數據引自《佛光山開山四十週年紀念特刊・慈善弘法》，高雄：佛光山文教基金會出版，佛光山宗委會發行，2007 年，第 46 頁。

〔註34〕數據引自《人間佛教的實踐：2014 國際佛光會中華總會特刊》，2014 年，第 81 頁。

兩千個龕位供高雄縣下轄貧困地區孤苦無依的往生者免費安置遺骨，保障無力安葬的貧苦者亡有所歸。

第二，墓地陵園服務。目前，佛光山在本山建有一座墓地陵園，在美國洛杉磯和休斯頓各建有一座陵園，以協助信眾處理臨終佛事。其中，佛光山萬壽園佔地 1200 坪，為七重宮殿式建築，美國洛杉磯玫瑰陵和休斯頓萬壽園是融合傳統與現代的風格，為花園式公墓。佛光山所建墓地陵園均大力推行綠色環保的喪葬祭祀用品與服務，十分注重對當地環境的保育。

佛光山墓地陵園簡介 〔註 35〕

單位名稱	年度	服務對象	服務項目	特色之處
高雄佛光山萬壽園	1974年	信徒；佛光會員；一般民眾。	1. 一樓有一大三小禮堂 4 間，設備完善，可供超薦法會、開弔告別、追悼等用途。 2. 二樓有如意居 6 間，提供垂老病人於臨終前與家人共聚。 3. 三至六樓設有供奉靈骨的龕位，有個人龕、夫妻龕、家族式三種。 4. 設大、中、小三型，394 座塔林。 5. 提供 2000 個龕位給高雄縣轄屬貧困無依者免費安置遺骨。	專人清潔；早晚有法師誦經；每年定期舉辦法會超度亡者，並為生者祈福。
美國洛杉磯玫瑰陵	1999年	信徒；佛光會員；一般民眾。	1. 2 萬餘龕位。 2. 設 1500 個個人、雙人和家族式等多種類型塔林。	產權有保障；人性化服務；設備最專業；科技化管理；永恆的照顧。
美國休斯敦萬壽園	2004年	信徒；佛光會員；一般民眾。	設骨灰龕位、祖先牌位及塔林。	緊鄰佛光山中美寺，風景優美；既可憑弔，又可禮佛，增進德業。

綜上所述，佛光山的往生安厝是「拔苦予樂」的慈悲踐行，幫助遇難者料理後事，令貧困無依者亡亦有所歸處，同時又是面向佛光人、佛教信徒和社會大眾的佛事服務，為信仰者提供本教的喪葬儀式和殯葬服務，為社會大眾提供

〔註 35〕圖表內容整理自《佛光山開山四十週年紀念特刊‧慈善弘法》，高雄：佛光山文教基金會出版，佛光山宗委會發行，2007 年，第 57～59 頁。

讓逝者安息、生者慰藉的服務，為安葬者創造了一個日夜與諸佛菩薩長伴的領域。

6.2.6　生態保育

　　在人類與環境、動物的矛盾日益突出的今天，保護生態環境、慈愛自然生靈已經成為世人急需正視的課題。佛教對於人類與環境、動物的關係有著十分深刻的認識，生態保育也一直都是佛教慈善公益事業中不可或缺的部分。目前，佛光山的生態保育主要包括保護環境和愛護動物。

　　第一，保護環境。保護環境是每位社會公民的責任，佛光山不僅從思想觀念上積極倡導環保，而且經常開展各種環保活動，佛光人以身作則地將環保理念貫徹在生活的方方面面。早在上世紀九十年代初，佛光山就與高雄縣政府、中華佛光協會聯合舉辦佛光山信徒身心環保淨化法會，鼓勵大家積極回應環保運動，從淨化身心六根到淨化外部世界，得到了社會民眾的廣泛回應。同時，佛光山還經常性地開展掃街、除溝和淨灘運動，維護社區的乾淨整潔，清潔藏污納垢的水溝和海灘，提升社區居民的居住質量，避免傳染性疾病的流傳滋長。基於佛教對「同體共生」的深刻理解和認識，佛光山還倡導大家珍惜自然資源，積極配合垃圾分類、資源回收、能源節約等工作，讓可用的資源能夠再生，維護地球的永續生存，佛光山自身的道場建設也十分注重資源的回收與利用，在能源的使用上非常節約，長期堅持垃圾分類、素食餐飲、節能減排等，真正地將環保理念融入生活之中。

　　第二，愛護動物。基於對一切有情生命的尊重與愛護，佛教提倡戒殺護生。然而當今社會上的許多放生活動已經偏離了佛教戒殺護生的本意，變成具有商業性的行為，使放生反而變成了間接殺生，使善行失去了意義。為此，星雲法師指出：「放生最大的意義是放人一條生路。給人方便、給人救濟、給人離苦、給人善因好緣、助成別人的好事等，這就是放生。放生、護生，才有生命的尊嚴。」〔註36〕佛光山於 1969 年正式成立觀音護生會（原名觀音放生會），並在山上設有觀音放生池，但佛光山更重視的是如何讓社會大眾形成正確的放生觀念，明確放生的真諦。因此，佛光山專門推出了一本圖文並茂的口袋書——《捉放之間——依空師傅講故事》，通過深入淺出的故事來闡釋放生的真

〔註36〕佛光山：《佛光山開山四十週年紀念特刊‧慈善弘法》，高雄：佛光山文教基金會出版，佛光山宗委會發行，2007 年，第 119 頁。

意。2005 年，國際佛光會中華總會還特別舉辦了一場動物放生管制倡導說明會，倡導社會民眾不要盲目參與社會中的商業放生活動，可以通過捐款給從事生態研究和物種復育的機構來表達善心，以達到真正愛護動物的本意。2015年，佛光山還推出了《我的小小動物緣》系列宣講活動，由各位法師和信眾分享自己與小動物之間的奇妙緣分與動人故事，引導大家保護、珍惜動物，形成正確的護生觀。

6.2.7　文化旅遊

佛光山不僅是蜚聲國際的佛教教團，也是臺灣著名的旅遊勝地，遂有「臺南佛都」之稱。為了滿足人們認識、瞭解和體驗人間佛教文化的興趣和需求，佛光山開展了具有特色的文化旅遊。

旅遊是認識和瞭解佛教文化的重要途徑，也是感受佛法在行住坐臥間的體會方式。佛光山自然環境優美，佛教文化底蘊豐厚，每年都要接待大量朝山者和遊客。佛光山的海內外各別分院也各具特色，具有極高的遊覽價值。目前，佛光山及海內外別分院主要為遊客提供佛教文化古蹟觀賞、佛教修身養性度假和佛教節慶活動等旅遊服務，同時，佛光山也開發了系列人間佛教文化創意紀念產品，例如佛光山明信片、裝飾品、紀念冊、書籍、素食產品以及其他形式的紀念品和精神產品供朝山遊客結緣。除了提供接待遊客的服務外，佛光山還組織了多種文化旅遊活動。例如學修遊，大慈育幼院和聖鬘書院每年都會組織學生去海內外各地開展學修體驗；弘法遊，佛光山組織的慈悲愛心人列車心靈淨化之旅、環島布教等；公益遊，由國際佛光會組織的為義工開展的海內外公益旅行；青少年接引遊，佛光山為接引海內外的兒童和青少年認識和瞭解佛教文化，開辦了各類成長營、夏令營、冬令營、研習會、研習營、禪學營等，其中便包含了多元化的文化旅遊活動。

當然，佛光山的遊客們還可以體驗豐富的佛教文化服務，例如佛教修行文化體驗服務、佛教藝術文化體驗服務、佛教教義與經典學習體驗服務和佛教儀式體驗服務，這些項目和活動不但能夠吸引廣大信眾深入法海，增長般若智慧，而且對於普通社會民眾而言，也具有提升文化素養、開闊眼界和淨化心靈的積極意義。目前，這些佛教文化體驗活動主要由佛光山與各別分院道場、國際佛光會與各地分會等組織提供，根據服務內容現整理如下：

佛光山文化旅遊體驗活動簡介 〔註37〕

名　稱	內　容	主要活動
佛教修行文化體驗服務	抄經	佛光山抄經堂
	誦經	全球中華文化經典誦讀大會；《詩歌人間》誦讀比賽
	禪修	國際禪學營；教師禪修研習營
	素食	滴水坊；全球素食博覽會
	法會	禪淨密三修萬人獻燈祈福法會；萬人禪淨共修法會
佛教藝術文化體驗服務	音樂	梵音海潮音；一日梵唄千禧法音；禮讚佛陀萬人音樂會；佛光合唱團觀摩賽
	舞蹈	敦煌舞比賽
	戲劇	《釋迦牟尼佛傳》；《浩瀚星雲》
	書畫攝影展	雲水三千——星雲法師弘法五十年紀念影像特展；覺有情——星雲法師墨蹟世界巡迴展；星雲法師一筆字書法展
	文物展	佛光山寶藏館；佛光緣美術館；敦煌古展；佛光山三十週年文物收藏展
佛教教義與經典學習體驗服務	經典與教義研習班	人間佛教閱讀研討會；全民閱讀博覽會
	講座	星雲法師佛經講座系列；
	比賽	全球文化經典讀經觀摩比賽
佛教儀式體驗服務	成長禮	兒童成長禮；佛光成年禮
	佛化壽禮	佛化祝壽
	佛化婚禮	菩提眷屬祝福禮
	短期出家	短期出家修道會

　　綜上所述，佛光山的文化旅遊是包含了娛樂、觀賞、審美和求知的多元佛教文化服務，為社會民眾認識瞭解和體驗佛教文化提供了類型多樣的平臺，為其他宗教道場開創了一個值得借鑒的範式，也為社會文化事業的繁榮發展注入了不可替代的重要力量。

6.2.8　文藝傳播

　　文化藝術是佛教傳播的重要媒介，尤其是在現代社會，利用多元的傳播媒

〔註37〕內容整理自《人間佛教的實踐：2014 國際佛光會中華總會特刊》，2014 年。

體與時俱進地推廣佛教文化，既能夠擴大弘化之功，又能夠為社會民眾帶來文化饗饕盛宴。佛光山的文藝傳播主要包括文字出版、現代傳媒、佛音傳播、佛教文化交流與推廣。

第一，文字出版。星雲法師在創辦佛光山之前，就曾在大陸主編《怒濤月刊》、《徐報》的〈霞光〉副刊和《海潮音》，在臺灣主編《人生》，還曾發行過《今日佛教》、《覺世旬刊》和《普門雜誌》等，並於 1959 年創辦了「佛教文化服務處」，成為「佛光出版社」、「佛光文化事業有限公司」的前身。經過一甲子的發展，當前佛光山文化院下轄的出版事業機構主要有佛光文化事業公司、香海文化事業公司、美國佛光出版社、大覺文化傳播公司、福報文化公司、佛光大藏經編修委員會、世界佛教美術圖說大辭典、馬來西亞佛光出版社、馬來西亞普門雜誌社、普門學報社和佛光山國際翻譯中心，它們主要負責出版書籍、學報論文和重編藏經等工作。

在報刊出版方面，佛光山人間福報社自 2004 年起發行臺灣地區首個由佛教團體創刊的綜合日報《人間福報》，並於同年 7 月發行美洲版《人間福報》。《人間福報》將文化、藝術、教育和新知作為報紙的主要內容，關注人性的善美和社會的淨化，適合各年齡段閱讀。同時，《人間福報》也是一個社會慈善公益平臺，經常舉辦各類社會議題的座談和講座等活動，多次發起贈報給監獄和偏遠學校的公益活動，以身作則倡導媒體提升閱聽品味，不但在競爭激烈的媒體環境中脫穎而出，而且備受社會各界的肯定和褒獎，創報以來屢次獲得各類表彰。

在書籍出版方面，佛光山的出版書籍從經典、概論、歷史傳記、教理、文選、儀制到美文、童話、漫畫、工具等一應俱全，例如《淨土三經》、《中國佛教百科叢書》、《中國佛學史論》、《法相》、《往事百語》、《宗教法規十講》、《狗子說》、《命命鳥》、《童話書》、《抄經本》、《百句經》英文版等。同時，佛光山國際翻譯中心又將中文書籍譯成英語、日語、韓語、法語、德語、俄語等二十多國語言流通全球，使佛教文化傳播國際，如在美國的各大書店和網站上均可購買佛光山出版的英文書籍，並且美國在國會圖書分類法的佛教分類下專設分類號 BQ9800.F36，用作佛光山和星雲法師的作品。

在學術論文方面，佛光山主要有 1976 年創辦的佛教研究性學術刊物《佛光學報》，用以收錄海內外學者優秀的佛學研究成果；1990 年創辦的《佛學研究論文集》，主要整理每年佛光山舉辦的佛教學術研討會發表論文；2001 年創

辦的《普門學報》，主要收錄從社會學、心理學、人類學、管理學和科學等不同角度來研究佛學、認識佛教的論文；2001 年創辦的《法藏文庫》，主要彙編近百年來中國海峽兩岸的佛學博士和碩士論文，以及兩岸學者的佛教學術著作。這四項學報論文刊物雖然研究側重點不同，但都是學術界內有質量、有內容的高水平刊物，促進了現代佛學的研究，也推動了佛教文化的國際交流。

在重編經藏方面，早在 1955 年，星雲法師與其他法師就共同發起過「影印大藏經環島布教」活動，在全臺灣弘揚佛法。三年後，星雲法師又發起「每月印經會」，將古式編排的經文重新排版，改良佛經編印，由佛教文化服務處發行，使結緣大眾能夠更方便地理解和接受佛經。1977 年，佛光山正式成立了「佛光山大藏經編修委員會」，邀請海內外僧俗學者啟動了《佛光大藏經》的編纂工作，同時還編修《佛教史年表》和《佛光大辭典》，目前不僅已經出版並贈與世界各地的高校和圖書館等機構，獲得了各界的認可、鼓勵和表彰，而且還成立了佛光山電子大藏經網站，包含《佛光大藏經》、《佛光大辭典》、《星雲法師文集》和《佛光山 40 週年紀念》四項內容，便於民眾網上查詢、下載、檢索和比較等，隨著移動互聯網的普及，網站還推出了《中國佛教白話經典寶藏──題解源流》和《佛光大詞典增訂版》兩款手機 APP 供民眾下載安裝，使民眾能夠更加方便快捷地學習佛法。

第二，現代傳媒。伴隨著科技的進步，影視媒體和互聯網成為人們生活中必不可少的工具，也成為傳播佛教文化的重要媒介。佛光山在現代傳媒方面一直與時俱進，走在時代前列，早在 1957 年星雲法師就製作了「佛教之聲」節目，領導佛教青年通過電臺播音佛教文化。目前，佛光山的現代傳媒單位主要有人間衛視電臺、佛光山電視中心和人間通訊社。

在利用電視傳播佛教文化方面，佛光山首開臺灣佛教界的先河，在 1979 年便與華視製播《甘露》節目，進而又陸續與其他電視臺合作製播和推出了《信心門》、《佛學講座》、《星雲禪話》、《星雲法語》、《星雲說偈》、《星雲說喻》、《蓮心》等多檔節目，並於海內外各電視臺播出。1997 年，佛光山成立了自己的電視臺──「佛光衛星電視臺」（後於 2002 年更名為「人間衛視」），成為臺灣地區首個融合宗教、社教與娛樂，且不插播任何商業廣告的衛星電視臺。人間衛視除了製播佛法的教育類節目外，還特別注重社會公益內容，以多元化的視角和中英文雙語報導討論當下社會熱點議題，如人文公益、生態環保、弱勢群體關懷等，陸續製播了心靈關懷節目《迷悟之間》、《與大師心靈對話》，

兒童教育節目《Dr. 酷》、《小小讀經快樂行》，探討青少年價值觀節目《讀一流書》、《MVP 青春記事簿》，教育諮詢類節目《留學之路》、《2100 教育開講》，關愛弱勢群體節目《蒲公英的天空》，展示佛教文化的節目《佛國之旅》、《行腳僧遊記》，新聞類節目《人間寰宇英文版》、《人間新聞雜誌》等。人間衛視以社會公益為使命，聚焦對弱勢群體和生態環境的關懷，長期舉辦各類義演、名人對話、募捐等慈善公益活動，如《人間有愛‧為公益而唱》系列演唱會、《明天過後‧一萬個希望》賑災募捐、《人間有愛‧仗義書財》募捐圖書活動、《提升閱聽質量‧建構優質媒體》的媒體環保運動、《全球中華文化經典誦讀大會》公益讀書活動等，逐步發展成為「亞洲華人 NPO 慈善媒體平臺」。自 2007 年改版後，人間衛視還推出了關於非營利組織、非政府組織的管理類節目，國際時事評論節目等，電視臺傳送覆蓋全球近三十個國家和地區，是全球知名的佛教公益電視臺。1999 年由電視佛學院更名而來的佛光山電視中心主要以製作發行系統的佛學課程節目為主，通過紀錄片、心靈短片、談話節目和卡通動漫等形式將高深浩瀚的佛法快速直觀地傳遞給社會民眾，目前制有佛教經論、教理、專題講座等內容的中英文 CD、VCD 和網絡節目，還有各種佛教沙彌人偶和拼圖等佛教創意文化用品，為人們輕鬆趣味地識佛學佛提供了重要渠道。

　　第三，佛音傳播。佛教音樂是佛教文化的重要載體，也是佛教文化傳播的重要工具。佛光山的佛音傳播事業由來已久，早在 1957 年，星雲法師就帶領宜蘭念佛會青年歌詠隊錄製了第一套佛教唱片，成為佛教史上的首創之舉。1978 年，佛光山宗委會推出了由中國佛教研究院學生錄製的早晚課頌，製作成了《佛教梵唄大全集》，供信眾修持時使用。1997 年，如是我聞文化公司正式成立，主要負責製作和出版優良的佛教音樂，包括佛教梵唄、節慶音樂、聖歌、演奏樂、跨界音樂以及童聲專輯等，本著「以音樂作佛事」的宗旨製作優質專輯，用音樂傳播佛法。自 1979 年起，佛光山陸續在海內外舉辦了百餘場大型佛教梵唄音樂會，將佛法與梵唄、舞蹈、國樂等融為一體，受到海內外民眾的廣泛喜愛，在社會上引起了熱烈反響。自 2003 年起，佛光山文教基金會發起了每年一度的「人間音緣──星雲法師佛教歌曲徵選活動」，每一屆都得到世界各地的強烈反應，現已發表語種多樣、曲風多元的佛光歌曲近千首。目前，佛光山有成立於 1993 年美國西來寺的「佛光青少年交響樂團」，是佛教界唯一的交響樂團，還有成立於 2006 年佛光山文教基金會的「人間音緣梵樂團」，

是佛教界的第一支專屬梵樂團,他們以音樂為語言,積極參加海內外公演、社區活動和文化交流活動,持之以恆地用聲音弘揚佛法,用音樂傳播佛教文化。

　　第四,佛教文化交流與推廣。佛光山的五個文教基金會是推動佛教文化交流與推廣的擺渡人,也是促進佛教文化走向現代化和國際化的重要力量。

佛光山各文教基金會服務內容簡介 [註38]

名　稱	成立時間	工作內容	主要活動
佛光山文教基金會	1988 年	學術研究	舉辦國際禪學會議、佛教現代化學術研討會、宗教文化國際學術會議、宗教音樂學術研討會、人間佛教學術研討會等;出版《佛光學報》、《普門學報》、《法藏文庫》等。
		佛教音樂	成立梵唄讚頌團、人間音緣梵樂團於海內外巡迴演出;每年舉辦「人間音緣——星雲法師佛教歌曲發表會」。
		生命教育	每年組織世界佛學會考;推廣生命教育——兒童閱讀、中小學教師心靈教育研習營、生命教育領導人研討會等;成立佛光山雲水書坊行動圖書館等。
		籌辦學校	發起「佛光大學百萬人興學委員會」、一百元建大學活動,建立佛光大學、南華大學、人文國民小學、均頭國民中小學;災區學校認領;
		文化交流與推廣	編印《中華文化歷史系統圖》;文物展出;佛典電子化;舉辦《歷史留影——走過臺灣佛教五十年》活動;捐贈圖書給海內外高校、研究機構、寺院廟堂、文化單位等;成立人間佛教研究中心;出版兒童讀物、佛光山文教教材;在海內外成立 23 座佛光緣美術館,舉行展覽和美術教育推廣等。
佛光淨土文教基金會	1992 年	統籌佛光山海內外道場硬件建築	規劃臺灣苗栗大明寺、南臺別院、鳳山講堂、金蓮淨苑、南坪別院、新西蘭南島佛光山、佛州光明寺、日內瓦國際佛教中心、佛陀紀念館等。
		推動人間佛教研究和傳播	舉辦人間佛教閱讀研討會等。

〔註38〕表格內容整理自《佛光山開山四十週年紀念特刊‧文化藝術》,高雄:佛光山文教基金會出版,佛光山宗委會發行,2007 年;《佛光公益‧創刊號》,臺北:公益信託星雲法師教育基金,2015 年。

佛光山電視弘法基金會	1998 年	募款	組織「每天五塊錢，輕鬆種福田」募款活動，善款作為人間衛視製作經費。
財團法人人間文教基金會	1998 年	配合教育部「教育終身學習列車」計劃	舉辦人間生活禪課程、全民閱讀活動、人間護生營等文化、教育和文藝活動。
		親子教育	自 2003 年起每年舉辦親子「人間速寫活動」。
		社會教育	開展「書香滿人間」活動、成立「海外募書中心」、組織「越洋募書——讓愛眼神」活動等；規劃建設多所社區大學、舉辦「文化饗宴留學之旅——ESL 英語學習課程」、「大陸與外籍新娘生活適應輔導班」、「中區新象再發展研討會」等。
星雲法師公益信託基金會	2008 年	展覽	星雲法師一筆字書法海內外巡迴展
		設獎	星雲教育獎，鼓勵人師典範，弘揚師道；星雲真善美新聞傳播獎，鼓勵優質的新聞從業人員；全球華文文學星雲獎，鼓勵文學方面的卓越貢獻者；三好校園實踐學校獎，鼓勵優質倫理文化的校園。
		論壇	成立「星雲人文世界論壇」。

除了各基金會的佛教文化推廣和交流活動外，佛光山還製作發行了一系列佛教文化內容的電影、動畫和紀錄片，如《佛陀的一生》、《貧女一燈》、《小沙彌歡喜看人間》、《佛光山開山三十週年紀念影片》等。同時，佛光山還十分注重素食文化的推廣和傳播，在海內外開設了約三十家滴水坊餐廳，以免費或低價為公眾提供素食服務，同時推出素食加工品、素食餐譜等供大眾選用、學習，並經常舉辦佛教素食博覽會，倡導在社會中形成健康的素食餐飲文化和風潮。

綜上所述，佛光山充分運用各種文化載體來弘揚佛教文化，不但開創了許多佛教界的弘法先河，而且遠播國際，成為海內外聞名的佛教文化平臺和社會公益平臺。強大的生命力、突出的創新能力和與時俱進的發展方式共同構成了佛光山文藝傳播的突出特徵和成功原因。

6.2.9　社會教化

　　社會教化是宗教的一項基本功能，佛光山將佛教從山林發展到社會、從傳統發展到現代，每一項事業和活動都具有潛移默化的教化功能。其中，僧信教育即是佛光山最普遍、也是最重要的教化事業，由國際佛光會開展的各項公益活動，如幫助青少年形成良好品格的童軍團、少年團、青年團等；為促進社會道德進步而開展的三好運動、七戒運動等；為引導社會中的特殊群體積極向善而開展的監獄布教、戒毒輔導等，具有巨大的道德示範和引導作用。鑒於前文中對一些具有教化功能的事業和活動已有所闡述，在此則主要以四項活動為主，分別是生命教育、監獄教化、戒毒輔導和心靈淨化。

　　第一，生命教育。大慈育成中心是佛光山協助社會學校進行戶外教學和青少年心靈成長及生命教育的機構，成立於 2001 年，服務對象是小學一年級至初中三年級的學生，並積極邀請弱勢群體及低收入家庭兒童參加，配合學校需求提供教師或親子學習課程。大慈育成中心的生命教育學習以開設兒童營、青少年營和招募青年義工兩種形式為主，課程內容主要是佛光山藝術文化和生命教育，將佛教與人文、藝術、自然和知識融為一體，以 2016 年的兒童快樂營課程為例，主要包括心靈課程——我會照顧自己、禪坐抄經、生命教育、星空夜遊趣、佛館生態之旅、創作三好小沙彌、晚會 high 翻天等，通過寓教於樂的方式啟發兒童的想像力與創造力，幫助兒童樹立正確的環保護生觀念，提升兒童的生命內涵，培養兒童歡喜融合、廣結善緣的互動能力。據統計，大慈育成中心開辦至今已接引約 10 萬名兒童和青少年參加活動，引導他們以不同的角度和眼光看待生命，幫助他們形成良好品格，具有卓越的教化意義。

　　第二，監獄教化。早在 1956 年，星雲法師就開始奔赴宜蘭的監獄關懷受刑人員，成為監獄弘法的先鋒。1963 年，佛光山成立了監獄輔導教化組，專門負責開展監獄教化工作，監獄布教的範圍也隨即從宜蘭逐步擴展到臺灣各地。長久以來，國際佛光會和慈悲社會福利基金會系統、制度地培訓義工成為監獄布教師，繼而由法師、國際佛光會檀教講師、幹部和佛光義工等組成的共115 位監獄布教師將宗教與心理的輔導推行到全臺乃至菲律賓、美國等許多監獄，引導和幫助許多受刑人員歸善，重新回歸社會。目前，臺灣地區 49 處監所中，已有 40 處由佛光山監獄布教師入駐弘化。〔註39〕

〔註39〕數據引自《人間佛教的實踐：2014 國際佛光會中華總會特刊》，2014 年，第70 頁。

2000～2006 年全臺各監所布教統計表〔註40〕

年　度	2000	2001	2002	2003	2004	2005	2006
場　次	572	624	536	540	558	548	586
受益人數（人）	69282	71250	61457	61362	64255	63453	68654

2014 年度佛光山監獄布教統計〔註41〕

類　別	辦理場次	受益人數（人）
看守所	768	11622
監獄	2011	92734
少管所	195	1793
少輔院／少年之家	100	2014
戒治所	120	7860
新竹誠正中學	8	118
高雄明陽中學	102	3230
地檢署	331	2620
其他	62	4386
總計	3697	126377

　　監獄布教師根據受刑人員的年齡與屬性的不同規劃課程，以人間佛教理念為根基，開設佛學講座、禪坐、抄經、課頌、集體遊戲、戲劇比賽、生命教育、藝術創作、三皈五戒等淨化身心的多元化活動課程，同時又與監獄合作開展個人輔導、團體輔導和函件輔導，為受刑人員提供多種方式紓解內心困惑。1994 年，佛光山與法務部合作在臺北監獄舉辦了首次「監獄受刑人員短期出家修道會」，成為臺灣司法與佛教歷史上的開創性慈悲之舉。修道會共有 155 位受刑者參加了六天的修道生活，其中年齡最大的 79 歲，年齡最小的 18 歲，通過學習戒律學、古德法語、佛光學、安心法門等修心性的課程與佛教儀禮、早晚課誦等，獲得身心淨化，也對未來的人生有了新的認識和期許。受刑人員在出獄後會由教誨師進行追蹤輔導，據統計，經過幾十年的佛光監獄教化工作，出獄人員的回犯率已由早期的約 80% 下降至 43.5%。

〔註40〕佛光山：《佛光山開山四十週年紀念特刊‧慈善弘法》，高雄：佛光山文教基金會出版，佛光山宗委會發行，2007 年，第 71 頁。
〔註41〕《人間佛教的實踐：2014 國際佛光會中華總會特刊》，2014 年，第 70 頁。

　　第三，戒毒輔導。1995 年，應法務部邀請合作，佛光山首度派法師入駐臺南明德戒毒村，組織佛教戒治班，開展戒毒輔導工作。法師對吸毒人員進行宗教教誨和佛法開示，通過禪坐、聖歌教唱、抄經以及基礎佛學、佛教教理等行解課程，並伴隨心靈輔導、素食料理、美工、園藝等技能培訓，讓受刑人員感到佛法慈悲，重新建立對自我的肯定。1996 年，佛光山與臺灣更生保護會合作，在屏東輔導所設立「戒毒者中途之家」，協助已經出獄的吸毒者重建信心、重回社會。佛光山的戒毒輔導工作取得了良好的成果，臺南戒毒村的吸毒人員再犯率降低，深受法務部的肯定。自 2005 年起，佛光山又與嘉義戒治所、花蓮戒治所、臺中少年觀護所等試行佛教進駐計劃，將佛教的心靈輔導與救治帶入吸毒者中間，指導他們糾正偏差的觀念，矯治錯誤的行為。同時，佛光山也經常性地開展反毒教育倡導工作，將反毒的信念傳達給社會民眾，使其明確毒品的危害，從而在根源上減少吸毒人口。

　　第四，心靈淨化。國際佛光會的世界各分會經常與當地民情結合，有計劃、有系統地推出各類大型淨化人心、利於社會的活動，不僅帶動佛教融入人們的家庭、生活和社會，而且對於社會良好風氣的形成具有重要意義。

國際佛光會淨化人心主要公益活動簡介〔註42〕

活動名稱	發起年份	主要內容
「把心找回來」系列公益活動	1992 年	為其三個月，邀請社會專家學者聯合舉行數十場講座，呼籲社會大眾尊重生命，關懷社會，找回人人自心本性裏的慈悲心、感恩心與慚愧心，並結集成《從愛出發》、《名人證言錄》二書流通。
	1995 年	以「時時樂清貧、處處簡樸心」為主題，舉辦講座、園遊會以及環保淨山等活動，向社會傳達「知足、惜物、不貪、簡樸」的清貧生活理念。
淨化人心七戒運動	1994 年	通過七戒宣誓會、街頭簽名、校園輔導、籃球義賽、心靈晚會等活動，推行「戒煙毒、戒色情、戒暴力、戒偷盜、戒賭博、戒酗酒、戒惡口」，以期淨化人心，構建祥和安寧的社會。
慈悲愛心人列車心靈淨化之旅	1997 年	以「心靈淨化、道德重整、找回良知、安定社會」為宗旨，通過環島街頭布教的方式，在都市鄉村各角落展開巡迴倡導。同時於中正紀念堂舉辦「慈悲愛心人誓師大會」，全臺約八萬民眾參與。

〔註42〕圖表內容整理自《佛光山開山四十週年紀念特刊‧國際佛光會》，高雄：佛光山文教基金會出版，佛光山宗委會發行，2007 年。

三好運動	1998 年	星雲法師帶領十萬民眾宣誓踐行三好，即「做好事，發心為大眾服務；說好話，以慈悲心讚美他人；存好心，設身處地為他人設想，必能帶給人間無限的希望。」而後國際佛光會通過檀教講師全臺巡迴演講、座談會、運動會、園遊會、祈福晚會、為考生服務等公益活動活動將三好運動推行至家庭、社會和全球。
星雲法師佛經講座	1998 年	1.1998 年 12 月，星雲法師與趙寧、林清玄等 17 位名人於臺北國父紀念館與大眾分享《佛光菜根譚》法語，逾萬人聆聽。 2.1999 年 12 月、2000 年 9 月，星雲法師於臺北國父紀念館主講《六祖壇經》。 3.2002 年 11 月，星雲法師於臺北國父紀念館主講「我一生弘法的心路歷程」唱頌講座。 4.2004 年，星雲法師於香港、美國等地開設佛經講座，並為東南亞印尼、印度地區大地震遇難者祈福。 5.2005 年，星雲法師於馬來西亞開設佛經講座。

除了上表中的活動之外，佛光山開展的淨化心靈公益活動還有很多。2002年，佛光山發起過社會媒體淨化運動，呼籲平面媒體、電子媒體、演藝人員等遠離八卦、血腥、暴力、色情等節目，製播優質節目以形成良善健康的閱聽環境。伴隨全球化的發展，國際佛光會也在全球近七十個國家推動文化、教育和慈善等淨化人心的公益活動，全面開展義工服務與人道關懷，下表為 2007 年至 2011 年間的國際佛光會公益教化服務的相關統計：

公益教化服務國家與地區統計表（累計 18931 人）〔註 43〕

國家 / 地區	活動日期	主要地點	場次 / 內容	服務人數
印度	2009.8.5～9.4	新德里、菩提伽耶、瓦拉那西、加爾幹	9 場夏令營 13 場文化交流 聖地參訪	3953 人
	2010.8.8～8.29	新德里、菩提伽耶、瓦拉那西、Etawa、僧伽施	4 場夏令營 3 場文化交流 聖地參訪	1025 人
	2011.7.7～7.28	新德里、菩提伽耶、瓦拉那西、賤民村	10 場教育生活 12 場文化交流 聖地參訪	2700 人

〔註43〕卓新平、鄭筱筠主編：《宗教慈善與社會發展》，北京：中國社會科學出版社，2015 年，第 182～183 頁。

中國四川	2008.7.18 ～7.25	四川省成都市 綿陽縣江油市	前往災區關懷青年 學子 前往三所學校開展 團體動力學	5458 人
緬甸 密支那	2007.4.18 ～4.23	緬北育成學校	資助育成學校營養 午餐、贊助書籍、校 舍重建等	1900 人
馬來西亞	2010.7.31 ～8.15	Jenjarom	7 場健康服務 5 場社區老人關懷 5 場衛生講座	1500 人
菲律賓	2007.3.28 ～4.3	白沙灣 Boracay	青少年教育生活營	160 人
	2007.7.7～ 7.21	垃圾山、貧民區 Barangay719、GK 社區	5 場夏令營 4 場文化參訪 2 場社區老人關懷	485 人
	2011.2.7～ 2.19	Hospicio de SanJosetondo 公立學校 Pangarap foundation 青 少年中途之家	7 場教育生活營 2 場實習參訪 文化參訪	285 人
阿根廷	2010.2.5～ 2.7	阿根廷佛光山	團體動力教育研習 營	35 人
巴布亞新幾內 亞	2007.5.16 ～5.21	Vada-vada、貧民區、 koki 村、文殊講堂	9 場教育生活營	1420 人

　　綜上所述，佛光山的社會教化體現在開展的每一項慈善公益活動之中，通過佛法的慈悲教化來引導社會大眾獲得心靈淨化，形成向善的觀念，從而塑造良好的社會風尚，促進社會道德與精神文明的提升和發展。

6.3　佛光山慈善公益事業取得的成就

6.3.1　佛光山各項慈善公益事業取得的成就

　　佛光山以文化弘揚佛法、以教育培養人才、以慈善福利社會、以共修淨化人心，佛光山的慈善公益事業基本上涵蓋了文化、教育、慈善和共修事業的全部內容，經過一甲子的開創、建設與發展，佛光山已在諸多方面取得了舉世矚目的成就。在《佛光宗風》中，對於佛光山推動人間佛教的貢獻便有這樣的總結：「1. 世界佛教人口增加。2. 青年學佛風氣日盛。3. 在家弟子弘揚佛法。4. 人間佛教獲得認同。5. 傳播媒體重視佛教。6. 佛教文物廣泛流通。7. 佛教梵

唄受到重視。8. 佛光人會蓬勃發展。9. 教育學界肯定佛教。10. 政黨人物實踐佛教。11. 演藝人員皈依佛教。12. 佛學會考成績輝煌。13. 監獄弘法成效卓著。14. 種族融合促進和平。15. 南傳尼眾恢復教團。16. 人間福報淨化社會。17. 佛教藝術普遍發展。18. 宗教對話尊重包容。19. 佛教典籍流通世界。20. 各種講習建立共識。」〔註44〕這二十項貢獻展示了佛光山推動人間佛教理念、建設人間佛教事業的點滴成就，這些事業也在佛光教團的長期堅持下為社會帶來了諸多有益影響。概括而言，佛光山的慈善公益事業主要有以下四個方面的成就：

第一，佛光山建立了一個兩序有級、僧信四眾的現代佛教教團，將文化、教育、慈善和共修作為教團事業的核心內容，奠定了深厚的社會服務基礎，為社會做出了巨大貢獻。佛光山作為一個推動人間佛教理念的現代佛教教團，訂有人事法規，建立僧俗二眾序列等級評定制度，秉持「依法不依人」的理念，依據學業、事業和道業來評估人事，力圖建立一個公平、公正、公開的現代佛教僧團。這種嚴格的叢林制度也為佛光山開展各項社會事業提供了有力保障，本著「集體創作、制度領導、非佛不作、唯法所依」的行事規範，佛光人積極努力地將人間佛教落實在社會生活的方方面面，涵蓋了救助關懷、僧信教育、醫療照護、文藝傳播、敬老安養、往生安厝、生態保育、文化旅遊以及社會教化，不但將佛法慈悲觀照了人類生老病死的全部過程，而且通過種類繁多、內容豐富的慈善公益事業為社會帶來了眾多物質福利和心靈淨化，促進了社會的和諧穩定，推動了良好社會風氣的形成。

第二，佛光山在世界各地廣設佛光協會和跨國道場，通過開展國際會議與宗教交流等活動，促進了國際佛教的發展與融合。佛光山有來自世界各地的出家弟子千餘人，全球的佛光信眾也高達百萬之多，佛光山的道場和別分院在全球各大洲扎根，目前海內外道場遍布三十三個國家，已達二百多所。除本山和臺灣地區的佛光道場外，歐洲有 14 所道場、非洲有 8 所道場、大洋洲有 12 所道場、美洲有 42 所道場、亞洲有 41 所道場。不僅如此，國際佛光會也在世界七十多個國家地區設立了一百多個協分會，各別分院與當地的佛光協會協同合作，融合當地的文化、宗教、習俗等共同開展慈善公益事業，推動了佛教突破舊有的寺院窠臼，超越國界和種族。在國際慈善公益事業的開展中，佛光山

〔註44〕佛光山：《佛光山開山四十週年紀念特刊·佛光宗風》，高雄：佛光山文教基金會出版，佛光山宗委會發行，2007 年，第 194 頁。

依然將文化與教育作為核心內容，力圖從根本上踐行佛法「解放人心的慈善」，通過組織國際會議、舉辦宗派交流和跨宗教交流活動，加深各地宗教間的互相理解和認同，為不同宗派和不同宗教的交流合作提供了一個慈善公益平臺，從而也提高了佛教在國際上的服務力與影響力。

第三，佛光山致力於推動生活法語和人生禮儀，將佛法靈活運用於家庭和社會，弘揚了人間佛教的本懷。佛光山始終將「給人信心、給人歡喜、給人希望、給人方便」作為度化眾生的不二法門和開展慈善公益事業的實踐目標，因此，佛光人在各項慈善公益事業中都十分重視保障社會民眾現實人生合理的訴求，並將高深的佛法轉化為平實哲理的語言傳遞給民眾，用來引導和幫助他們擁有健康快樂的家庭與社會生活。佛光山的慈善公益事業將佛法傳播到了社會的各個角落，這並非是要吸引多少社會民眾信教，而是旨在讓社會民眾能夠感受和領悟佛教的文化內涵，將佛法內化為可以靈活運用的解釋生活難題的工具，從而積極參與到整個社會的慈善公益活動中，讓社會更加祥和、人心更加安定。

第四，在平等共尊、和平共榮的原則和宗旨下，佛光山以佛法為緣，以融和為本，積極促進兩岸宗教文化和慈善公益事業的交流。「在佛教裏，講到時間都是過去、現在、未來三世；講到空間都是此方、他方、十方無量世界；講到人間都是胎生、卵生、濕生、化生，也是無量無數。所以，佛教的國際觀其實已經完全泯除了時空的界限。」〔註45〕正是基於這樣的國際觀，佛光山長期以來都堅持打破人我的界限，在互相尊重、彼此平等和同體共生的原則下，通過慈善公益事業展開兩岸宗教文化與情感的交流，努力做到彼此包容、融合，兩岸共榮、共有，為兩岸民眾增進理解與促進感情做出了重要貢獻。

6.3.2　佛光山慈善公益事業的社會評價

佛光山通過踐行人間佛教理念，引領佛教從傳統走向現代、從山林走向社會、從寺廟走入家庭、從僧眾走進信眾、從講經說法走到實踐服務，為發展教育、文化、慈善、共修等慈善公益事業做出了巨大貢獻，受到了社會各界的一致好評。

星雲法師是佛光山的開山長老，亦是人間佛教的弘法行者，他的弘法軌跡

〔註45〕星雲法師：《人間佛教的藍圖·國際觀》，https://books.masterhsingyun.org/Article Detail/artcle785，2016 年 3 月 12 日。

既是佛光山從無到有的璀璨歷史，也是臺灣佛教發展歷程中濃墨重彩的一筆。星雲法師一生獲得的榮耀與成就已難以計數，在慈善公益事業領域內也是譽滿全球。早在 1984 年，星雲法師就因其在教育領域內的突出貢獻獲得臺灣教育部社教個人榮譽獎，成為佛教界榮獲該獎項的第一人；2002 年獲「十佳傑出教育事業家獎」；2005 年為表彰星雲法師在臺灣、社會和佛教領域內作出的貢獻，獎勵其「總統文化獎——菩提獎」；在海外地區，星雲法師也備受國際社會的肯定，1995 年獲印度佛寶獎；2000 年在第二十一屆世界佛教徒友誼會上獲「佛教最佳貢獻獎」；2006 年獲香港鳳凰衛視「安定身心獎」、世界華文作家協會「終身成就獎」、美國共和黨亞裔總部代表布什總統頒贈「傑出成就獎」；2010 年獲「中華文化人物」終身榮譽獎；2013 年獲由鳳凰衛視聯合兩岸三地多家知名華文媒體共同主辦的「世界因你而美麗——影響世界華人盛典2012～2013」頒發的「影響世界華人終身成就獎」、同年獲得由 CCTV 主辦的「2013 中華之光‧傳播中華文化年度人物」頒發的「中華之光獎」。

除了星雲法師之外，還有無數為佛光山慈善公益事業奉獻的佛光人也廣受社會各界的讚譽。例如國際佛光會的理事依空法師在 2014 年臺灣社教公益獎中以其推動成立社教機構、推展童軍教育及家庭教育等全方位學習領域、以佛法真理提升人性真善美等貢獻深受肯定，榮獲個人獎殊榮；佛光山慈善院院長依來法師在 2013 年榮獲臺灣好人好事代表「八德獎」，主辦方以「慈悲濟世、即身佛國土、依來法師令人稱奇比丘尼」來讚美和肯定依來法師在佛教慈善公益事業領域的突出貢獻，依來法師在澳洲弘法期間也得到了澳洲政府的肯定，獲「服務社區有功人員獎」；佛光山教育院院長慈容法師在 1984 年榮獲臺灣好人好事代表、1985 年榮獲中央黨部華夏二等勳章；此外，依詮法師多年奉獻幼教事業，獲臺灣「托育服務楷模獎」，依融法師獲「蘭陽傑出人士獎」，依法法師獲臺灣「十大傑出青年獎」，慈惠法師獲「社會運動和風獎」，心定大和尚獲教育部「社會教育有功人員獎」，慧開法師獲臺灣「社會優秀青年獎」，慈莊法師是洛杉磯榮譽公民，紹覺法師、永勝法師等多次榮獲「好人好事代表獎」，慈怡法師為佛教界首次獲得圖書出版金鼎獎，慈悲基金會執行長蕭碧涼師姑獲臺灣第 46 屆老人節「敬老楷模」殊榮。當然，榮獲表彰的佛光人不可勝計，鑒於篇幅緣故在此便不一一詳列。總而言之，佛光人在服務中修行，在奉獻中開悟，正是佛光人的共同努力和社會民眾的大力支持，才有了佛光山今日燦爛輝煌的成就，這是集體創作的成果，也是佛法入世的結晶。

　　作為一個優秀的宗教團體，佛光山備受海內外社會各界的肯定和表揚。佛光山大慈育幼院幾乎每年都會榮獲臺灣內政部評鑒優等；高雄老人公寓（松鶴樓）2005 年榮獲行政院人事行政局評定為各縣市委外業務的績優單位，為公辦民營現代化管理的安養機構的典範；佛光山慈悲社會福利基金會於 2004 年榮獲法務部頒發「反毒有功獎」，2011 年和 2014 年獲內政部評鑒優等，其專業服務的規劃執行與成果、組織會務發展、財務管理以及特殊績效的執行等備受主管機關的肯定；蘭陽仁愛之家獲 2012 年宜蘭縣「社區照顧關懷據點評鑒」特優級並頒發貢獻獎；佛光友愛服務隊榮獲 2012 年社福類志願服務績效評鑒特優獎；佛光山南坪別院、高雄佛教堂等獲 2013 年高雄市年度績優宗教團體獎；國際佛光會連續 20 年以上獲得內政部年度績優社會團體評鑒優等，不僅如此，佛光會也於 2003 年正式被授權為負責傳播聯合國信息的非政府組織（NGO）工作夥伴之一，成為聯合國組織中唯一的一個中國佛教民間團體，佛光會也因在世界各地開展的慈善公益事業而備受當地政府、社會和民眾的讚賞和感謝，收到的感謝信和表揚狀不勝枚舉。

第 7 章　救世軍的慈善公益事業

　　救世軍（Salvation Army，簡稱 S.A.）是一個採用軍隊編制的國際基督教新教教會，也是一個國際性慈善公益組織，1865 年由卜維廉（William Booth）夫婦創立於倫敦。1880 年，正式定名為「救世軍」。救世軍以「主屬萬邦」（Christ for the World）和「萬邦歸主」（The World for Christ）為教義指導，將「心向神、手助人」作為服務宗旨，援助貧弱群體，改善他們的物質與精神生活，並以真誠和愛心拯救他們的靈魂。經過一個半世紀的建設與發展，救世軍這支非世俗的軍隊成為了世界上唯一一支以愛心代替槍炮的軍隊，一支「為和平與仁愛而戰」的國際性宗教慈善公益組織，也是世界上歷史最悠久、規模最大、運作最成功、民眾讚譽度最高的宗教慈善公益組織之一。

7.1　救世軍慈善公益事業的總體情況

7.1.1　救世軍慈善公益事業的背景

　　救世軍組織的成立以及其慈善公益事業的開展與當時英國和全球的整體社會環境密不可分，亦與基督教的慈善公益思想聯繫密切。救世軍的前身是東倫敦基督佈道團，創始人卜維廉夫婦希望能夠把基督教傳給其他宗派接觸較少的社會群體，例如社會底層的貧苦民眾，以便發展更多的基督教信徒，這是在神愛的感召下傳揚耶穌基督福音的宗教行為。但縱觀當時英國乃至全球的社會環境，英國的工業革命帶來社會經濟的快速發展，同時也引發了英國社會結構的變遷，社會中出現了大量的失業工人和貧窮、不平等現象，而自由資本

主義的無序發展更是加劇了社會民眾的苦難，並造成了諸多社會問題，此時的窮困民眾不但需要心靈的幫助，更急需物質的救援，這也成為了救世軍將傳教佈道與慈善公益結合而行的直接原因。

救世軍的信仰基於聖經，服務源於神的愛，使命是傳揚耶穌基督的福音，並奉他的名在不分彼此的原則下去滿足有需要的人。救世軍的基本信仰，即《戰爭條款》（Articles of War）主要有 11 條〔註1〕：

1. 我們相信新舊約聖經，全由聖靈默感而成，並信惟有聖經為基督徒信仰及生活之完全準則。

2. 我們相信只有一位真神，為全能、全智、全善者，並為創造、保守、管理天地萬物之主宰，惟有彼堪為世人當敬拜者。

3. 我們相信神為三位一體，即聖父、聖子、聖靈；同性、同德、同權、同榮。

4. 我們相信在耶穌基督內，神人兩性聯合為一，所以彼為神，亦為人。

5. 我們相信始祖受造之初為無罪，但因違命，遂失其聖潔與快樂，因其墮落，致使人人成為罪人，完全敗壞，按公義當受刑罰。

6. 我們相信主耶穌藉受苦受死，已為全世界樹立救贖，故無論何人，皆可賴以獲救。

7. 我們相信凡願蒙恩者，須先向神悔改，信靠耶穌，蒙聖靈重生。

8. 我們相信得蒙稱義，為本乎恩，又因信主耶穌基督，在信者的心中，均有這樣的見證。

9. 我們相信保守得救地位，在乎不斷的順服及信仰基督。

10. 我們相信所有信徒皆能全然成聖，靈與魂，與身子，得蒙保守，在我主耶穌基督降臨之時，完全無可指謫。

11. 我們相信靈魂永存，肉體復活，世界末日審判，善者受賞得享永福，惡者被罰必受永刑。

由上可知，救世軍的宗教觀點與慈善思想與基督教新教基本一致，並且與其他教會一樣，救世軍也擁有一些基於信仰解釋和目的的標誌特徵，如紅盾、軍徽等，但救世軍更強調個人德行與個人得救。自 1890 年起，所有救世軍成員都必須首先接受這 11 條《戰爭條款》，並在上面簽名。創辦人卜威廉夫婦確立了救世軍以福音事工和社會服務事工的雙重路線，通過傳播福音與慈善公益事

〔註1〕引自救世軍港澳軍區官網 http://www.salvationarmy.org.hk/，2016 年 3 月 15 日。

業來緩解社會底層民眾的精神與物質之苦。「當女人仍在哭泣，如現在一樣，我要戰鬥；當孩子仍然挨餓，如現在一樣，我要戰鬥；當男人仍舊進出監獄，如現在一樣，我要戰鬥；當仍有一個醉漢，當仍有一個可憐少女，迷失於街頭，當仍有一個黑暗靈魂，缺乏上帝之光，我要戰鬥，我要戰鬥到底！」〔註2〕這是卜維廉的格言，它形象地展示了救世軍這個宗教慈善公益組織的任務和目標，也在百年來激勵著全球救世軍將慈善公益事業進行到底。綜上所述，救世軍慈善公益事業的開展既是基督教傳播福音的宗教需要，也是社會歷史發展進程中的客觀需求。

7.1.2　救世軍慈善公益事業的興起及發展演變

救世軍致力於塑造生命、關懷社群和造就信徒，可以說，慈善公益事業伴隨著救世軍組織創辦的伊始便已開始。「我們認為我們使命的兩個方面，即傳播與服務，並不是相互獨立的。我們幫助那些受到傷害的人們並不是為了向他們傳播教義。同時，我們也不會只傳播信念而不一視同仁地提供幫助。」〔註3〕經過一個半世紀的建設與發展，信仰與慈善公益事業相結合的這種綜合性職責已然成為了救世軍的一個顯著標誌，提起救世軍，人們首先想到的就是其高效有序的慈善公益事業，而談到慈善公益事業，也不免將救世軍作為一個成功而又有特色的組織分析一二。

救世軍的國際總部設立於其發源地英國倫敦，主要負責統領全球事工，選舉國際領袖。由於救世軍以慈善公益事業為主，且旗下的組織基本不涉及任何國家的政治政策，在成員吸收上也跨越種族藩籬，所以在世界許多國家和地區發展迅速，與當地政府和其他機構的合作也很融洽。目前來看，在全球 127 個救世軍分布的國家和地區中，美國的救世軍傳播最為迅速和廣泛。救世軍的美國總部設在弗吉尼亞州亞歷山德里亞，是全國軍分區的協調機關，其他四個軍分區分別設立在美國的東部、中部、南部和西部，分區總部分別是紐約、伊利諾伊州德斯普蘭斯、亞特蘭大和加利福尼亞州的巴洛斯弗迪斯。〔註4〕救世軍在美國約有成員 471416 人、教堂 1388 座、牧師 5248 人、

〔註2〕引自救世軍港澳軍區官網 http://www.salvationarmy.org.hk/，2016 年 3 月 15日。
〔註3〕〔美〕羅伯特・A・沃森、本・布朗；彭彩霞、席瑞雪譯，《美國最有效的組織》，北京：中信出版社，2003 年，第 21 頁。
〔註4〕劉澎，《當代美國宗教》，北京：社會科學文獻出版社，2001 年，第 111 頁。

主日學校 1388 所。〔註5〕救世軍在全球的慈善公益事業發展主要歷經三個階段：

第一階段，救世軍的起步階段。此時的社會服務以傳統慈善事業為主，主張愛窮人、向社會的貧弱群體伸出援助之手，在露天佈道活動中既強調拯救他們的靈魂，同時還要滿足他們的物質需要，其舉辦的慈善活動主要就是賑濟貧民，如開設宿舍和施食廠等為流離失所的婦女兒童提供容身之處，為飢餓的難民提供食物。但此時的救世軍也因其非傳統的傳教佈道方式而備受其他教會的非難和指責，社會各界對其存有非議，救世軍尚未被社會完全認可，在組織建設和一些慈善事業的開展上也阻礙重重，難以取得更大的成就。

第二階段，救世軍的國際發展階段。在第一次世界大戰中，救世軍憑藉出色的慈善服務工作為緩解戰爭的苦難做出了突出貢獻，救世軍作為基督教會的成員地位獲得肯定，社會各界也逐漸消除了對其原有的偏見。這個階段的救世軍開始積極向世界各地擴展，其開展的慈善事業也結合當地的需求而有所側重，但仍以傳統慈善事業為主，包括扶助貧民、實施災難救援、完善地區基礎設施建設、開設宿舍、施食廠、醫院、孤兒院、學校等慈善單位。此時，救世軍以「湯、肥皂和救助」聞名於世，組織的發展壯大十分迅速，在國際社會的作用和影響力也愈發強大和深遠。

第三階段，救世軍的現代發展階段。救世軍創始人卜維廉對於組織的使命和目標曾有這樣的描述：「把人從貧民窟拉出來」還不夠，我們還必須「把貧民窟從人心中推出去」。〔註6〕因此，儘管全球社會的發展進入相對和平穩定的新時期，救世軍也依然將信仰與慈善公益事業作為組織工作的重心。隨著社會經濟、文化等各方面的進步，救世軍的社會服務也由傳統慈善事業逐步發展為現代慈善公益事業。概括而言，救世軍的現代慈善公益事業主要分為社會服務類，即為危困中及有需要的人提供適切的援助和服務，讓受助者感受到身、心、靈的全面照顧，如長者服務，康復服務，青年、家庭及社區服務，教育及就業服務、社區計劃、營舍服務等；教育服務類，包括營辦育嬰園、幼兒園、小學、中學、特殊學校等，致力幫助每名接受救世軍照顧的孩子，為適齡學童提供相應教育服務，促進其獲得全面發展；緊急救援類，主要包括災難救援、災後重

〔註5〕 Eileen W. Lindner ed.Yearbook of American and Canadian Churches:Counseling charitable Choice. Abingdon Press, 1998, p.316.

〔註6〕 〔美〕羅伯特・A・沃森、本・布朗，彭彩霞、席瑞雪譯，《美國最有效的組織》，北京：中信出版社，2003年，第26頁。

建以及其他緊急服務；循環再用類，包括開設家品店、組織衣服及物品捐贈、合辦舊衣舊物回收活動等。項目扶助類，如開展小額貸款項目促進農業發展等。現階段救世軍的慈善公益事業類型多樣、內容豐富，為全球百餘個國家和地區帶來福利和方便，促進了當地社會的和諧穩定，備受社會各界的讚賞與鼓勵。

　　綜上所述，救世軍既是廣傳福音的基督教普世教會之一，也是服務社會的國際性宗教慈善公益組織。從組織艱難起步到登上國際舞臺，從傳統慈善事業發展到現代公益事業，救世軍的慈善公益事業既具有百年的悠久歷史，又具備創新求變的活力，既起到了福利社會的作用，又發揮了基督教的積極影響。通過社會服務的方式，救世軍不但促進了組織自身的發展，舒緩了人們在社會生活中的苦痛，而且弘揚和傳播了關愛他人、服務社會、無私奉獻等積極向上的價值觀和社會理念，有助於在社會中形成高尚的道德標準和良好的行為規範。救世軍以幫助他人為使命，其慈善公益事業蘊含著專業性、創新性、制度性、合作性和國際性等諸多特點，既是人們最信任、最成功、成本低而效率高的組織之一，也是全球宗教慈善公益事業發展歷程中的典型成功範例，故而，我們將分門別類的梳理和認識救世軍各類慈善公益事業的發展情況。

7.2　救世軍各類慈善公益事業的發展情況

　　救世軍的存在即是「要彼此相顧，激發愛心，勉勵行善。」〔註7〕為了幫助人們度過生命裏的艱難困苦，救世軍不僅在上帝的旨意下幫助遭受困難的人，如貧困者、蒙受災害的家庭等，更積極鼓勵和號召身邊的愛心人士一起努力、協同合作，將愛與希望作為神賜予的最強有力的工具去幫助和激勵他人、奉獻和回報社會。因此，救世軍的慈善公益事業是結合支持、鼓勵和啟迪人心的事業，主要包含以下幾個方面的內容：

7.2.1　災難救助服務

　　對於救世軍而言，災難救助是其開展最早的也是貫徹至今的慈善公益事業之一。救世軍的災難救助工作始於 1900 年，無論是自然災害、人為災害，還是戰爭衝突，救世軍都努力為受害者提供人道主義的物質支持、精神安撫和心理治療。在救世軍看來，滿足物質需要雖為首要的救助目標，但除了物質之

─────────────

〔註7〕《希伯來書》10：24。

外，安撫痛苦的心靈與疲憊的靈魂同樣是災難救助必不可少的環節。天災人禍的發生形式各樣、規模不同，像 2010 年海地地震、2011 年日本地震、2013 年菲律賓海嘯等成為世界媒體關注的中心和焦點，當地政府、團體、民眾以及世界各地的慈善公益組織包括救世軍紛紛對其展開救助活動。然而，世界上還有一些災難的發生也觸動了成千上萬人的生命，卻並未獲得許多媒體的報導和關注，救世軍對於這類災難的救助與回應程序也是一視同仁，對受災者給予同等的服務與照護。為了給受災者提供更專業、更快速便捷的服務，救世軍成員和志願者會定期舉行緊急服務訓練，包括幫助災民撤離災區，為災民緊急配送食物、衣物、藥品以及其他生活物資，為災民提供信息諮詢服務等各類救災工作。除救世軍國際總部外，其在世界各地的軍區也同樣開展各類災難救助活動，有的軍區不但經驗豐富，還增強了救災配置，據資料記載，「英國救世軍組建了機動部隊，配備了食品、毯子、急救設備、無線電聯絡裝備、發電機等設備，準備隨時出動應對火災、水災、爆炸、化學事故、火車或汽車相撞等事故。」〔註8〕不僅如此，救世軍還成立了專門的災難救援組織——國際緊急救援服務會，該會以確保世界各地被災害和衝突影響的人們有權自己決定生命的尊嚴、沒有歧視地為個人和社區提供滿足其需要和與他人建立良好關係的服務為使命願景。除前期的災難救助外，救世軍國際緊急救援服務會在綜合任務與社區賦權的原則下幫助災民實現自救，提供災後重建、精神撫慰、心理疏導等服務，與災區和災民保持長期和靈活的關係，對災民生活、生產的恢復狀況與災區的恢復重建進行回訪，從而及時調整服務方案，為災區和災民提供最有效的救助服務。百年來，救世軍開展的災難救助活動和服務的人次難以計數，僅以港澳軍區 2010～2015 年間開展的緊急救援及項目重建服務統計為例，五年來該軍區完成的災難救助項目達 81 項，服務人次達五百餘萬。

救世軍港澳軍區 2010～2015 緊急救援及項目重建服務統計表〔註9〕

年　度	項目（個）	服務使用者數目（人）
2010～2011	40	1850873
2011～2012	10	1066805

〔註8〕 孫茹，《救世軍》，《國際資料信息》，2003 年，第 4 期：第 33 頁。

〔註9〕 數據資料整理自《救世軍 2010 年報》、《救世軍 2011 年報》、《救世軍 2012 年報》、《救世軍 2013 年報》、《救世軍 2014 年報》、《救世軍 2015 年報》，下載於救世軍港澳軍區官網 http://www.salvationarmy.org.hk/。

2012～2013	11	1205214
2013～2014	13	112752
2014～2015	7	1251623

以 2010 年我國青海玉樹地震為例，此次地震 7.1 級且餘震不斷，造成了大量人員傷亡，帶來了巨大的經濟損失和社會損失。救世軍在地震發生後第一時間行動起來，有計劃地開展了一系列緊急救援和災後重建工作。首先，救世軍對玉樹災區進行了緊急物資援助。在 4‧14 地震發生後，救世軍購買了炒麵、棉衣、藥品等緊缺救災物資，並於 4 月 20 日運抵玉樹分發給災民。其次，救世軍組織了為玉樹捐款捐物的各項募捐活動。捐贈項目為玉樹災民提供了折疊床 42000 張，以方便災民在救災帳篷中的生活；為曲麻萊縣受地震影響的三所敬老院新建太陽能發電站，解決 149 戶五保供養人員生活用電不便的問題，安裝太陽能熱水器，解決老人日常洗澡的問題；為玉樹縣災民捐贈 700 噸煤，幫助災民尤其是五保供養戶度過寒冷的冬天；為玉樹孤兒學校捐贈 5 噸食用酥油，使得孤兒學校的藏族孩子們能夠有足夠的食物；為玉樹州直屬學校的老師捐贈 550 個火爐，解決老師們缺乏火爐取暖和做飯的問題。最後，救世軍在災後始終協助玉樹災區重建。由於餘震和重建選址的屢次變動，許多災民臨時過渡的帳篷也出現了損毀，救世軍為玉樹部分災民更換破損帳篷。為了幫助受災的老人和五保戶，救世軍援建地震損毀嚴重的青海省稱多縣白塔敬老院，集中安置了 12 位老人；在玉樹縣巴塘鄉修建了文成公主敬老院，集中安置 50 位老人；在雜多縣查旦鄉修建敬老院，能夠集中安置 50 位老人；稱多縣的一所孤兒學校和六所敬老院也遭到不同程度的損毀，救世軍為孤兒和老人購置床、被褥、墊子、過冬民族服裝、爐子以及休閒椅、輪椅、拐杖、生活用品等，幫助其安然度過寒冬。當然，在玉樹地震災難救助與重建的過程中，救世軍派出了心理輔導支持小組，有針對性的為受災民眾開展及時的心理疏導與精神安撫，通過面談與發放自助資料等形式，不僅協助他們重建有形的物質家園，而且還幫助他們恢復心靈的平和與安寧。在災後的幾年間，救世軍從基礎建設、教育培訓、健康衛生、農業生產、社區發展等多方面協助玉樹災區恢復重建，通過一些經濟項目的支持與實施，還幫助當地部分百姓恢復了生計，改善了生活環境。〔註 10〕

〔註 10〕資料整理自《救世軍中國事務部年報 2010～2012》、《救世軍中國事務部年報 2012～2014》，下載於救世軍港澳軍區官網 http://www.salvationarmy.org.hk/。

即使災難突發情況十分緊急，即便災難形態規模大小不一，救世軍的每一項行動和干預都是在「心向神，手助人」這一理念指導下實施完成的，救助活動也在其成熟的邏輯框架下有效進行。目前，救世軍正在協助歐洲當地積極應對難民危機，幫助尼泊爾地震災區重建住房和解決清潔水源等問題，這也從一個側面反映出了救世軍作為宗教慈善公益組織的國際擔當與社會責任。

7.2.2　困難援助服務

對社會中的貧困家庭和貧苦人群的援助是救世軍慈善公益事業的重要內容，引領人脫離貧困與貧苦的最好方式即是「授之於漁」，教人獲得自我提升的方法，獲取內心的安甯喜樂。目前，救世軍的困難援助服務主要圍繞困難家庭、困難地區和困難個人展開。

第一，困難家庭援助。防止跨代貧窮是救世軍開展基層家庭救助服務的最大目標，因為困難家庭要防止的不僅僅是物質供應上的不足，更要重視下一代樂觀正面心態的養成，形成健康的人格，讓孩子們在成長中能看到光明的前景和未來。救世軍對於困難家庭的救助通常從家長和孩子兩個層面展開，再結合各項豐富生動的社區活動，將「受惠者」的角色逐步轉變為「施與者」，促進家長和孩子們之間的良性互動與交流，使整個家庭重拾對生活的信心、對未來的渴望。以救世軍港澳軍區為例，其開展的困難家庭救助項目主要有：

救世軍港澳軍區困難家庭援助項目概覽〔註11〕

項目名稱	服務對象	服務內容
愛家‧友里——家庭支持計劃	欠缺求助動機的家長和潛危家庭	幫助區域內家庭建立鄰舍支持網、增強家庭功能、強化管教技巧、提供就業支持等，協助他們面對生活困難和挑戰。
有你在旁——朋輩家長輔導員訓練計劃	家長	通過專業化的訓練將家長培育為朋輩家長輔導員，而後由其本著義務工作的精神，以同路人角色分享個人經歷，並與受壓的家長一起面對生活困難，給予他們關懷和支持，從而提升他們的抗逆力和促進家庭凝聚力，計劃自2002年推行至今，共培訓超過1500名家長成為朋輩家長輔導員。

〔註11〕資料整理自《救世軍2010年報》、《救世軍2011年報》、《救世軍2012年報》、《救世軍2013年報》、《救世軍2014年報》、《救世軍2015年報》，下載於救世軍港澳軍區官網 http://www.salvationarmy.org.hk/。

快樂拼圖——開心家庭建設區	貧困家庭與困難家長	透過家居重塑和建立可持續發展的鄰舍支持網，協助區域內有需要及貧困的家庭改善家庭關係、促進建立快樂家庭、融合社區的文化，亦協助部分困難家長自力更生、讓他們從義務工作學習基本護老技巧，從而鼓勵他們轉投就業市場，改善家庭生活質量。
傳承愛互助計劃	低收入家庭	提供經濟支持、解決生活困難及強化社區網絡，聯絡區域內小商戶、居民及團體，發掘及推動社區資源扶助貧困家庭，以愛心現金券及物資援助為媒介，帶活動區經濟。
家有玩伴計劃	親子關係較多衝突的基層家庭	社工定期外展採訪，以遊戲啟動親子對話，幫助家庭記錄玩樂回憶，設立溫馨的親子遊樂角，從而舒緩緊張關係，鼓勵正面地處理衝突，促進親子之間的諒解。

　　當然，這類困難家庭救助的計劃還有很多，我們便不一一列舉。但從上述計劃中我們可以發現，救世軍不僅關注如何妥善解決困難家庭的物質困境，如何在保護家庭尊嚴的前提下幫助困難家庭自力更生、重拾希望，而且救世軍也十分重視親子關係、家庭關係、鄰里關係和社區關係的建構，這對於形成健康和諧的社會關係網絡具有積極的促進作用，還能夠讓困難家庭融入在這種社會關係網絡中，獲得良好的互動與支持，對於困難家庭擺脫困窘、轉而以自身經驗來幫助其他困難家庭亦具有非凡的意義。

　　第二，困難地區援助。除了城鎮中的困難家庭救助外，救世軍還格外關注世界上自然資源匱乏、基礎設施不完善、經濟發展水平落後的困難地區。與困難家庭援助的理念一樣，救世軍對困難地區的援助也是因地制宜地制定脫困規劃，配合全方位、多角度的發展項目和計劃，旨在從根源上緩解困難，並最終消除。我們以救世軍在我國內地的幾個省所開展的困難地區援助項目與計劃為例〔註12〕：

　　1. 基礎設施建設。救世軍在我國內地最主要的一項工作即為興建與完善公共基礎設施，以修建和完善學校、清潔飲用水、道路、橋樑等為主，改善困難地區居民的生活質量。2010 年，救世軍在我國內地完成 8 個基礎建設項目，包括 3 間新建學校，為 2 間學校提供配套設施，以改善當地的教育環境，還有

〔註12〕資料整理自《救世軍 2010 年報》、《救世軍 2011 年報》、《救世軍 2012 年報》、《救世軍 2013 年報》、《救世軍 2014 年報》、《救世軍 2015 年報》，下載於救世軍港澳軍區官網 http://www.salvationarmy.org.hk/。

3 項飲用水工程，解決了當地幾千人的飲水需要；2011～2012 年，救世軍完成 4 個基礎建設項目，包括於廣西及河南新建 3 所小學，為廣西 1 間小學興建洗手間及太陽能電熱浴室設備，以改善學習環境，還在甘肅援建嘉陵衛生院的醫科技術樓，雲南西疇縣上海村新建飲用水設施，甘肅縣興建水泥橋，以改善農村居民的生活質量；2012～2013 年，救世軍完成多個基建項目，包括在河南省洛寧縣、雲南省景洪市和雲南省江川縣修建供水設施，在河北省大城縣推出飲水項目，為超過 13000 名村民提供清潔飲用水，於河南省宜陽縣二道溝小學和伊川縣溫溝小學興建教學樓，為近 400 名師生提供安全舒適的學習和工作環境；2013～2014 年，救世軍在四川省梓潼縣三泉小學修建水塔，並通過種植樹木及草地綠化校園，改善校園環境，為三泉小學的附屬幼兒園捐贈棉被、床單、枕頭等床上用品，完善兒童住宿環境；2014～2015 年，救世軍與雲南省龍陵縣龍新鄉蚌渺社區當地政府和社區合作，修建人畜飲水系統，保障 11 個村民小組及附近 1 所小學共 1939 人的飲水安全。

　　2. 創收產業建設。因地制宜地推動和鼓勵發展創收產業是救世軍困難地區援助的又一項重要舉措。在雲南省怒江州，救世軍推行「種桑養蠶項目」，幫助當地婦女就業，減少沒有明確目的地便往外闖的情況，降低了婦女被拐騙的風險，截至 2013 年底，共有 294 戶家庭參加了該項目，桑樹種植面積達 1016 畝，有 1000 人接受了種桑養蠶的培訓；在河南省洛陽市洛寧縣、孟津縣、偃師縣及新安縣，救世軍開展「貧困果農技術培訓項目」和「河南省婦女果樹種植培訓項目」，旨在兩年半內為 100 名貧困婦女開展果樹栽培技術培訓，內容包括課堂和田間培訓，以幫助婦女提高果樹種植技術、增加經濟收入、建立信心，並持續推進社會對婦女社會地位和經濟地位的認同與關注；在四川省羅江縣吳家陵村，救世軍推行「經濟林種植項目」，向全村近 1500 人派發水果樹苗、肥料，開設種植培訓班，幫助村民培植中華紅心柚，經由三年來果樹專家的精心指導和村民的悉心照顧，果樹於 2012 年首次結果，為每戶帶來約 1000 元收入，而後果樹產量大增，使每戶收入增加至約 6000 元，村民無需外出打工便可維持生計。

　　3. 小額信貸項目。該項目主要是救世軍通過小額信貸的形式幫助村民發展種植業、養殖業等。目前，救世軍在雲南省隴川縣、西疇縣和貢山縣、四川省 2 個縣、7 個村均覆蓋有小額信貸項目，以改善村民的經濟收入。以貢山縣為例，救世軍港澳軍區雲南項目辦事處與貢山縣婦聯、貢山縣茨開鎮人民政府

合作開展小額信貸項目，資助茨開村村民種植草莓和山藥，並適時提供相關農業技術培訓，組織農戶經驗交流活動，以助當地村民增強農業生產、提高管理能力、增加經濟收入。

　　4. 社區綜合發展。社區綜合發展項目是救世軍結合當地社區發展的具體情況制定的包括基礎設施建設、創收產業建設以及小額信貸等多重內容的綜合發展項目，旨在為有需要的地區進行建設發展、改善村民生活，目前主要在四川省、雲南省、青海省和北京市開展實施。

救世軍中國內地 2010～2014 社區綜合發展項目一覽表〔註13〕

項目名稱	項目地點	援助機構	受益人數
星紅村社區主導發展項目	雲南省隴川縣星紅村	救世軍澳大利亞東部地域 救世軍瑞典與拉脫維亞地域	336 人
怒江預防婦女兒童被拐賣項目	雲南省怒江州	救世軍英國及愛爾蘭共和國地域 救世軍瑞典與拉脫維亞地域	9465 人
貴德婦代幹部培訓項目	青海省貴德縣	碧明德	406 人
北京打工婦女關愛項目	北京市	救世軍加拿大及百慕大地域婦女事工	500 人
爾拖村農村社區綜合發展項目（2010～2012）	四川省美姑縣爾拖村	救世軍英國及愛爾蘭共和國地域 救世軍澳大利亞東部地域	135 戶
爾拖村社區綜合發展項目（2012～2014）	四川省美姑縣爾拖村	救世軍港澳軍區	408 人
清泉村農村綜合發展項目	四川省梓潼縣清泉村	救世軍加拿大及百慕大地域婦女事工	1386 人
允宋河村社區發展項目	雲南省隴川縣允宋河村	救世軍澳大利亞東部地域	495 人

　　以雲南省隴川縣允宋河村社區發展項目為例，該項目旨在改善允宋河村衛生條件，幫助當地家庭從事生產創收活動，減少允宋河村的困難程度。項目的具體內容包括：援助修建沼氣池、衛生豬圈和廁所；設立小額信貸基金幫助農戶生產創收；使用沼氣及節能爐具，有效保護環境。截至 2014 年 3 月，救

〔註13〕數據資料整理自《救世軍中國事務部年報 2010～2012》、《救世軍中國事務部年報 2012～2014》，下載於救世軍港澳軍區官網 http://www.salvationarmy.org.hk/。

世軍在當地共建成了 38 個沼氣池、46 個廁所、37 個豬圈；22 戶農戶使用了小額貸款；受益人數達 495 人。〔註 14〕

通過以上項目我們可以發現，救世軍對於困難地區的救助絕非簡單的物質援助與金錢支持，而是結合當地的發展狀況制定科學合理的規劃，在幫助完善基礎設施的同時，教授居民可持續創收的方法，並從啟動資金上予以扶持，真正從長遠上改善居民生活，提升農村經濟可持續發展水平，促進農村社區的發展。

第三，困難個人援助。對於困難個人，尤其是特殊群體，如留守兒童、單親媽媽、吸毒人群、艾滋病人群、無家者、失足少女等的援助是救世軍慈善公益事業的重要內容。目前，救世軍開展的困難個人援助主要包括：為留守兒童開展駐校社工項目，幫助留守兒童面對成長過程中的個人、學業和家庭困難，確立自我形象和發揮個人潛能；為農村婦女兒童開展預防拐賣和婦幼保健的知識培訓，防止農村婦女兒童被拐、受騙，獲得正確的身心保健知識；為少數族裔權力保護、婦女兒童權益保護、勞工就業與權力、青少年犯罪預防和社區民事調節等提供法律諮詢服務；為單親媽媽提供育兒課程和子女日托服務；為失業人員提供職前培訓、認可資歷架構課程和全職見習就業職位；為無家可歸的流浪漢、失足的青春期少女等人群提供緊急住所和救助服務等。由於服務類型多樣，內容豐富，在此僅以無家者的援助服務為例進行詳細介紹。

營舍服務是救世軍為無家者提供的專業化服務，該服務不僅旨在解決無家者的住所需求，還要幫助他們解決造成無家可歸的根本原因，協助他們重新開始自立的生活。通常而言，無家者往往伴隨著貧窮、疾病、酗酒、吸毒等困難或惡習，營舍服務在為其提供溫暖乾淨的安置住所後，便會有工作人員與其溝通交流，明確他們的當下需求與困難癥結所在，從而制定相應的計劃，通過各類項目幫助其獲得開始新生活的技能。不僅如此，救世軍與本地的住房機構也密切合作，幫助重新開始的無家者找到永久性住房。據統計，1997 年，全球救世軍的 800 多個收容所安置了 38000 名無家可歸者。〔註 15〕在美國，救世軍在 50 個州設有約 100 個成人安置所，每年服務幾萬人。2010～2015 年間，救世軍港澳軍區的營舍服務人次近 14 萬。

〔註 14〕資料整理自《救世軍 2013 年報》、《救世軍 2014 年報》，下載於救世軍港澳軍區官網 http://www.salvationarmy.org.hk/。

〔註 15〕孫茹，《救世軍》，《國際資料信息》，2003 年，第 4 期：第 33 頁。

救世軍港澳軍區 2010～2015 營舍服務統計表〔註16〕

年　　度	入住人數（人）
2010～2011	24459
2011～2012	25489
2012～2013	30195
2013～2014	30195
2014～2015	26177

　　以救世軍港澳軍區的營舍服務項目〔註17〕為例，「無窮健康列車——露宿者流動服務站」是香港首個以外展車提供無家者綜合服務的計劃，由香港公益金資助，由救世軍自資購置外展車。服務站的服務包括：「醫護天使」，由醫生、護士組成義工隊，在街頭為無家者進行體檢及診治；「有營密密送」，為露宿者送上健康食物；「輔導計劃」，源於英國之介入模式，提升露宿者改善生活動力；「夜行守護者」，由社區人士組成義工隊服務露宿者；「動・漢子」，由露宿者及曾露宿者組成義工隊，為有需要人士提供搬屋、家居清潔和小型裝修服務；「流動信息站」，為露宿者提供各種最新信息和社會資源；「生・活」，露宿及貧窮體驗工作坊。除了流動服務站的項目外，救世軍還為無家者推出了「足球計劃」項目，以填補物質援助只能解決其生理需要的空白，該項目為無家者提供足球訓練機會，通過足球運動的形式增進無家者之間的溝通交流與協同合作。「漢子特工隊」是救世軍成立的一支由露宿者及曾經露宿的人士組成的義工隊，主要為貧困家庭和獨居老人提供服務，義工服務為露宿者反饋社會和自我肯定提供了一個渠道，讓露宿者從中學到與人溝通的技巧，增強解決問題的能力，從而實現自我認同，提升自身的競爭力與工作動力。除了幫助無家者外，救世軍還將處於經濟困境的中年男士列入幫助的對象，制定「城中漢子計劃」，主要協助中年男士和無家者，通過工作技能培訓、康體活動、職業配對、義工活動及輔導等，提升他們的自尊感，強化他們參與社區的動機，為重新投入工作做好準備。

〔註16〕數據資料整理自《救世軍 2010 年報》、《救世軍 2011 年報》、《救世軍 2012 年報》、《救世軍 2013 年報》、《救世軍 2014 年報》、《救世軍 2015 年報》，下載於救世軍港澳軍區官網 http://www.salvationarmy.org.hk/。

〔註17〕資料整理自《救世軍 2010 年報》、《救世軍 2011 年報》、《救世軍 2012 年報》、《救世軍 2013 年報》、《救世軍 2014 年報》、《救世軍 2015 年報》，下載於救世軍港澳軍區官網 http://www.salvationarmy.org.hk/。

綜上所述，救世軍的困難援助服務具備明確的指導原則和援助目標，以及成熟完整的服務體系，本著基督教奉獻與服侍的精神，救世軍以保障人格尊嚴與實現自我認同並重，將物質救助與精神救助相結合，幫助身處困境的民眾、家庭和地區積極面對困難、重燃生活希望，這對於調整社會資源配置和促進社會和諧穩定具有積極的推動作用。

7.2.3 基層教育服務

基督教素來有教會辦學的傳統，教育亦是慈善公益的重要表達形式，因此，救世軍在部隊所及的國家和地區大多開辦有不同類型的教會學校，學校校長通常由救世軍總指揮直接委任，教會學校不但為各年齡階段的學生提供專業的教育服務，還肩負著宣揚救世軍教義、給予學生與教師靈性關懷的職責。同時，救世軍還推出基層教育服務項目，幫助存在教育困難的個人、家庭和地區。

第一，學校教育。救世軍的教育體系完整，學校類型全面，涵蓋了嬰幼兒日托和照護，如為嬰幼兒提供高質量的服務，開展有利身體、大腦和精神發育的活動，並在許多社區開展寄養和收養服務的救世軍日托中心、育嬰園和托兒所等；幼兒教育，如開展對幼兒身體和認知、情感、性格等方面有積極影響的活動，引導幼兒健康快樂成長的幼兒學校、幼兒園等；初等教育和中等教育，即傳授知識、培養德行、塑造品格的各小學、初中和高中等；高等教育，即專門培養人才、科學研究和服務社會的大學，如卜維廉大學等。除此之外，救世軍還開設有特殊教育學校，如香港的救世軍石湖學校，即為殘疾兒童和青少年提供特別設計的課程，幫助他們開發潛能、增長知識、完善人格、獲得技能，成為能夠適應社會的、並對社會有用的人；救世軍軍官培養學校，如美國救世軍克萊斯蒙學院，即以開發男性和女性在知識、技能、精神和人格方面的能力，確保他們能夠勝任救世軍軍官在西部的任務，學院提供救世軍軍官結業證書，以及政府部門服務的專科學位；當然，救世軍還開設圖書館、短期培訓中心等教育單位。據統計，1997 年，救世軍在全世界開辦了 202 個兒童之家、481 個托兒所、5 個假日之家、66 個新鮮空氣夏令營、508 個俱樂部和遊樂中心，每年給 20000 名兒童送去歡樂和幸福；開辦了 1505 所小學和初中，在校學生 30 萬；還開辦了 32 所家政和貿易學校，在校學生 3600 名。〔註18〕以救世軍港

〔註18〕孫茹，《救世軍》，《國際資料信息》，2003 年，第 4 期：第 34 頁。

澳軍區為例，目前該區共有教育單位 33 個，平均每年的教育服務人次約 7000
人，2010 至 2015 年間的教育服務人數達 36000 人。

救世軍港澳軍區 2014～2015 年度教育服務統計表〔註 19〕

項　目	單位數目（個）	服務使用者數目（人）
育嬰園	2	44
幼兒學校	17	2051
幼兒園	8	2090
小學	4	2276
中學	1	515
特殊學校	1	209
總計	33	7185

救世軍港澳軍區 2010～2015 教育服務統計表〔註 20〕

年　度	單位數目（個）	服務使用者數目（人）
2010～2011	32	7347
2011～2012	32	7315
2012～2013	33	7230
2013～2014	33	7081
2014～2015	33	7185

與一般的社會學校相同，救世軍的學校除了提供專業的教育服務外，還會
開展各類啟迪師生的、豐富多彩的活動。在港澳軍區〔註 21〕，救世軍的教育單
位組織了如交流參觀活動，2010 年，6 所救世軍小學和中學師生分別到新加
坡、中山和廣州交流及學習，參觀當地學校及社會設施，部分同學還到上海參
觀世界博覽會；運動競技活動，2010 年 11 月 5 日，救世軍石湖學校兩名老師

〔註 19〕 數據資料整理自《救世軍 2014 年報》、《救世軍 2015 年報》，下載於救世軍港
澳軍區官網 http://www.salvationarmy.org.hk/。
〔註 20〕 數據資料整理自《救世軍 2010 年報》、《救世軍 2011 年報》、《救世軍 2012 年
報》、《救世軍 2013 年報》、《救世軍 2014 年報》、《救世軍 2015 年報》，下載
於救世軍港澳軍區官網 http://www.salvationarmy.org.hk/。
〔註 21〕 資料整理自《救世軍 2010 年報》、《救世軍 2011 年報》、《救世軍 2012 年報》、
《救世軍 2013 年報》、《救世軍 2014 年報》、《救世軍 2015 年報》，下載於救
世軍港澳軍區官網 http://www.salvationarmy.org.hk/。

和 17 名學生參加第 34 屆香港特殊奧運會室內賽艇比賽，師生共奪得 3 枚金牌、3 枚銀牌和 5 枚銅牌；學生獎勵及遊學活動，2014 年，卜維廉中學 8 位成績優異的學生獲得獎學金，在救世軍教育服務部和卜維廉大學的協辦下，參加了加拿大英語學習及生活體驗計劃，兩位卜維廉中學教師也在當地接受專業培訓，學習當地的課堂教學模式；文藝匯演嘉年華活動，2010 年 12 月 11 日，卜維廉中學於慈雲山中央遊樂場舉行嘉年華會，設置 30 個與通識教育、德育及公民教育、環境保護和其他學習經歷有關的遊戲攤位，為區內家庭帶來教育與歡樂，教育局、黃大仙區議會、黃大仙小學校長會、社區組織和 220 名學生出席活動，以示支持；生活體驗類活動，2012 年，卜維廉中學商科學會在觀塘康寧道擺設年宵攤位，以豐富學生們的學習體驗，校長和老師指導學生們如何制定市場策略，以及定價、擺設攤位、宣傳和銷售等營銷方法，寓教於做；教學經驗交流與培訓活動，2011 年救世軍舉辦了「幼兒教師專業成長路」座談會，讓就讀幼兒教育的應屆畢業生了解救世軍的教育理念及救世軍幼兒教師的專業階梯，同時也解答了他們對服務的提問。此外，救世軍還分別舉辦了行政人員退休營、工作坊、教職員培訓活動等，提升教職員的工作技巧，加強教職員傳播和實踐救世軍的教育理念。

　　與一般的社會學校不同的是，救世軍的學校均努力推廣「生命教育」，即以多樣化的活動讓學生認識上帝，培養學生良好的品格。救世軍的學校和部隊舉行福音雙周活動，讓學生通過參與活動，思考生命的意義。2010 年港澳軍區的活動中即有超過 100 位學生參與並接受基督的信仰，願意遵循基督的教導，豐富生命的靈性，活出聖潔的人生。救世軍的教育單位在港澳軍區不僅通過教育局的質素考核，教育服務獲得正面評價，而且備受學生、家長及社會民眾的支持與讚揚。2013 年，救世軍石湖學校還在香港國際啟發潛能教育週年大會頒獎典禮上獲得「國際啟發潛能教育學校成就」大獎。

　　第二，基層教育及就業服務。除了由學校提供教育外，救世軍的教育服務部還專門制定了各類教育及就業服務項目，以填補學校教育服務的空缺，滿足不同學生群體的需求。教育及就業服務項目內容豐富、形式靈活，其實施既可依託學校，又可依託社區及其他社會資源。我們以救世軍港澳軍區為例〔註22〕：

〔註22〕 資料整理自《救世軍 2010 年報》、《救世軍 2011 年報》、《救世軍 2012 年報》、《救世軍 2013 年報》、《救世軍 2014 年報》、《救世軍 2015 年報》，下載於救世軍港澳軍區官網 http://www.salvationarmy.org.hk/。

　　「中國兒童及青年教育計劃」是救世軍專為中國的基層兒童和青年打造的教育服務計劃，通過向貧困家庭的學生提供助學金或獎學金，以及其他物質資助的形式，如贈送學習用品、添置生活用品等，幫助他們接受並盡量完成小學、中學及大學教育，緩解他們的家庭經濟壓力，用教育引領兒童及青年邁向更璀璨的未來。目前，該項目已在我國廣西、雲南、四川、山東、河南、內蒙古和青海這七個省份中開展。2010 年，救世軍總共資助了 4306 名貧窮學生上學；2011～2012 年，救世軍共資助了 3865 名貧窮學生上學；2012～2013 年，救世軍共資助了約 2700 名貧困學生上學。

救世軍中國兒童及青年教育計劃概覽〔註23〕

項目名稱	項目地點	援助機構	受益人數
梧州中國兒童及青年教育計劃	廣西壯族自治區梧州市	救世軍港澳軍區	145 人
昭平中國兒童及青年教育計劃	廣西壯族自治區昭平縣	救世軍港澳軍區	165 人
西林中國兒童及青年教育計劃	廣西壯族自治區西林縣	救世軍港澳軍區	867 人
鎮康中國兒童及青年教育計劃	雲南省鎮康縣	救世軍港澳軍區	943 人
西疇中國兒童及青年教育計劃	雲南省西疇縣	救世軍港澳軍區	108 人
貢山中國兒童及青年教育計劃	雲南省貢山縣	救世軍港澳軍區	1223 人
隴川中國兒童及青年教育計劃	雲南省隴川縣	救世軍港澳軍區	178 人
漾濞中國兒童及青年教育計劃	雲南省漾濞縣	救世軍港澳軍區	495 人
美姑中國兒童及青年教育計劃	四川省美姑縣	救世軍港澳軍區	761 人
費縣中國兒童及青年教育計劃	山東省費縣	救世軍港澳軍區	120 人
內蒙古中國兒童及青年教育計劃	內蒙古自治區興和縣	救世軍港澳軍區	79 人
嵩縣中國兒童及青年教育計劃	河南省嵩縣	救世軍港澳軍區	99 人
洛寧中國兒童及青年教育計劃	河南省洛寧縣	救世軍港澳軍區	100 人
衡水中國兒童及青年教育計劃	河南省衡水縣	救世軍港澳軍區	99 人
青海大學生獎學金及社會實踐計劃	青海省西寧市	碧明德	228 人
湟中二中貧困學生獎學金項目	青海省西寧市湟中縣	碧明德	30 人
青海貧困女童救助項目	青海省貴德縣	碧明德	80 名女童
河東、常牧學校體育設施援建項目	青海省貴德縣	碧明德	2894 人

〔註23〕數據資料整理自《救世軍中國事務部年報 2010～2012》、《救世軍中國事務部年報 2012～2014》，下載於救世軍港澳軍區官網 http://www.salvationarmy.org.hk/。

　　為了推動基層教育與就業服務的實施，救世軍專門打造了多項學習計劃，並聯合社區、政府和社會各界，為不同需求的人群提供專業服務。

救世軍基層教育及就業服務計劃項目概覽〔註24〕

項目類型	項目名稱	服務對象	服務內容
基層教育項目	共創孩童夢——利奧希望之旅	基層貧困兒童	該項目由利奧集團香港有限公司資助、「社會福利署夥伴倡自強」自主配對支持、救世軍於各兒童及青少年單位推行，通過為貧困兒童配對導師，並以師友方式為他們提供成長輔導和生活支持的方式，提升學習生活英語的動機和能力，鼓勵他們接觸社區、擴展他們的生活圈子，從而增強他們的生活體驗，建立未來成長的希望。
	上網學習支持計劃	香港屯門區內就讀小學、中學等低收入家庭學生	2011 年起推行的為期五年的教育服務項目，為區內貧困生提供廉價的計算機選購、上網服務、計算機技術支持服務、學生及家長培訓等，減輕數碼鴻溝對學習帶來的負面影響。同時，該項目還為家長和學生提供電子學習的小組和活動，並致力於推廣正確及安全使用計算機及互聯網的態度。
	i-buddy 社區數碼融合計劃	因貧窮和低學歷而無法得到學習機會的家庭、兒童及青少年	舉辦基礎和高級計算機課程、設立遠端遙控技術和網頁，增進他們的信息科技知識，幫助他們融入社會。
就業服務項目	走出我天地	15 至 29 歲領取綜援的青年	該項目為受助青年提供動機提升訓練、工作配對、工作實習、工作實現、短期經濟援助等服務，還為他們及其家人進行職前輔導、在職訓練等服務，幫助他們投入職場或繼續升學，鼓勵他們自力更生，開創豐盛的人生。
	自力更生綜合就業援助計劃	身體健全的綜援受助人及領取綜援的單親家長和兒童照顧者	2013 年 1 月 1 日推行至 2015 年 3 月 31 日，主要為提供一系列的綜合就業援助服務，以消除他們的就業障礙、增強受雇能力，從而自力更生。

〔註24〕資料整理自《救世軍 2010 年報》、《救世軍 2011 年報》、《救世軍 2012 年報》、《救世軍 2013 年報》、《救世軍 2014 年報》、《救世軍 2015 年報》，下載於救世軍港澳軍區官網 http://www.salvationarmy.org.hk/。

	師徒配	18 至 30 歲就業困難的青年	該項目通過救世軍與商界夥伴機構的緊密協作，為受助青年提供職前及為期三個月的試工支持，強化他們的就業動機及能力，為未能成功就業的青年奠定基礎。
	Smart Mentorship Scheme	18 至 30 歲就業困難的青年	該項目提供三個月有薪全職見習就業，由具有豐富經驗和工作技能及耐性的公司資深職員擔任「導師」並分享經驗，以及註冊社工的專業輔導，協助提升青年的就業力、自信心和競爭力。據統計，2013 年共有 41 位青年通過該項目在就業市場中持續就業；2014 年共有 48 位青年參加該項目，超過 76% 的參加者完成就業計劃。
	McCafé 咖啡專才	有意向成為咖啡調配師的年輕人	由勞工處、麥當勞有限公司及救世軍聯合舉辦的咖啡培訓課程項目。

　　當然，救世軍除了制定和實施教育服務項目外，還在每年舉辦專門的「雇主感謝禮」，感謝曾支持救世軍基層教育項目和就業服務項目的的機構單位，感恩他們為了幫助弱勢青年投入社會、鼓勵和包容青年人的不足，耐心地向他們傳授職場經驗。2013 年和 2014 年，分別有 289 和 263 間公司收到救世軍致送的感謝狀。通過一系列教育服務項目的開展，救世軍港澳軍區每年服務近萬人，為貧困的基層學子和就業困難的青年提供了有力的扶持和幫助。

救世軍港澳軍區 2010～2015 基層教育及就業服務人數統計表 [註25]

年　　度	教育及發展中心（個）	青年職前培訓服務（次）	總計（人）
2010～2011	6988	1081	8069
2011～2012	7517	962	8479
2012～2013	7365	631	7996
2013～2014	7365	631	7996
2014～2015	12083	1112	13195

〔註25〕數據資料整理自《救世軍 2010 年報》、《救世軍 2011 年報》、《救世軍 2012 年報》、《救世軍 2013 年報》、《救世軍 2014 年報》、《救世軍 2015 年報》，下載於救世軍港澳軍區官網 http://www.salvationarmy.org.hk/。

綜上所述，救世軍的基層教育服務以「基督化、專業化」為目標，不但重視傳授知識、培養人才和培育品格，而且十分注重豐富學生生命的靈性，引導學生建立和諧互助的社群關係。作為慈善公益事業的重要組成部分，救世軍將學校教育與教育服務項目有機結合，既能夠為教育單位覆蓋到的廣大學生群體提供普遍的教育服務，又能夠為偏遠地區的貧困學子和困難青年提供支持和幫助，協助他們實現接受教育、完成學業和獲得就業機會的願望。

7.2.4　社區醫護服務

「只要救世軍依然存在，它就在世界上一些最有需要的地區開辦醫院和診所，直到今天為止仍然如此。」〔註26〕這是救世軍在國際開展醫護服務的原則和目標，也是百年來救世軍醫護慈善公益事業的縮影。救世軍致力於為人們提供有效的、有影響的、可持續的醫護服務，主要有社區醫療、社區康復護理、保健和關懷四項內容。

第一，社區醫療事業。救世軍旨在為人們提供全面的、高質量的醫療衛生服務，並且優先考慮窮人和被邊緣化的社會成員。目前，救世軍已在全球 126 個國家和地區，通過 15000 多座教堂和部隊與當地社區合作的形式為社會民眾提供醫療服務，而這些照顧、支持和服務都歸當地社區所有，救世軍則積極鼓勵和配合社區對民眾健康問題作出回應，幫助社區增加醫療衛生及照顧服務，增強和發展社區的醫護能力。除此之外，國際衛生服務是救世軍國際總部計劃資源部的一部分，即支持和鼓勵救世軍在世界各地開展衛生服務的發展，並影響當地和國際夥伴關係的發展。目前，救世軍已在 39 個國家推行 183 項健康計劃，專注於醫療保健和疾病預防的工作，包括 23 家綜合性醫院、150 多家診所和衛生室。其中，社區健康發展計劃是救世軍開展的一項為人們提供艾滋病檢測、肺結核、糖尿病、傳染病、眼疾、精神病、麻風病、高血壓、心臟病、婦幼保健等醫療服務的計劃。據保守估計，目前約有七至八百萬人專門參加了救世軍的社區健康發展計劃。同時，救世軍還推出一項適配的教育計劃，即培養具有專業醫療服務技能和經驗的、並且做出發展承諾的、全面的基督教醫療衛生工作者，為救世軍高質量醫療事業的開展配備人力資源。〔註27〕因此，救世軍的醫療事業區別於一般的社會醫療事業，在開設不同規模的醫療機

〔註26〕引自救世軍國際官網 http://www.salvationarmy.org/，2016 年 4 月 5 日。
〔註27〕數據引自救世軍國際官網 http://www.salvationarmy.org/，2016 年 4 月 7 日。

構如綜合性醫院、診所和衛生室的同時，救世軍還十分注重將醫療資源與社區資源相結合，為社會民眾提供高質量的社區健康服務，提升社區的綜合醫療水平和救護能力。同時，對於困難群體和社會邊緣群體的醫療救助與衛生服務給予優先考慮，也彰顯了救世軍醫療事業的奉獻與侍奉精神，突出了其慈善公益的特點與內涵。

　　第二，社區康復護理事業。救世軍為殘障人士提供特殊的康復與護理服務，致力於提升殘障人士的自我照顧能力，並為他們提供機會發展才能，幫助他們融入社區、走進社會。救世軍的殘障護理與康復服務由來已久，所服務的全球殘障人士也不計其數。以港澳軍區為例，2010～2015 這五年間，使用救世軍各類康復服務的殘障人士約有 4 萬人。

救世軍港澳軍區 2010～2015 康復服務統計表 [註28]

年　　度	單位數目（個）	服務使用者數目（人）
2010～2011	13	1866
2011～2012	12	2051
2012～2013	12	2561
2013～2014	12	3522
2014～2015	11	31176

　　在康復與護理服務內容上，救世軍根據受助對象的不同需求，結合社區、學校、家庭等制定相應的計劃，主要包括提供住宿、社區展能、職業康復服務及家庭支持等內容，如下圖所示，救世軍港澳軍區的康復服務包含五大類項目，每類項目中又包含了多個具體的計劃。 [註29]

〔註28〕 數據資料整理自《救世軍 2010 年報》、《救世軍 2011 年報》、《救世軍 2012 年報》、《救世軍 2013 年報》、《救世軍 2014 年報》、《救世軍 2015 年報》，下載於救世軍港澳軍區官網 http://www.salvationarmy.org.hk/。
〔註29〕 資料整理自《救世軍 2010 年報》、《救世軍 2011 年報》、《救世軍 2012 年報》、《救世軍 2013 年報》、《救世軍 2014 年報》、《救世軍 2015 年報》，下載於救世軍港澳軍區官網 http://www.salvationarmy.org.hk/。

救世軍港澳軍區 2014～2015 年度康復服務概覽〔註30〕

項　目	單位數目（個）	服務使用者數目（人）	服務對象	服務內容
社區展能服務	3	408	香港筲箕灣、德田和荔景院社區的殘障學童	殘障學童教育、藝術學堂及藝能發展等服務，如幫助自閉症學童就讀香港主流學校，為自閉症學生提供結構化小組訓練及人際關係支持，開展「社區共融藝術學堂計劃」等。
綜合職業康復	1	347	殘障人士	服務在香港已開展達 25 年之久，提供多元職業康復服務、就業培訓以及一些適當崗位，注重對殘障人士藝術與體育能力的開發，幫助殘障人士增強自信，融入社會。
傷殘人士宿舍	3	210	傷殘人士	長康社區展能暨宿舍服務、恒安宿舍和荔景院三所單位平均每年大約接納兩百餘名傷殘人士住宿，幫助他們解決短期的住宿困難，並為他們提供相應的照護服務。
傷殘人士在職培訓計劃	3	63	傷殘人士	提供技藝的學習規劃與課程，或由傷殘學員與社會大眾一起分享和創作，如「攜手同創彩虹橋——紗織藝術發展計劃」「伴我夢飛翔計劃」等活動，加強傷殘人士與社會大眾的交流溝通，加深雙方的認識與理解，從而推動傷健共融。
家庭支持特別計劃	1	30148	殘障和自閉症人士	1.「救世軍結伴行計劃」是專門為殘障和自閉症人士提供的「到戶式」和「離戶式」服務，該服務已開展近十年，服務人數眾多； 2.「燃・晴計劃——智障／自閉症人士緊急家庭支持服務」為有需要的人士和家庭提供支持，並協助他們建立朋輩支持網絡，鞏固家庭之間的互動；

〔註30〕數據資料整理自《救世軍 2014 年報》、《救世軍 2015 年報》，下載於救世軍港澳軍區官網 http://www.salvationarmy.org.hk/。

			3.「自閉症人士家庭支持計劃」為 14 歲或以下低收入自閉症兒童及家庭提供服務，協助自閉症兒童提升在成長方面所需的技巧、強化家庭在照顧自閉症兒女時的知識及技巧，以及提升應對壓力的方法；
			4.「天倫家庭及兒童發展中心」專門為有特殊需要的兒童及家庭提供一站式服務。
總計	11	31176	

第三，社區保健。救世軍的社區保健主要包括疾病檢測與預防、精神紓解、心理輔導以及成人康復等內容。在疾病檢測與預防方面，救世軍的醫療單位不但為人們提供疾病的檢測服務，而且還經常單獨或與其他慈善公益組織、醫療機構合作，開展傳染病預防的培訓和宣傳活動，例如救世軍曾與北京紅絲帶之家的志願者培訓中心合作，共同到河南省柘城劉莊、王肇村培訓艾滋病感染者，講授《艾滋病基礎知識培訓》、《如何應用抗艾滋病藥物》等內容；在精神紓解與心理輔導方面，救世軍十分重視人們的內心孤獨問題，尤其是在醫療單位、康復中心、孤兒院、養老院等機構中的特殊群體，以及現代社會中的上班族、異鄉客等群體，他們的心理健康問題值得關注，因此，救世軍開展了機構探訪活動，並成立了「同情聯盟」、「醫護天使」等組織，由救世軍軍官、士兵和義工定期探訪患病者、無家者、孤兒、老人等有特殊需要的群體，幫助他們緩解精神壓力、紓解心理癥結，值得一提的是，救世軍的這種探訪活動已有一百多年的歷史；在成人康復方面，救世軍與扶輪社、共濟會等組織一樣，開設有男子俱樂部和成人康復中心，男子俱樂部定期組織成年男子聚會，開展演講、討論、會餐、音樂欣賞等活動，促進大家的交流與分享，成人康復中心則為遇到生活難題的成年男女提供住宿、餐食和心理輔導等服務。據統計，1997 年，救世軍在全世界設立了 370 個職業和工業中心，為 2000 人提供服務。〔註31〕

　　第四，臨終關懷。臨終關懷是對人的安寧照顧與善終服務，英國倫敦是世界臨終關懷醫院的發源地，早在 1967 年，英國人桑德斯（Damecicely saunders，1918～2005）就創立了聖克里斯多弗臨終關懷醫院（St. Christopher Hospice），

〔註31〕孫茹，《救世軍》，《國際資料信息》，2003 年，第 4 期：第 35 頁。

並被譽為「點燃了世界臨終關懷運動的燈塔」。〔註32〕而縱觀全球的臨終關懷機構，基本上都具有宗教背景，其中具備基督教背景的又占多數。救世軍也設有自己的臨終關懷機構，並從多個角度開展和完善臨終關懷事業。目前，救世軍既設有專門的臨終關懷機構，如救世軍扶輪善終中心（Salvation Army Rotary Hospice），還在很多醫院中設立專門的安寧病房、關懷癌症末期病房，以及在養老院中設立安息所等。臨終關懷的服務人員通常由醫生、護士、救世軍的長官、士兵和義工等組成，為患者及其家屬提供生理、心理、社會和靈性的全方位支持與照顧，引導他們通過基督教的世界觀去認識死亡的詮釋與承諾，幫助他們驅散死亡的陰霾，獲得內心的安寧與平靜，給予他們溫暖、真誠的陪伴與寬慰。救世軍為了不斷提高和完善臨終關懷服務，還會舉辦研討會來分享和學習經驗，例如2012至2014年，救世軍與香港老年學會合辦，由「la Caixa」基金會和東亞銀行慈善基金撥款支持，於每年分別舉辦了「在安老院舍推行臨終照顧的需要、挑戰與機遇」、「亞太區長期護理臨終及舒緩照顧會議——臨床實務、法律及行政的挑戰」、「香港安老院舍完善人生觀願計劃服務開展禮及新聞發布會」研討會，會議邀請了醫護界、社福界、法律界、學術界以及海外人士參與，並通過網上直播分享給18間長者服務單位和約500位長者，不但做理論與實務分享，更共同探討了臨終關懷為長者帶來的轉變以及臨終關懷的現狀與未來發展道路。

綜上所述，救世軍的社區醫護事業是基督教愛與奉獻的價值體現，無論是醫療、康復護理，還是保健、臨終關懷，都是通過醫院、社區診所、康復護理機構、保健單位、臨終關懷機構等為社會編織了一張醫療保健網，在尊重生命的前提下為人們提供醫身醫心的服務。救世軍在世界各地開展的醫療保健服務不但促進了健康社區的發展，而且也為當地民眾、救世軍士兵和志願者等的參與提供了機會，醫生、病人以及志願者們都能在這項事業中感悟生命的真諦與信仰的意義。

7.2.5 長者安老服務

關愛老人，尤其是獨居、患病的弱勢長者是救世軍在全球長期開展的慈善公益事業。長久以來，救世軍聯合各國政府、各地社區，並協同經受專業訓練的工作者和志願者們共同開展長者安老服務，確保弱勢長者能夠得到精心的

〔註32〕唐睒，《基督教理念與臨終關懷》，《天風》，2011年，第11期：第15～17頁。

照護和貼心的陪伴，竭力讓每一位老年人都能夠老有所樂。以救世軍港澳軍區
為例，目前共有 12 項長者服務，基本涵蓋了不同情況的老年人的服務需求，
無論是開設養老機構，還是提供社區居家養老服務，抑或是對在家老人進行義
務探訪，救世軍都將開發和培養老年人的興趣愛好、照顧和陪伴老年人作為服
務的主要內容。

救世軍港澳軍區 2014～2015 年度長者服務統計表〔註33〕

項　目	單位／個案數目（個）	服務使用者數目（人）
長者院舍服務	8	748
長者地區中心服務	2	68825
長者鄰舍中心服務	5	78634
長者日間照顧中心	3	199
綜闔家居照顧服務	4	1443
長者社區計劃	2	1882
耆才拓展計劃	2	44032
隱蔽長者	7	381
救世軍護老者服務	1	20762
救世軍創建堡	1	895
香港安老院舍完善人生觀顧計劃	1	1854
廣華醫院離院長者綜合支持計劃——救世軍家居支持隊	1	689
總計	37	220344

　　第一，救世軍的機構養老服務。救世軍在全球許多國家和地區都開設有養
老機構，如救世軍安樂之家療養院、長者中心、長者之家、敬老院等，據統計，
1997 年，有 15000 名老人在救世軍經營的 740 個老年中心安度晚年。〔註34〕
如下圖所示，在 2010 至 2015 年間，救世軍港澳軍區的 37 個長者服務機構服
務老年人的數量明顯上升。

〔註33〕數據資料整理自《救世軍 2014 年報》、《救世軍 2015 年報》，下載於救世軍港
　　　　澳軍區官網 http://www.salvationarmy.org.hk/。
〔註34〕孫茹，《救世軍》，《國際資料信息》，2003 年，第 4 期：第 35 頁。

救世軍港澳軍區 2010～2015 長者服務統計表〔註35〕

年　　度	單位數目（個）	服務使用者數目（人）
2010～2011	37	24753
2011～2012	36	23875
2012～2013	37	25585
2013～2014	37	154960
2014～2015	37	220344

　　救世軍的長者院舍專門為體弱、患病的長者提供隨時、長期的照護，除了膳食、起居等基本服務外，還會根據長者的能力安排活動，幫助他們度過豐富的晚年生活，如專門為長者設計健體運動競賽，2011 年的「特步創耆績運動會」，吸引了 24 個服務單位的超過 500 位長者健兒參與，2013 年的「長者聯合運動會」吸引了救世軍下轄長者服務單位的超過 140 位長者健兒參與；與長者共度溫馨時光，每年大年三十舉辦的「溫情暖意團年飯」，邀請幾百位長者與救世軍職員一起慶祝新年，或舉辦院慶、節日慶等活動，與長者共同回顧院舍生活的珍貴片段；為長者舉辦文化活動，救世軍的「傳統文化光璀璨·耆青共耀樂傳承」活動是「老有所為活動計劃」的全港大獎，活動以傳統客家文化為主體，由跨代志願者參與，包括原創客家歌劇、客家歌曲表演、學校及院舍採訪等內容，為大埔長者社區的老人們帶來了文化盛宴。此外，救世軍還在積極探索長者服務的新模式，「流金頌社區計劃——長者安心樂回家」計劃是發展院社合作的一種照顧模式，旨在提升對離院長者的照顧質量，減少非計劃再度入院率，2010 年，救世軍舉行了該項目的研討會暨新聞發布會，出版了經驗文集和義工訓練手冊，向同行分享工作經驗，並致力於推廣完善這種新的照顧模式。

　　第二，救世軍社區居家養老服務。有許多長者選擇居家養老，但他們又很難處理個人的起居需要，救世軍的「綜闔家居照顧服務隊」專門為居家安老的長者提供膳食和起居照顧，讓他們可以安享晚年，目前在油麻地、大埔、觀塘和西貢服務，每天約服務 1400 名居家老人。2013 年 9 月起，救世軍作為香港社會福利署推出的兩年期「長者社區照顧服務券試驗計劃」的認可服務組織，

〔註35〕 數據資料整理自《救世軍 2010 年報》、《救世軍 2011 年報》、《救世軍 2012 年報》、《救世軍 2013 年報》、《救世軍 2014 年報》、《救世軍 2015 年報》，下載於救世軍港澳軍區官網 http://www.salvationarmy.org.hk/。

為沙田區和大埔區各提供了 20 個日間中心及家居照顧服務名額，探索社區養老的單一模式與混合模式。「志趣會」則是救世軍長者社區服務中心推廣的一項持續倡導第三齡教育，強化長者成就感，引導長者自教、自學、自組和自管的活動，內容包括手工藝、計算機、歌樂、書畫、手語等，其中，南泰長者之家還舉辦了「手工藝志趣會成立典禮暨長者學習樂繽紛」活動，邀請了各個志趣會的成員參加，共同分享學習成果以及實踐自教、自學、自組和自管方面的經驗。

　　第三，長者探訪服務。救世軍定期組織工作人員和志願者探訪社區內的老弱病殘者，幫助他們煮飯、理髮、購物、領取養老金等，並提供諮詢等服務，通過與長者聊天瞭解他們的所想所需，將理解與支持、愛與陪伴帶給居家老人。

　　為了提供更加完善的長者服務，救世軍為護老者提供廣泛的支持，包括護老課程訓練、互助小組、輔導服務、轉介服務、康復用具借用服務、會員訂購營養粉和尿片優惠、到戶看顧服務、善終輔導服務等，力求為不同階段的老年人提供幫助。同時，救世軍還舉辦了「香港安老院舍完善人生觀願計劃」大型研討會，約 400 位參與者共同分享研究成果及服務經驗。在「第八屆世界華人地區長者照護會議暨亞洲老年學發展會議」中，救世軍就其護老者服務發布了名為〈The Advocacy of Barrier-Free and Accessible Environment for Frail Elders and Their Carers〉報告，並憑藉〈The Study on Carers's Views towards Carer Policy in Hong Kong〉這一研究報告獲得「傑出演說獎」。2015 年，救世軍主辦了「救世軍護老者協會十二週年志慶暨男性護老者照顧壓力及服務需要調查發布會」，除了發布調查結果外，還邀請了嘉賓回應如何在企業中推行家庭友善措施支持護老者，吸引了 200 餘人參加研討。此外，救世軍還根據對長者的照護服務推出了一些書籍，如《長者七十二行——行行出狀元回味人生文集》，由長者口述、學生整理、撰寫的長者們在各行各業的寶貴經驗以及貢獻，成為記錄長者們生命故事的重要文集，也讓人們從他們的角度體會人生百態；《護老者服務無障礙旅遊實用手冊》是專門為老者出遊準備的服務寶典，為護工和志願者的照護服務提供了參考幫助。

　　綜上所述，救世軍的長者服務為老人們傳遞了健康的生活理念，傳達了身體保健與心靈、精神調養的方式和方法，也為不同需求的老年人提供愛護與關懷服務，為長者創造了安詳美好的晚年生活環境與空間，為老年人度過充實、

圓滿、幸福而又有尊嚴的晚年生活提供了重要保障。

7.2.6 　資源循環服務

　　資源是人類賴以生存的必要條件，節約和保護資源就是保護生產力、保護人類自己。救世軍自成立起便致力於推廣資源節約與循環項目，既包括相關理念與意識的傳播，也有各類活動的長期開展。

　　第一，傳播資源節約與循環再用理念，提高人們的環保意識，建立綠色生活方式和消費文化。綠色環境發展理念的建立不在一朝一夕，而是需要長期不懈地堅持傳播，並不斷將其內化為指導人們行為的思想，最終引導人們形成環保的生產、生活方式。救世軍在相關理念的宣傳上一向不遺餘力，通過拍攝環保公益廣告、開設環保講座、建設環保創意提案、組織街頭環保宣傳等多種方式，在全球一百多個國家和地區積極傳播資源節約與循環再用的慈善理念。以港澳軍區為例，早在上世紀 60 年代，救世軍就在香港大力宣傳環保理念並積極倡導善用資源。2014 年，受香港環境保護署教育組邀請，救世軍向 40 位學生環保大使講解了救世軍循環再用計劃的環保工作，讓大家更加瞭解回收資源作為環境保護事業的慈善意義。在澳門，救世軍定期到各中小學推廣環保教育的信息，引導學生們從小養成綠色環保的生活習慣。不僅如此，救世軍還積極分享社會中的殘障人士對於環保的新奇理念與創意想法，2011 年的環保藝術展覽「重見彩虹」和 2014 年恒安綜合職業康復服務與香港高等教育科技學院協作的「伴我夢飛翔——環保藝術之旅」產品設計比賽及展覽，都是透過藝術創作與參觀者分享殘疾人士對環境保護的意念和想法，讓人們認識到合理利用資源，防止自然與人文環境的污染破壞，愛護自然、維護生態平衡、協調人類與自然環境的關係，促進自然環境與人類社會共同發展的重要意義。

　　第二，開展環保活動，提倡循環再用。救世軍在全球開展豐富多樣的環保活動，涉及環境清潔、資源回收、垃圾分類、能源節約等多個方面，通過自主開展、或與當地政府、社區以及其他慈善公益組織合作等形式，將綠色的生產生活方式貫徹至千家萬戶。例如 2006 年，救世軍與慈輝佛教基金會合作，在我國落後的偏遠地區修建綠色環保廁所，運用環保能源生產優質肥料及天然氣，改善了很多居民的民生問題。當然，在救世軍眾多的環保活動中，「循環再用計劃」無疑是最有特色、最具代表性的一項。該計劃將物資回收並轉增予

弱勢群體作為主要內容，回收物資包括衣物、玩具、書籍、電器、家庭用品等，救世軍通過有效地運用回收物資及減少廢物，為有需要的釋囚、露宿者、貧困家庭、獨居老人、學校以及其他志願機構提供方便，或通過慈善家品店以折扣價售賣，然後將所得善款運用於慈善公益事業。以港澳軍區為例，下圖是 2011 年至 2015 年間救世軍循環再用計劃統計表，通過此表我們可以發現，救世軍的該項計劃每年可以幫助超過五千名民眾，所轉送物品價值超過 25 萬港元。值得一提的是，救世軍的回收站分布廣泛，包括不同的屋苑、商場、救世軍部隊和服務單位、議員辦事處、警察宿舍、政府物業、學校、公司機構等，可見該項計劃已基本獲得市民的認可與認同，同時，救世軍多年來獲民政署委任為「社區舊衣回收計劃」的計劃管理機構，得到了政府、機關單位、公司、社區以及其他機構和組織的大力支持。不僅如此，香港科學館還特邀救世軍作為常設展覽「賽馬會環保廊」的環節之一，向民眾展示衣物回收的諸多好處，傳播善用資源的環保意義。

救世軍港澳軍區 2011～2015 年度循環再用計劃統計表〔註36〕

年　　度	回收站數目（個）	受惠人數（人）	物品轉送數目（件）	轉送物品價值（港元）	捐贈物品重量（千克）
2011～2012	246	7348	9655	271065	2658617
2012～2013	260	5026	11940	246000	2644413
2013～2014	264	6005	11170	260663	2594986
2014～2015	242	5704	12332	248663	2832569

救世軍的慈善家品店規模適中，無論是大都市，還是小城鎮，人們都能看到它的身影，正是這一間間小店傳達了基督教的環保慈善理念，傳遞了救世軍的綠色關懷。目前，香港和澳門兩地共有 16 間家品店，所得收益用於港澳軍區推行的社區關懷計劃。救世軍慈善家品店的管理成效獲得了政府的肯定，2013 年的「社企獎勵計劃」中，救世軍家品店獲民政事務局頒發「卓越營通大獎」，表彰了家品店為社會及經濟帶來的積極影響。近年來，為了配合潮流發展，方便社會民眾選購物品，救世軍循環再用計劃的官網與時俱進地開通了

〔註36〕數據資料整理自《救世軍 2011 年報》、《救世軍 2012 年報》、《救世軍 2013 年報》、《救世軍 2014 年報》、《救世軍 2015 年報》，下載於救世軍港澳軍區官網 http://www.salvationarmy.org.hk/。

網上訂貨服務，並通過社交媒體增強了與民眾的在線互動。

綜上所述，救世軍的資源循環再用計劃，不但為有需要的基層市民提供了更多的便利選擇，而且物品的循環再用節約了資源，減少了浪費，促進了環保，還能夠為救世軍籌募善款，從而支持更多的社區發展，這對於人們提高環保意識、建立綠色的生活方式和消費文化具有積極地推動作用，對於自然資源、生態環境與人類社會的可持續發展具有重要意義。

7.2.7　家庭成員服務

家庭是社會的基本單位，也是救世軍關注和服務的重點。救世軍每年大約為 250 萬個家庭提供服務，內容包括幫助貧困家庭緩解物質需求、減輕財政困難，幫助關係緊張的家庭成員修復和維繫家庭和諧，為需要幫助的家庭成員提供婚姻、青少年成長和教育等問題的諮詢服務等。目前，救世軍提供的家庭成員服務主要有節日探訪、家庭追蹤服務和青少年生命教育。

第一，節日探訪。節日探訪是救世軍在全球各軍區廣泛開展的一項家庭服務，無論是基督教的聖誕節、復活節、感恩節等，還是軍區所在國家和地區的傳統節日，救世軍都會主動上門為弱勢群體送去節慶食品和物資，為社會民眾送去愛與關懷，讓人們無時無刻不感受到上帝的愛。作為一項特色家庭服務，節日探訪在一些國家做得有聲有色，以美國為例，「美國救世軍每年在感恩節和聖誕節期間能為約 700 萬人提供探訪服務。有些活動特色持久，如美國伊利諾伊州奧羅亞區有 30 年歷史的聖誕禮物派發活動等。救世軍在感恩節和聖誕節期間向該地區 2000 名青少年分發糖果和卡片，再讓他們分給其他人，通過這種參與方式培養他們愛和助人的品德。」〔註37〕在港澳軍區，每逢中國傳統節日，如端午節、中秋節等，救世軍也會送贈節慶食品如粽子、月餅等給基層家庭和獨居長者等，舉辦敬老聚餐招待長者，邀請社區民眾參與集體活動，與他們共同分享節日的喜悅。救世軍港澳軍區的竹園綜合服務青年義工還在 2014 年開展了「圓夢・一線牽」活動，協助 60 歲以上的長者夫婦圓婚禮的心願，長者在神聖婚禮中體驗和接受祝福的喜悅，青年義工則在化妝、設計髮型、拍攝等統籌過程中感悟婚姻的意義。此外，救世軍還積極組織以家庭為單位的體驗活動，例如港澳軍區卜維廉隊在 2014 年的父親節和母親節當日，為 29 個家庭組織了福音午餐，以感恩之心

〔註37〕孫茹，《救世軍》，《國際資料信息》，2003 年，第 4 期：第 35 頁。

和侍奉精神服務社會民眾，讓民眾在體味文化的同時，激發自己愛與奉獻的精神。

　　第二，家庭追蹤服務。「家庭追蹤服務」始於 1885 年，被稱為「卜夫人的調查局」，服務使命是維護家庭關係，幫助家庭尋找失蹤的親人。經過 130 餘年的運作，家庭追蹤服務已經在全球許多國家和地區發展成為救世軍最具特色的國際服務項目之一，每年約有 1 萬個家庭通過救世軍追尋親人的下落。此外，救世軍也向需要尋親幫助的家庭提供諮詢和緊急幫助，到各社區單位宣傳防拐、防騙以及打擊人口犯罪的法律知識，積極協助警察工作，據統計，1997年，救世軍在全世界協助警察辦理了 281141 起案件。〔註38〕

　　第三，家庭青少年服務。青少年時期是人的人生觀、世界觀和價值觀逐漸形成的階段，對青少年開展及時有效的生命教育有助於幫助他們健康成長、走向成熟。救世軍長期致力於為年輕人提供服務，在世界各地的軍區基本都設立了青少年宗教和社會項目，開展包括男童子軍、男孩探險團、女子防身術、音樂、體育、工藝、以及培養特殊才能的訓練營等。同時，救世軍還聯合各地社區定期舉辦夏令營，讓基層家庭的青少年認識新朋友，學習新技能，度過充實快樂的暑假。對於社會中的一些邊緣青少年，救世軍也積極地制定各類計劃，因材施教地引導和幫助他們走出困境。以救世軍港澳軍區家庭青少年服務為例：

救世軍港澳軍區 2010～2015 家庭青少年服務統計表〔註39〕

年　　度	單位數目（個）	服務使用者數目（人）
2010～2011	21	27466
2011～2012	22	27922
2012～2013	21	20353
2013～2014	21	257804
2014～2015	21	246181

〔註38〕孫茹，《救世軍》，《國際資料信息》，2003 年，第 4 期：第 34 頁。
〔註39〕數據資料整理自《救世軍 2010 年報》、《救世軍 2011 年報》、《救世軍 2012 年報》、《救世軍 2013 年報》、《救世軍 2014 年報》、《救世軍 2015 年報》，下載於救世軍港澳軍區官網 http://www.salvationarmy.org.hk/。

救世軍港澳軍區 2014～2015 年度家庭青少年服務統計表〔註40〕

項　目	單位數目（個）	服務使用者數目（人）
綜合青少年服務	5	178442
青少年中心服務	3	46738
深宵青少年外展服務	1	868
兒童及青少年院護服務	4	143
駐校輔導服務	4	1847
家庭支持服務	3	9395
喜樂家庭綜合服務中心（澳門）	1	8748
總計	21	246181

　　由以上兩張統計表可以看出，2010 至 2015 年間，港澳軍區 21 個服務單位每年可服務約 25 萬人，開展了青少年綜合服務、中心服務、深宵外展服務、院護服務、駐校輔導、家庭支持等多種項目，其中具有特色的計劃如：

救世軍港澳軍區家庭青少年服務特色計劃概覽〔註41〕

項目名稱	服務對象	具體內容
Teen 行者計劃	與學校及家庭關係欠佳、被社會視為高危青少年及被邊緣化的外展青少年	引導青少年自我探索、幫助青少年訓練工作技能、鼓勵青少年建立人生規劃為基本內容，向家人、學校及社區展示高危和邊緣青少年的發展潛能。
生命交織——社群動力 Teen 使計劃	存在濫藥危機和有濫用藥物傾向的青少年	舉辦時下年輕人熱愛的活動，吸引青少年參與，及早識別有濫藥危機的青少年，引導及幫助他們遠離毒品，邀請商業機構為服務對象提供就業支持，並與他們的家長溝通交流，強化家庭關係，幫助青少年建立社會關係網，塑造人生目標。
活·過·去計劃	濫藥危機的青少年	通過互動分享和微電影製作，拍攝過來人的故事並公開放映，讓人們瞭解青少年濫藥問題和學習青少年濫藥的辨識方法與處理技巧，通過電影傳播青少年的內心想法，並由小組分享會鼓勵社區人士填寫「心意卡」。

〔註40〕數據資料整理自《救世軍 2014 年報》、《救世軍 2015 年報》，下載於救世軍港澳軍區官網 http://www.salvationarmy.org.hk/。

〔註41〕資料整理自《救世軍 2014 年報》、《救世軍 2015 年報》，下載於救世軍港澳軍區官網 http://www.salvationarmy.org.hk/。

「Zero to Hero」青年匯演	在困難掙扎中的青少年	以各種藝術表演分享生命轉化的故事，為青少年提供一個訴說與互動的平臺，展示他們自省以及對生命轉化的想法，以自身經歷與體會啟發其他掙扎中的青少年。

7.2.8　社區計劃服務

救世軍十分注重人在社區中的關係重建，並為建立長期、穩定、和諧的社區關係制定和推行各種計劃。美國是救世軍社區計劃服務推行的最好的國家之一。美國達拉斯地區的「救世軍卡爾·P·科林斯社會服務中心」的軍官、雇員和志願者在 1999 年為 76107 人提供了緊急家庭救助，提供了 515000 頓飯，幫助 164783 人找到了住所，為社區 453 個小孩提供了日托服務，吸收了 1015 位小朋友參加宿營活動，地下鐵道區的康復中心幫助 2185 人擺脫酒精和毒品。〔註 42〕在我國香港和澳門地區，救世軍長期推行市區和鄉郊的社區發展計劃，並為無家可歸的露宿者和單身人士提供住宿等服務，在 2010 至 2015 年期間，每年均可服務千餘人、甚至幾萬人。

救世軍港澳軍區 2010～2015 社區計劃服務人數統計表（單位：人）〔註 43〕

年度	市區重建及社區服務	露宿者及單身人士住宿服務	鄉郊社區發展計劃	總計
2010～2011	590	855	6033	7478
2011～2012	585	917	6031	7533
2012～2013	337	658	2619	3614
2013～2014	3836	7260	21176	32272
2014～2015	21802	582	19844	42228

此外，救世軍十分注重對社區特殊成員的幫助與服務。例如為了幫助社區中酗酒人員戒除酒癮、吸毒人員戒除毒癮，向社會民眾宣傳毒品危害，救世軍成立了專門的戒毒（包括戒酒）康復中心。該類中心通常以社區為基礎，依據吸毒人員的個人身心狀況制定專門的康復計劃，除了戒毒治療外，還包

〔註 42〕〔美〕羅伯特·A·沃森、本·布朗，彭彩霞、席瑞雪譯，《美國最有效的組織》，北京：中信出版社，2003 年，第 23 頁。

〔註 43〕數據資料整理自《救世軍 2010 年報》、《救世軍 2011 年報》、《救世軍 2012 年報》、《救世軍 2013 年報》、《救世軍 2014 年報》、《救世軍 2015 年報》，下載於救世軍港澳軍區官網 http://www.salvationarmy.org.hk/。

括系列發展項目，如降低傷害項目、重新安置項目、個人發展項目等。例如
1994 年，救世軍在美國佛羅里達州的薩拉索塔開展了一個「自願過渡性安置
項目」，該項目試圖通過服務網把正在等待戒毒、戒酒輔導的客戶接納進來，
在他們等待的過程中提供一個 12 個步驟的項目，為其提供醫藥援助和精神
問題諮詢，並在客戶恢復過程中讓他們參加救世軍的災難救助服務、城市美
化項目、社區給養計劃等。次年，該項目中的部分人參加了救世軍的「颶風
貓眼石行動」，在行動中為犯人和失業工人提供食物，而後這些人不但解除自
身毒癮、酒癮，還組成了委員會，專門為無家可歸的人提供幫助，協助社區
開展給養活動等。〔註44〕救世軍的戒毒、戒酒輔導工作在全球開展，逐步形
成了一個康復網絡，既積極配合政府工作，如英國救世軍制定十年戰略與政
府一同向毒品宣戰，也長期與基層社區合作，如救世軍港澳軍區與社區合力
開展「無毒社區嘉年華」活動，向社區民眾宣傳抗毒知識。據統計，救世軍
1997 年已在全球開辦了 134 個戒酒和戒毒中心，幫助了約 20 萬名酗酒者和
吸毒者。〔註45〕為了防止戒治成功的人員重複酗酒或吸毒，救世軍與美國天
主教神父和臨床心理學哲學博士埃德·拉特勒（Ed Lataille）合作在美國聖地
亞哥開展以集中居住療法和諮詢疏導療法的康復項目。據美國的一項統計表
明，參加過一般性康復項目的人在一年後仍保持正常和理智的僅有 20%，但
參加救世軍配套康復項目的人在訪問期間仍未復吸且神志清醒的人達 85%，
在一年或更長時間之後仍保持清醒的高達 78%。〔註46〕

7.2.9　軍隊監獄服務

　　服務軍隊與監獄是救世軍自成立以來便推行的一項特色慈善公益事業。
在戰爭時期，救世軍的軍隊服務高效專業，不可或缺。在和平年代，救世軍的
監獄教化幫助減少犯罪和不良社會現象的發生。

　　第一，軍隊服務。為軍隊提供信仰與後勤服務是救世軍的一貫傳統，在 19、
20 世紀的幾大戰場上我們都能看到救世軍的身影。救世軍的軍隊服務始於
1898 年美西戰爭期間，在跟隨美軍來到菲律賓群島後，救世軍女兵成員肩負

〔註44〕〔美〕羅伯特·A·沃森、本·布朗，彭彩霞、席瑞雪譯，《美國最有效的組
　　　　織》，北京：中信出版社，2003 年，第 13 頁。
〔註45〕孫茹，《救世軍》，《國際資料信息》，2003 年，第 4 期：第 34 頁。
〔註46〕〔美〕羅伯特·A·沃森、本·布朗，彭彩霞、席瑞雪譯，《美國最有效的組
　　　　織》，北京：中信出版社，2003 年，第 15 頁。

後勤重任，為前線士兵提供食品、飲料，平時亦提供宗教信仰服務。在第一次
世界大戰期間，救世軍總指揮卜維廉之女卜婉懿女士（Evangeline Booth）第一
時間發電報給時任美國總統的威爾遜，表示救世軍願意接受總統調遣指揮。此
後，救世軍陸續成立了專門的軍隊服務機構，如戰時工作理事會（War Work
Council）、戰時服務聯盟（War Service League），並開始了逐步專業化的軍隊
服務，提供包括上前線為士兵準備飲食、書籍和娛樂服務，在後方為士兵縫製
背心、襪子和其他物品等，像姐姐和母親一樣傾聽孤獨士兵們的心聲，給予他
們家人般的支持。〔註47〕在美國，隨軍教士被稱為「指導員」，列入軍隊正式
編制，著軍官服裝，佩戴隨軍教士標誌，授予軍銜並享受同級軍官待遇。隨軍
教士需要有至少4年大學和3至4年神學院學歷，2至4年的傳教經歷，在應
徵通過後，還要進行兩個月的訓練才能投入工作，工作一段時間後還要接受更
高級的訓練。在第二次世界大戰期間，救世軍在美國成立了聯合服務組織專門
開展軍隊服務，在英國的戰爭救濟與醫療服務中也做出了巨大貢獻。

第二，監獄教化。救世軍在全球各地的軍區都積極主動與當地政府、監獄、
緩刑和假釋官員合作，致力於幫助犯人悔過歸善和預防犯罪。根據犯人犯罪性
質的不同，救世軍開展以聖經學習為主要內容的課程，帶領犯人做禮拜，並輔
以其他培訓項目，給犯人及其家屬提供一定的物質與精神幫助。此外，救世軍
下轄單位如假釋之家、康復中心等也會為假釋犯、輕罪犯等提供一些勞動機
會，幫助他們改善物質困境。據統計，救世軍在 1997 年探視了 47.8 萬名犯人，
37 個假釋之家容納了 900 名失足青年。〔註48〕1999 年，救世軍在美國達拉斯
地區幫助過 9629 名受害者，12347 名犯罪分子及其家人。〔註49〕在美國，救
世軍還長期為聯邦監獄的服刑人員提供釋放前的轉變服務，主要是在服刑人
員假釋或緩刑前的 3 至 6 個月，提供包括住宿、餐食、諮詢和工作安置等服
務，協助他們重返社會。截至 2000 年 12 月 31 日，該項目已為芝加哥 608 個
服刑人員提供了轉變服務，95%的人在出獄後都找到了工作，在監督期內，僅
有 1%的人重新犯罪。〔註50〕

〔註47〕孫茹，《救世軍》，《國際資料信息》，2003 年，第 4 期：第 34 頁。
〔註48〕孫茹，《救世軍》，《國際資料信息》，2003 年，第 4 期：第 34 頁。
〔註49〕〔美〕羅伯特・A・沃森、本・布朗，彭彩霞、席瑞雪譯，《美國最有效的組
　　　織》，北京：中信出版社，2003 年，第 23 頁。
〔註50〕〔美〕羅伯特・A・沃森、本・布朗，彭彩霞、席瑞雪譯，《美國最有效的組
　　　織》，北京：中信出版社，2003 年，第 15 頁。

7.3 救世軍慈善公益事業取得的成就

7.3.1 救世軍各項慈善公益事業取得的成就

救世軍以傳播福音和提供社會服務為組織發展的核心內容，致力於塑造生命、關懷社群和造就信徒，奉耶穌之名在不分彼此的原則下為有需要的人提供愛與幫助，經過一百五十餘年的發展和建設，救世軍在諸多方面都已取得了舉世矚目的成就，概括而言，主要包括以下幾個方面：

第一，救世軍在全球 127 個國家和地區設立了軍區，使用超過 175 種語言傳教佈道和提供社會服務，在全球建立了一個龐大的基督教慈善公益網絡。救世軍始於一個共同的信念，源於一種基督教價值觀，伴隨著一個半世紀的不斷發展壯大，救世軍從東倫敦區發展至全球各地，已成立超過 1.3 萬餘部隊，成為一個全球性的基督教慈善公益組織。雖然說宗教與慈善有著天然密不可分的關係，宗教組織通常也是慈善組織、或開展一些慈善公益事業，但放眼全球，能夠像救世軍一樣始終將慈善公益事業作為自己的工作重心之一，並且能夠堅持努力服務社會、造福人群、積極走向世界且取得如此強大的國際影響力的宗教組織卻是屈指可數的。救世軍在傳播福音與開展慈善公益事業這條雙重使命的道路上所做出的有益探索和取得的豐碩成果既是人類宗教文化的寶貴財富，也是社會慈善公益事業的有益補充。

第二，救世軍的社會服務以家庭為單位、以社區為立足點，致力於恢復、重塑和建構人與各方的關係，提供了一種可持續的慈善公益模式。世俗性慈善公益組織的事業往往偏重物質援助，宗教性慈善公益組織的事業通常講求物質與心靈的雙重救助，但在救世軍看來，貧窮困苦不僅僅是一種物質或金錢的匱乏，也是一種關係上的破裂，如人與人之間的關係、人與物質的關係、人與自然環境的關係、人與神的關係。因此，無論是以何種方式開展的慈善公益事業，若想真正取得良好的效果，實現可持續的發展模式，就必須要落實恢復、重建人與世界各方的關係。救世軍始終將人看作是「關係中的人」，無論是家庭，還是社區，都是其調整關係的基本單位，人只有處在和諧、穩定、持續、健康的關係中，才能真正脫離貧窮困苦，也才能夠自然地實現從受助者到施助者的身份轉變，從而形成一種可持續的發展模式，將慈善公益的精神與事業進行到底。

第三，救世軍將軍事化管理與現代公司治理模式相結合，開創了宗教教

團、宗教慈善公益組織的管理新模式。救世軍的慈善公益事業之所以如此高效，與其實行軍事化管理密不可分。軍事化管理雖然具有高度集權和無條件服從的權力與效率優勢，但同時也會導致管理的獨裁和僵化。在走上國際舞臺、并經歷了美國軍區的管理危機後，救世軍及時學習現代組織治理理念，改進了管理模式，最終確立了將軍事化管理與現代公司治理模式相結合的管理新模式。這種新的管理模式不但保留了以往使命感強、品牌統一和動員高效的優勢，而且引入了現代民主的決策機制，使權責更加明晰，服務產品更加多元化和差異化，成本控制也更加精良，從而將救世軍打造成為了「最有效的組織」。因此，作為一個宗教教團、一個宗教慈善公益組織，救世軍的這種具有開創性的管理模式值得其他教團和慈善公益組織思考和借鑒。

第四，救世軍通過持之以恆地為社會提供慈善公益服務，為社會民眾帶來了福祉，也為創造和平穩定、安寧有序的社會環境起到了巨大的推動作用。救世軍以在全球提供及時高效的社會服務而著稱，百年以來，救世軍積極努力地將神對世人的愛傳遞和關照至人類社會生活的方方面面，涵蓋了災難救助、困難援助、教育服務、社區醫護、長者服務、資源循環、家庭服務、社區計劃服務以及軍隊監獄服務等多項內容，無論是戰爭時期，還是和平年代，救世軍以超越種族、性別、國家等界限的慈善公益事業為全球的社會民眾，尤其是那些貧窮困苦的人們，帶來了眾多的物質福利和靈魂撫慰，既有利於基督教文化與慈善公益精神的傳播，又對促進社會環境的和平安寧、以及形成行善助人的良好社會風氣起到了巨大的推動作用。

7.3.2　救世軍慈善公益事業的社會評價

救世軍的慈善公益事業不但促進了組織自身的發展，而且弘揚和傳播了關愛他人、服務社會、無私奉獻等積極向上的價值觀和社會理念，其慈善公益事業蘊含著專業性、創新性、制度性、合作性和國際性等諸多特點，社會民眾常用「最信任」、「最成功」、「最有效」等詞彙盛讚救世軍。

第一，救世軍的慈善公益事業備受社會各界的好評。救世軍是一支以愛心代替槍炮的軍隊，是為和平與仁愛而戰的慈善公益組織。救世軍港澳軍區總指揮曾慶敏先生曾說：「很多人問我──救世軍是什麼軍？我們是世界上唯一一支沒有槍炮的軍隊，或者也可以這麼說，我們的槍炮是愛心。」〔註51〕卜威廉

〔註51〕陳粒，《救世軍：沒有槍炮的「軍隊」》，《創造》，2007 年，第 9 期：第 25 頁。

夫婦創立救世軍的初衷即希望把基督教傳給窮困的人，並通過瞭解窮人們物質及心靈的需要給予幫助。救世軍始終堅持這一宗旨，無論是在艱難的組織起步階段，還是在走向國際的繁榮發展時期，無論是戰爭年代的各類救濟，還是和平時代的慈善公益事業，救世軍都始終致力於將愛心與奉獻傳遞給社會民眾，為謀求和平安寧的世界而戰鬥。因此，世界各地的政府和社會民眾對於救世軍都持有高度的評價，英國前首相丘吉爾曾評價救世軍：「哪裏有需要，哪裏就有救世軍。」〔註52〕不僅如此，救世軍還是聯合國經濟和社會理事會享有諮詢地位的非政府組織，並且多次獲得諾貝爾和平獎提名。

第二，救世軍低成本高效率的組織運營與創新管理之道飽受讚譽。「美國最有效的組織」這一榮耀的稱謂是《福布斯》雜誌對比通用電氣、微軟、救世軍等眾多組織和企業後，給予救世軍的一項高度評價。現代管理之父彼得·德魯克（Peter F.Drucker）曾說：「沒有任何組織，在使命的明確、創新的能力、結果的測量、奉獻精神以及最大限度地利用資金方面能夠與救世軍相提並論。」〔註53〕當然，不僅僅是在美國，救世軍在其他一百多個國家和地區也遵循著同樣的原則，追求著同樣的卓越。救世軍的管理之道和領導藝術常被世俗組織和企業分析討論、學習借鑒，《美國最有效的組織》一書也運用大量實例從商業角度闡釋了管理大師彼得·德魯克給予救世軍如此高的美譽的原因。因此，救世軍不僅以奉獻愛心的慈善公益事業而聞名，其低成本高效率的創新與管理之道也是備受讚譽的重要因素。

第三，救世軍港澳軍區的獲獎情況簡述。救世軍自 1930 年起服務香港社會，至今已超過 85 年。目前，救世軍在香港和澳門兩地共開辦了近 80 個社會服務單位、33 所學校、16 個部隊、1 個分隊以及 16 間家品店。救世軍在港澳地區所提供的社會服務備受當地政府、熱心企業、社區以及社會民眾的支持和讚譽，更獲得了難以計數的官方和民間獎項。我們僅以其養老服務為例，2010年的「聯合世界大會：社會工作及社會發展之願景與藍圖研討會」上，救世軍發表了一份名為《護老者（社會）運動——由個人行動到集體行動——香港首個護老者協會成立》的工作分享文章，獲得「最佳撮要文章」獎項；2011年，救世軍「長者安心樂回家」服務榮獲由香港社會服務聯會頒發的「卓越實踐在

〔註52〕陳粒，《救世軍：沒有槍炮的「軍隊」》，《創造》，2007 年，第 9 期：第 25 頁。
〔註53〕〔美〕羅伯特·A·沃森、本·布朗，彭彩霞、席瑞雪譯，《美國最有效的組織》，北京：中信出版社，2003 年，引言頁。

社福獎勵計劃」的「十大卓越服務獎」和「知識管理大獎」,「活得自在健康生
活行動」也獲得「十大卓越服務獎」和「卓越效能大獎」,救世軍受邀出席獎
勵分享會,向業界分享養老服務的各項經驗。誠然,救世軍港澳軍區獲得的獎
項我們僅僅列舉一二,想必其他一百餘個軍區的獎項更是不勝枚舉,在此便不
再一一贅述。

本篇小結

　　佛光山與救世軍既是享譽國際的宗教教團，也是具有卓越的創新和管理能力的宗教慈善公益組織，更是全球慈善公益事業的重要組成力量。長久以來，佛光山與救世軍在全球慈善公益領域內做出的巨大貢獻有目共睹，通過它們的慈善公益服務而獲益和改變的人不計其數，其為人類社會生活帶來的宗教、文化、教育、醫療等服務功能令人讚歎、引人思考。佛光山與救世軍提供的社會服務既是物質的，也是精神的，同時亦對協調人際關係、促進家庭和社區和諧、緩解社會矛盾、維護社會穩定具有極其重要的作用，對於宗教組織自身而言，慈善公益事業也是傳播宗教文化、服務社會群體、增強組織知名度與競爭力的必由之徑。那麼，在佛光山與救世軍輝煌的慈善公益成就背後有哪些引人深思和值得借鑒的方法與經驗，能夠為推進我國大陸地區宗教慈善公益事業的發展帶來怎樣的啟示與思考將成為接下來討論的主要內容。

經驗思考篇

　　基於對佛光山與救世軍的慈善公益事業的認識和把握，本篇將圍繞「怎樣做好宗教慈善公益事業」這一基本問題，從宏觀視角闡述宗教慈善公益事業對於社會和宗教自身的重要意義，總結歸納宗教慈善公益事業的基本內容，從而為其他具有宗教背景的團體和個人提供開展慈善公益事業的參考，而後從機制、政策與意識三個方面分析說明做好宗教慈善公益事業的外部條件，並提出遵守宗教慈善公益事業的開展原則、健全宗教慈善公益事業的運營機制和完善宗教慈善公益事業的管理模式三個內部要求，最後，結合佛光山與救世軍開展慈善公益事業的經驗，對推進我國大陸地區宗教慈善公益事業的發展提出政府、組織和社會三個層面的思考和建議。

第 8 章　宗教慈善公益事業的重要性及其基本內容

8.1　宗教慈善公益事業的重要性

　　通過對佛光山與救世軍的考察，我們發現宗教慈善公益事業是以踐行信仰為凝聚力、以超越信仰為實踐依據、以宗教組織為組織基礎、以志願者的普遍參與為發展基礎的事業，對人類社會的發展進步以及宗教組織的信仰與文化傳播都產生了深遠的影響和積極的意義。

8.1.1　社會角度：社會保障體系的有益補充

　　無論是西方國家，還是港澳臺地區和大陸地區，社會的慈善公益需求都難以僅憑政府的一己之力滿足。西方國家與港澳臺地區的慈善公益事業主要依靠民間力量來進行，政府充當引導、合作和監督的角色，大陸地區的慈善公益事業多為政府主導，但顯然僅依靠政府的力量還是遠遠不夠的。然而，現有的慈善公益資源分布不均，慈善公益組織能力有限，並且一些組織存在運營管理問題，慈善醜聞時有發生，因此，政府應該積極引導和鼓勵包括宗教組織在內的民間力量大力開展慈善公益事業。值得高興的是，我國大陸地區蘊含著巨大的宗教慈善公益潛力，據一項統計顯示：「我國有宗教團體近 5500 個，宗教活動場所 14 萬處，宗教界人士 36 萬餘人，信教群眾數以億計。」[註 1] 在 2008

〔註 1〕 王作安，《推動宗教公益慈善事業又好又快發展》，《中國宗教》，2012 年，第 155 期，第 3 頁。

年汶川地震救援期間，全國宗教界向災區捐款捐物約 4 億多元，其中佛教界約 2 億元，道教界約 4000 萬元，天主教界約 1 億元，基督教界約 1.2 億元，伊斯蘭教界約 2400 萬元。〔註2〕同時，宗教慈善公益組織的數量也急劇增加，一些發展較快的宗教組織還通過成立慈善公益基金會的形式與現代社會慈善公益接軌。根據中國人民大學發布的《中國宗教調查報告（2015）》顯示：「基督教是與當代中國社會環境適應最好的宗教，佛教是五大教中在慈善公益方面貢獻最多的宗教，平均每間佛寺每年的慈善支持為 4.1 萬元，遠高於平均數 1.8 萬元。道教是具有很強國際性的宗教，有 11% 的道觀開展了國際交流，9% 的道觀在民政部門登記了社會服務機構，在五大教中比例最高。」〔註3〕宗教蘊含著豐富而巨大的慈善公益力量，而社會慈善公益領域也需要宗教組織發揮其應有的特殊作用，概括而言，宗教慈善公益事業對於社會發展具有以下三個重要意義：

第一，發展宗教慈善公益事業有助於補充完善社會保障體系。目前，慈善公益事業的組織基礎和實施主體豐富多元，既有專門的慈善機構和人道主義救援組織，還有各類民營公益組織、基金會、宗教組織等。其中，宗教組織以及具有宗教背景的慈善公益組織具備開展慈善公益事業的悠久傳統，同時又在吸納捐款、組織動員、管理成本、自我監督以及社會公信力方面比世俗慈善機構略勝一籌。宗教慈善公益事業既是社會慈善公益事業中的一股獨特力量，也是國家社會保障體系的有機組成部分。「慈善事業本身屬於社會性保障事業，從而應當被現代社會保障制度所包容，社會保障與慈善事業的關係既是整體與部分的關係，也是基本保障與補充保障相互配合、協調的關係。」〔註4〕當然，宗教慈善公益事業作為社會慈善公益事業的重要組成部分，很顯然也是社會保障體系中的一個較為特殊的層次，儘管在經濟基礎、運行方式等方面與社會保障制度有所區別，但也致力於幫助和解決社會民眾的生存與生活困難、為社會提供更多更好的公共服務。因此，宗教慈善公益事業也是社會保障體系

〔註2〕 裴勇等，《我國宗教界參與社會公益慈善事業的考察與分析》，載於鳳凰佛教 https://fo.ifeng.com/zhuanti/gongyiluntan/lunwen/200811/1124_268_52334.shtml，2008 年 11 月 24 日。

〔註3〕 魏德東，王衛東，《引導與適應——中國人民大學「中國宗教調查報告」（2015）》，《宗教藍皮書·中國宗教報告》，載於 http://nsrc.ruc.edu.cn/xwygg/xwdt/1e510669f231468c8cf7faefcd7ba667.htm，2015 年 7 月 8 日。

〔註4〕 鄭功成，《當代中國慈善事業》，北京：人民出版社，2010 年，第 33 頁。

的有益補充。

　　第二，發展宗教慈善公益事業有助於傳播宗教文化，促進社會文明。首先，發展宗教慈善公益事業有助於社會民眾正確的認識和理解宗教文化。對宗教片面甚至錯誤的理解導致一些社會民眾遠離宗教，而宗教慈善公益事業是宗教進入社會、服務社會的具體表現，也是讓社會民眾認識和理解宗教文化的重要途徑。宗教文化中的慈悲博愛、濟貧救苦、抑惡揚善等思想通過慈善公益事業實踐、傳承和發揚。發展宗教慈善公益事業，也就是在倡導和傳播宗教文化中的慈善理念，培育樂善好施、扶危濟貧的慈愛之心，促進良好社會風尚的形成。其次，發展宗教慈善公益事業是建設社會文明的重要途徑。社會文明的重要標誌是良好的社會環境、穩定的社會秩序、平等友愛的人際關係以及奉獻互助的道德風尚。發展宗教慈善公益事業對以上四個方面均有積極的促進作用，宗教所倡導的奉獻精神也正是社會文明的內在要求和應有之義。

　　第三，發展宗教慈善公益事業有助於緩解社會矛盾，維護社會穩定。首先，宗教慈善公益事業可以縮小貧富之間的巨大差距，減少貧困。雖然宗教本身並不能消除貧困，但通過慈善公益事業可以將部分社會財富和社會資源重新整合，並分配到最需要的地方去，從而救助貧困，縮小貧富差距，促進社會公平。因此，由貧困和貧富差距所引起和導致的社會問題能夠得到有效的化解和一定程度上的解決，從根源上減少了社會矛盾的發生。其次，宗教慈善公益事業對於維護社會穩定具有重要的意義。在宗教慈善公益事業的發展中，宗教文化中的扶貧救苦、抑惡揚善等優秀的社會文化價值也得到了維護和宣揚，這有助於從內心深處激發人們對他人、對社會的關愛和責任，利於社會民眾慈善意識與開放心態的養成，益於社會慈善文化的建構，對維護社會穩定和促進社會和諧具有重要的意義。

8.1.2　宗教角度：宗教服務社會的重要方式

　　宗教是一種以信仰為核心的文化，它既是人類社會發展進程中出現的必然而又特殊的社會現象，也是人類社會文化的重要組成部分。從宗教的角度而言，慈善公益事業是宗教服務社會的重要方式，它不僅是宗教信仰和宗教文化的必然要求與外化形式，而且也是宗教組織與宗教信徒超越社會侷限性與自我有限性的實踐之路。

　　第一，宗教文化是傳承慈善公益事業的重要載體，慈善公益事業是傳播宗

教文化的重要途徑。通過思想理論篇對佛教、道教、基督教和伊斯蘭教文化中慈善公益思想的梳理，我們不難發現，宗教文化中蘊含著豐富的慈善公益思想，這些思想理念不斷外顯化、社會化為慈善公益活動，從而逐步發展成為宗教慈善公益思想的社會象徵符號──宗教慈善公益事業。縱觀人類歷史，無論是東方宗教，還是西方宗教，抑惡揚善均是它們的一貫主張，社會服務均是它們的慈善傳統；無論是傳統慈善事業，還是現代慈善公益事業，追根溯源均與宗教文化具有密切的關聯，可以說，宗教文化深刻影響了人類社會慈善公益思想與事業的產生和發展。當然，慈善公益事業的開展對於宗教的存在和發展而言也是頗有益處。慈善公益事業是宗教服務社會、發揮影響與作用、體現自身價值、贏取社會信任的有力途徑，同時也是宗教與時代相適應的最佳途徑。宗教組織通過開展慈善公益活動，客觀上加強了宗教與社會公眾的聯繫，宣傳了宗教文化，提升了宗教組織形象，加深了社會對宗教組織的瞭解和認識，進而有利於宗教事業的持續發展。值得一提的是，宗教慈善公益事業作為社會慈善公益事業的重要組成部分，將宗教文化作為傳承慈善公益事業的重要載體，具有不可比擬的重要優勢。因為對於一般社會慈善公益事業而言，僅僅依託人的肉體來傳承慈善公益事業缺乏一種可持續的精神，慈善文化的傳承力有限，而宗教文化為慈善公益活動提供了深刻的信仰基礎，同時又注重對人的心靈和精神境界的提升，因此，宗教慈善公益事業才能成為具備承載精神和內容的、兼具物質與心靈的、富有特殊意義和特殊地位的慈善公益事業。

　　第二，慈善公益事業是宗教組織與宗教信徒的價值追求。世界各大宗教普遍具有抑惡揚善、悲天憫人的價值追求，「和睦、慈愛、平等、揚善是各大宗教所共同提倡的基本精神」〔註5〕，而慈善公益事業剛好是宗教信仰的價值追求的一種外化和體現，也是宗教社會功能的最佳詮釋，「慈善是人類社會的一種美德，慈善事業反映出人類歷史上正義、博愛、關懷、互助的真情存在和執著堅持。在當代社會，慈善已經成為整個社會工作中的重要構成，彰顯出具有超越性的真、善、美、聖的價值和意義。」〔註6〕因此，宗教信仰慈悲濟世的價值追求與慈善公益事業利他度世的價值體現相一致，宗教組織的慈善公益事業則可以概括為「善」的精神的具體體現。當然，傳統的慈善事業亦與人道

〔註5〕楊玉輝主編，《宗教管理學》，北京：人民出版社，2008年，第201頁。
〔註6〕卓新平、鄭筱筠主編，《宗教慈善與社會發展》，北京：中國社會科學出版社，2015年，第1頁。

主義等思想具有一定關聯，但與基於信仰的宗教慈善公益事業相比較而言，前者缺乏思想上和體制上的持久激勵，後者則以責任性、非功利性、低成本性等突出特徵更容易喚起社會大眾對慈善公益的關注、獲得社會大眾的信任與支持。宗教組織開展的慈善公益事業不僅是教團服務社會的義務，而且是廣大信徒自願自發的價值追求，在慈善公益事業中奉獻自己的時間、服務和金錢，這對於宗教信仰者和志願者而言，既是關愛他人、服務社會的愛心奉獻，也是自身獲得淨化、道德提升的踐行信仰的過程，還是形成互助互愛、和諧美好的社會氛圍的有效途徑。綜上而言，慈善公益事業是宗教信仰價值追求的最佳詮釋和體現，基於這種牢固一致的價值觀，宗教慈善公益事業也成為社會慈善公益事業中歷史傳統最悠久的、道德感召力和社會公信度更高遠的慈善公益事業。

　　第三，宗教信仰的持續性與超越性是發展慈善公益事業的重要力量。持續性與超越性是宗教信仰的兩個本質特徵，也是宗教組織和具有宗教信仰的人能夠將慈善公益事業做好的根本原因。「宗教慈善從本質來看不是一種施捨或憐憫，而是其社會服務和公益，由此來呼喚社會真情、正義與平等，達到對社會侷限和自我有限的超越。」〔註7〕深刻的信仰基礎不但能夠引導宗教組織和宗教信仰者以百分百的無私愛心來從事和開展慈善公益活動，而且能夠不斷激勵他們始終不渝、堅持不懈地將慈善公益事業進行到底。慈善公益事業不是一時衝動和心血來潮的愛心泛濫，它反映的是一個社會團體或個人對自身功利性的超越與堅持，而這注定是一項需要以無私奉獻的精神長期堅守的工作。宗教組織和宗教信仰者以信仰的大愛悲心為動力，以超越此世今生的人生觀和價值觀為支撐，以對更高道德境界的神聖追求為目標，將物質救助、精神撫慰與心靈關懷作為服務的核心內容，從而持之以恆地貫徹慈善公益的基本精神，將宗教慈善公益事業做大做強。故而，宗教具有悠久的慈善傳統，並且世界各地影響廣泛的慈善公益事業多半都是由具備宗教背景的組織和團體主導開展的。在慈善公益事業的進行過程中，宗教組織能夠最大限度地動員和運用社會各界的資源和力量，展開物質上的救助與精神上的撫慰，同時還能夠跨越民族、國家和宗教等重重藩籬，通過心靈互動、心理疏導等方式方法幫助服務對象擺脫負面情緒、改變觀念、改善生活、獲得素質的提升與心靈的安寧，因此，無論是在運作成本和救助效果方面，還是在慈善公益事業的廣泛性、深入

〔註7〕卓新平、鄭筱筠主編，《宗教慈善與社會發展》，北京：中國社會科學出版社，2015 年，第 2 頁。

性和持久性方面，宗教組織都具有政府、其他民間團體和個人所無法取代的獨特優勢。

綜上所述，宗教慈善公益事業是社會慈善公益事業的重要組成部分，也是社會保障體系的有益補充，具有傳播宗教文化、促進社會文明等重要作用。同時，宗教信仰獨有的持續性、超越性、非功利性等特質也是促進和推動宗教慈善公益事業發展壯大、獨樹一幟的重要力量，而慈善公益事業的開展也為宗教組織進入社會、服務社會、以及擴大社會影響等方面帶來益處。因此，宗教慈善公益事業具備深厚的思想文化基礎和深刻的歷史淵源，宗教文化與慈善公益事業之間基於一種互動的張力而相互融合、促進，進而對緩解社會矛盾、穩定社會結構、維繫道德秩序、推動社會進步產生積極影響。

8.2 宗教慈善公益事業的基本內容

根據前文對佛光山與救世軍慈善公益事業的認識與理解，我們發現宗教慈善公益事業可以深入到社會的各個領域，服務人的生老病死的全部過程。因此，我們將宗教慈善公益事業的基本內容大致分為以下九類，從而為其他具有宗教背景的團體和個人提供開展慈善公益事業的內容參考。

8.2.1 社會救助事業

救助苦難向來被世界各大宗教視為己任，無論是早期的傳統宗教慈善事業，還是現代宗教慈善公益事業，社會救助都是其中極為重要的組成部分。宗教的社會救助事業是指由宗教組織或具有宗教背景的慈善公益組織為遭受自然災害、失去勞動能力或者其他低收入公民等社會弱勢群體提供金錢、物質幫助或精神關懷，以維持其基本生活需要，提升其身心健康的各項措施。主要包括災難救助、災後重建、急難救助、特殊群體救助等。

其中，災難救助主要是指在突發自然災害中緊急救助傷亡人員的行動，包括為傷者發放慰問金、提供醫療、飲食、住宿以及其他賑災物資、給予關懷慰問等；為遇難者提供臨終關懷、宗教儀式的追思祈福悼念會、殯葬服務等。與災難救助的急迫性相比，災後重建則是漫長而又艱辛的過程。災後重建主要包括清理家園、重建家園、撫養受災兒童、為受災者提供心理疏導、心理諮詢、就業輔導等一系列有助於社會重建的措施。值得一提的是，災後重建不僅是物

質的重建，也是精神的重建，社會的重建。宗教及其信仰體系是災後社會重建的重要資源，宗教團體或宗教慈善公益組織不但能為災後重建提供社會資源，而且還能提供獨一無二的信仰資源。信仰資源既可以滿足信眾的需求，還有助於促進受災群眾之間的交往與互動，從而使災區民眾能夠盡快地消除心理恐懼、平復內心傷痛，最終重新融入社會。我國宗教界向來積極參與災難救助與災後重建工作，在 2008 年汶川地震期間，國內宗教界累計捐款、捐物折合人民幣 4 億多元，在 2010 年青海玉樹地震期間，國內宗教界累計捐款、捐物 8692.7 萬人民幣。同時，宗教界積極活躍在救災一線，嵩山少林寺派出少林藥僧作為特殊的救助隊伍在災區施醫贈藥，重慶華岩寺道堅法師組織「抗震救災僧伽救護隊」開展專業救護活動，縉雲山道教協會組建由道長和縉雲山國學院師生構成的「抗震救災心靈救助組」，對都江堰災區的少年兒童開展心靈疏導和情緒撫慰，中國伊斯蘭教經學院為災害中歸真的穆斯林同胞舉行特殊殯禮，天主教進德公益派出「修女救助隊」對災民進行安撫、對災區進行消毒防疫，基督教中南神學院師生每日早晚開展為災區祈福的活動，並積極組織獻血。宗教界人士作為災難救助中的特殊力量，為災區群眾帶來了特殊的愛心與溫暖，發揮了不可替代的重要作用。

急難救助主要是指幫助社會民眾有效應對突發性、緊迫性、臨時性困難的措施和行動。包括幫助經濟困難的家庭或個人減貧脫困，如烏魯木齊市兩級伊斯蘭教協會和各大清真寺多年來已救助 920 餘貧困戶，慰問和捐助了 1400 餘人，累計支出超過 500 萬元；為無力醫治疾病的患者、無力完成學業的貧困生捐款，如維宗博愛基金會〔註8〕已資助寧夏各地 221 名貧困大學生，並幫助在國內外高校進修的阿訇順利完成學業，為 100 餘名貧困中小學生發放生活補助等；此外，為有需要的困難群眾提供勞動保障、婚姻家庭、食品藥品、醫療教育等關乎民生的政策諮詢與法律援助，幫助其運用法律手段解決基本生產生活方面的問題等也是急難救助的重要內容。

特殊群體救助主要是指圍繞兒童、青少年、婦女、老年人、殘障人士、吸毒人員、流浪乞討人員、犯人等社會中特殊群體的困難及問題所開展的幫助活

〔註 8〕經寧夏同心縣政府批准，於 2010 年由洪洋成立的具有伊斯蘭教背景的基金會，主要從事教育、衛生、濟貧、宗教教職人員培訓等慈善公益活動。數據引自卓新平、鄭筱筠主編：《宗教慈善與社會發展》，北京：中國社會科學出版社，2015年，第 222 頁。

動。包括為孤兒開辦育嬰堂和福利院、關懷幫助留守兒童、預防青少年犯罪、幫助單親媽媽相親交友及學習親子教育知識、為吸毒人員提供戒毒輔導等。例如天主教南京教區 2005 年打造的非營利機構——「南京方舟啟智中心」，專門為智力缺陷人士提供社會就職訓練和庇護性就業，並成立居家生活館和康復中心，將智力缺陷人士的住宿托養與康復訓練融為一體，已救助和服務智力缺陷人士百餘人。〔註9〕海南省道教協會聯合社會各界資助了全國 25 個市縣的 481 名孤兒、125 名孤寡老人等，深受社會各界的好評。天主教進德公益還專門建立反拐賣項目，通過在各地舉辦專題講座等活動，提高婦女兒童的反拐意識。

總的來說，宗教的社會救助事業不僅是物質的救助，也是精神的救助、心靈的救助，是對社會弱勢群體切實的愛與關切。

8.2.2　教育學術事業

重視教育是世界各大宗教的傳統，歐洲歷史上素有「宗教興學」的說法，而回顧整個人類歷史，這也演變成了人類社會共同的理念。在現代社會，由宗教組織興辦的各類學校也是教育事業的重要組成部分。宗教的教育學術事業主要是指由宗教組織開辦的或以其他形式參與的以傳授知識、培養人才為目的各類教育與學術研究活動。主要包括宗教教育、社會教育、學術研究等。

廣義的宗教教育既包括宗教信仰的教育，也包括宗教學術的教育。但通常來說，宗教教育指的是以宗教教義、教規為主要內容的教育。根據其教授對象的不同，宗教教育又可以分為兩類：一類是培養宗教教職人員和宗教專業人才的專門教育，如佛教教育、道教教育、基督教教育、天主教教育、伊斯蘭教教育等，這類教育通常在各教開辦的宗教學院、研究所中展開，並設有與現代教育體系相同的學士、碩士、博士學位等，其規章制度、學習內容、學習方式等則因各宗教的不同而有所差異。目前，我國培養佛教專職人才的佛學院有 50 餘所，其中藏語系佛學院 4 所、巴利語系佛學院 1 所、漢語系佛學院則數量較多；培養道教專職人才的學院 10 所；培養天主教教職人才的神哲學院 10 所；培養基督教教職人才的神學院 21 所；培養伊斯蘭教教職人才的經學院 10 所。這些宗教院校有開設研究生學制的，如中國佛學院、中國天主教神哲學院等，有開設本科學制的，如武當山道教學院、河南佛學院等，有開設大專學制的，如江西佛學院、江蘇省聖經專科學校等，有開設培訓班和學習班的，如安徽九

〔註9〕資料整理自南京方舟啟智中心官網 http://www.njark.cn/，2016 年 5 月 21 日。

華山僧伽培訓班等。

　　還有一類是為了滿足信眾對宗教知識的渴望和對信仰實踐的需求而提供的教育，這類教育在形式上非常多樣，既有專門為信徒提供研究教義教理以及互相交流的宗教學院（區別於專門的宗教教育和社會教育）、書院、研習會、交流會等，還有以信眾學修體驗為主的遊學、夏令營、短期體驗和進修等，更有借助現代媒體如電臺、電視臺、互聯網等開展的各類教育和交流活動。例如由武當山道教協會開展的讀經、抄經、講經、宮觀早晚功課班，由上海道教學院開展的體道班、講經班，由茅山乾元觀開展的居士道樂誦經學習班等，為渴望學習和體驗道教文化的學修信眾帶來諸多方便的平臺。

　　社會教育事業是宗教團體為了傳授知識、培養人才、服務社會而進行的一項普遍而又重要的事業。宗教的社會教育事業種類繁多、形式多樣，主要包括兒童教育、初等教育、中等教育、高等教育、特殊教育、職業教育和各類培訓等。在 20 世紀上半葉的中國，由宗教團體尤其是基督教出資主辦的各類中小學和高校在中國的教育事業中佔有極其重要的地位，如燕京大學、金陵大學、輔仁大學、東吳大學等都是教會學校。從全球的視角來看，歐洲和美國的大量中小學都是由宗教團體開辦的，許多著名高校更是與宗教團體或宗教信徒有著密切的聯繫，如美國著名的哈佛大學最初就是一所教會學校。在今天，由宗教組織開辦的幼兒園、小學、中學、大學、盲人學校、聾啞學校、職業技術學校等依然是社會教育事業的重要組成部分。

　　學術研究事業主要是指由宗教組織出資主辦或參與協辦學術研討和學術交流的活動和會議、資助研究機構、資助社會發展項目、在學校中設立宗教獎學金等一系列能夠推動教育事業發展、促進學術界交流、鼓勵優秀學生的活動和措施。例如重慶市華岩文教基金會聯合中國政法大學、中國人民大學、西南大學、雲南大學等高等學府舉辦的多屆「宗教・法律・社會」、「佛耶論壇」、「佛教與社會教育」等主題的學術研討會，「中國傳統文化與現代生命科學」全國高校巡迴講座等，並在中國人民大學、中國政法大學、北京大學、山東大學、重慶大學、重慶工商大學、重慶師範學院、西南政法大學、雲南大學、雲南師範大學、泰國摩訶朱拉隆功大學（Mahachulalongkornrajavidyalaya University）等多所高等院校設立了「華岩論壇」和「華岩獎學金」。〔註10〕自 2011 年起，道教界已成功舉辦了三屆國際道教論壇，吸引了海內外眾多專家

〔註10〕整理自重慶華岩寺調研資料。

學者和高道大德各抒己見，探討交流，極大地推動了道教文化的廣泛傳播。天主教進德公益和基督教愛德基金會也先後主辦和參與了「宗教與公益事業」、「宗教與救災」、「教育與宗教慈善」等主題的宗教慈善公益論壇。

總的來說，宗教的教育學術事業是傳播信仰、傳授知識和培養人才的事業，既是整個社會的教育學術事業的重要組成部分，也是推動教育學術事業不斷向前發展和進步的中堅力量。

8.2.3　醫療保健事業

世界各大宗教都十分重視醫療保健事業。1834 年美國派遣第一個傳教醫生到中國時就曾提出「把醫療事業當成是福音的婢女」〔註11〕。開展醫療保健事業是宗教的慈悲、博愛和奉獻精神與價值的具體體現，因為在醫療過程中，醫生與病人之間通過密切接觸，易於建立良好的關係。在今天，宗教的醫療保健事業主要是指由宗教組織開辦的或以其他形式協辦、參與的以治病救人、關愛身心為目的的各類醫療和保健活動。主要包括醫療事業、護理事業、保健事業、關懷事業等。

其中，醫療事業的開展形式以設立醫院為主。如開辦綜合性醫院、專科醫院、各類社區診所等，一些宗教組織為了能夠讓偏遠地區裏無力醫治的病患們獲得治病的機會，還成立了流動的醫療隊，定期到這些地方開展義診活動。同時，對於社會中的一些特殊群體的救治也是醫療事業的重要組成部分。如定期組織為先天性殘疾的兒童提供手術治療，為艾滋病患者提供治療和關愛等。還有一些宗教組織建立了血庫、骨髓庫，這也為社會民眾享受醫療服務提供了資源便利。廣東省佛教協會於 2004 年創辦慈善公益診所，已為近 10 萬社會困難群眾免費提供醫療服務，累計施藥金額高達幾百萬元。〔註12〕此外，韶關南華寺和東華寺、佛山仁壽寺、潮州開元寺、江門新會玉臺寺、梅州佛光寺、珠海普陀寺、中山佛教協會等也開設了慈善中醫診所，廣州道教純陽觀、香港青松觀與越秀區珠光街道辦事處聯合開辦「廣州道教慈善道醫館」，香港蓬瀛仙館的「中醫門診部」、「流動中醫診療車」、「西醫門診」、「大埔社區保健中心」〔註13〕，基督教在汕頭、清遠、英德等開設 4 所醫療服務室和仁愛診所，這些具有宗教

〔註11〕顧長聲，《傳教士與近代中國》，上海：上海人民出版社，1983 年，第 275 頁。
〔註12〕陳延超，《社會建設視野中的宗教公益慈善研究》，武漢：華中科技大學出版社，2015 年，第 69 頁。
〔註13〕資料整理自香港蓬瀛仙館官網 http://www.fysk.org/，2016 年 6 月 23 日。

背景的慈善診所不但施醫贈藥、舉行義診，還把心理輔導、情緒紓解等納入服務範疇，幫助困難患者減輕經濟負擔，減少身心病痛。

　　護理事業主要是指宗教的志願者們通過對病患身心的照顧和關懷，幫助病患早日恢復健康，獲得心靈的開放與覺悟。社會中一般的護理服務主要是由具備專業知識、經過系統訓練的護士們來提供，而服務的內容基本以照顧看護病患身體為主。宗教的志願者們在接受系統的知識學習和技能培訓後，組成專門的護理小組，在醫院支持的前提下，協助其開展護理服務。在宗教精神的指引下，志願者們為病人提供無微不至的照護和深入靈魂的關懷，讓病人不但能緩解身體的不適，還能體會如沐春風的溫暖，重新感悟生命的意義價值，獲得心靈的慰藉。西安基督教東十一道巷聚會點成立的「紅絲帶志願者協會」與天主教進德公益「希望之光──艾滋病防治與關懷」是宗教界內專門關注艾滋病、關愛艾滋病人的志願組織，他們協助醫院和疾控中心探索全方位的艾滋病感染者護理和關懷服務，幫助艾滋病患者積極治療和自救，為艾滋病高危人群提供免費的宣傳輔導和技術支持，深受患者、感染者以及病患家屬的支持與信賴。〔註 14〕

　　保健事業的形式和內容比較多樣，既有面向社會大眾的保健，如為大眾提供免費體檢、開設身心保健知識的講座講堂、發放健康宣傳手冊和光盤等，還有面向特殊群體的保健，如為殘疾人提供輔具、為老年人提供失智症的篩查和預防救治、為需要復健的人群提供復健器材和課程等。由中國道教協會、北京道教協會、愛爾眼科集團於 2012 年發起的「點亮心燈‧慈善助醫光明行動」是道教界的一項重要慈善項目，不但為貧困家庭的眼疾少幼兒提供免費救治，而且為 15 周歲以下的貧困兒童提供眼部檢查、診療和跟蹤醫治，並長期致力於向全社會的青少年推廣眼部疾病的預防和愛眼護眼的保健知識。〔註 15〕在重視身體健康的同時，宗教亦重視人心靈的健康。尤其是在現代社會中，來自各界的壓力容易使人產生反感、恐慌和消極厭世的情緒，這種負面情緒如果得不到有效的疏導往往會產生社會問題。因此，宗教組織還會走進社區，以心理諮詢、心理關懷以及其他方式來幫助民眾調節情緒問題、疏導心理壓力，從而也將社會問題化解於無形之中。例如廣東省基督教協和堂開設有心靈輔導全

〔註14〕資料整理自進德公益基金會官網 http://www.jinde.org/，2016 年 6 月 23 日。
〔註15〕《點亮心燈‧善行吉林》搜狐新聞網 2016 年 9 月 28 日 http://mt.sohu.com/
　　　　20160928/n469329840.shtml。

國免費熱線，有 40 多位經過專業心理輔導訓練的信徒參與其中，他們通過聊天的方式幫助有需要的人打開心結，有效地幫助人們緩解憂慮、疏通情緒，也預防了一些因情緒問題導致的極端行為。

關懷事業主要是指對人生命的終極關懷，也就是臨終關懷。臨終關懷是在尊重生命的前提下，幫助病患及其家屬減輕內心焦慮、恐懼、埋怨、牽掛等心理，並建立對未來世界的信心和希望，幫助病患安心走完人生旅程。儘管一些世俗的組織和醫護人員也提供臨終關懷服務，但這種關懷僅僅停留在身體關懷和表面的心理關懷。臨終關懷的目的是讓即將離開的人得到內心的安寧和靈魂的救贖，如果離開宗教信仰，這個目標是不可能達成的。宗教組織成立的臨終關懷組織不僅為病患及其家屬提供身心關懷，還能提供世俗社會無法提供的靈性關懷，從而使病患能夠舒適到達人生彼岸、家屬能夠不留遺憾和陰影，真正實現對人生命的終極關懷。重慶華岩寺於 2005 年成立臨終關懷中心，堅持不接受款送、不接受紅包、不接受東西的「三不原則」，義務幫助臨終者建立或保持正念，凡是主動聯繫中心要求幫助的臨終者，中心都會安排專業人員提供臨終指導、助念和喪事指導等公益服務，中心成立至今已為幾百位臨終者提供臨終關懷服務。〔註16〕

總的來說，宗教的醫療保健事業不僅是在尊重生命前提下的醫身，也是醫心的事業，而且醫生、病人以及志願者們都能在這項事業中感悟生命的真諦和信仰的意義。

8.2.4　文化傳播事業

宗教既是人類文化的重要組成部分，也是人類文化藝術的寶庫。宗教的文學、音樂、歌舞、繪畫、雕像、建築、服飾等都是人類寶貴的物質財富和精神財富。為了達成傳承文化的目標，世界各大宗教都十分注重開展文化傳播事業。宗教的文化傳播事業是指宗教組織借助出版、現代傳媒等媒介傳遞本教的信仰、知識、信息、觀念和情感等，並由此展開的文化交流、文化推廣以及其他社會交往活動。

出版不僅是歷史上讓世界各大宗教遠播海外的重要工具，在今天依然是宗教文化傳播事業中最為基本和重要的形式。據統計，全球第一暢銷書的寶座

〔註16〕資料整理自重慶華岩文教基金會官網 http://www.dahy.org.cn/，2016 年 7 月 1 日。

迄今為止依然屬於《聖經》。現代各大宗教組織基本都開設有出版社、印刷單位、發行單位和文化事業公司等，面向社會大眾出版發行宗教經典、宗教圖書、報紙雜誌、期刊論文集、音像製品以及其他宗教宣傳材料等。社會大眾獲取這些宗教文化資料的途徑也非常廣泛，可以在宗教道場結緣，可以到書店選購，還可以在宗教組織開設的網站上申請獲得。許多宗教組織還成立研究機構開展各類專業性質的工作，如重新編纂修訂宗教經典、修復整理宗教古籍、將宗教書籍翻譯成各國語言以及將宗教文化資料做成電子版等，這些工作為宗教文化傳播事業的深入廣泛發展打下了堅實的基礎。例如河北佛教慈善功德會辦有月刊《妙蓮花》（曾用名《弘德》），每月發行 15000 冊；天主教進德公益開辦的旬報《信德報》是當代大陸地區首家天主教報刊，每旬發行 6 萬份；基督教愛德基金出版發行《愛德》雜誌、《愛德簡訊》、《愛德電子期刊》等；香港蓬瀛仙館出版發行《中國道教》、《道教義理綜論》、《音樂道德經》、《中國武術之詠春》等；重慶華岩文教基金長期出資修復和保護古籍善本，整理和保護碑文拓片一千一百餘幅，陸續出版了《南川金佛山佛教研究》、《南川金佛山佛教遺址碑拓輯錄》、《綦江古劍山佛教遺址碑拓輯錄》等書籍。〔註17〕

　　現代傳媒是信息傳播的重要工具，主要有電臺、電視臺、網絡媒體等。宗教組織也與時俱進地利用這些媒體來傳播宗教文化，如開設宗教電臺和電視臺來播放宗教文化節目，一些宗教組織還成立專業團隊拍攝宗教文化的紀錄片、心靈小品類短片、宗教知識卡通動畫片和宗教人物訪談片等。網絡媒體雖然是新興工具，但卻在現代社會中佔有不可替代的重要地位。如何利用互聯網來傳播宗教文化是各大宗教組織積極探索和實踐的方向。目前來看，開設各類宗教文化網站是互聯網傳播的主要形式，還有一些宗教組織設計開發宗教文化內容的手機 APP，不但形式新穎，而且也使隨時隨地認識瞭解宗教文化成為可能。我國各大宗教背景的慈善公益組織基本都設有自己的官方網站、官方社交媒體賬號等，並積極與傳媒平臺建立合作關係，例如基督教愛德基金與騰訊公益、百度公益、優酷、西祠胡同、早安江蘇、江蘇新聞廣播等平臺均有良好的長期合作關係，推出的上海愛德之友、愛德優酷等節目深受民眾喜愛。〔註18〕香港蓬瀛仙館建有道教文化中心——道教百科全書網站、全球首個 24 小時道教電視頻道——道通天地，製播了《道在人間》、《大道縱橫》、《解讀易經》、《北斗經》、

〔註17〕整理自重慶華岩寺調研資料。
〔註18〕資料整理自愛德基金會官網 http://www.amity.org.cn/，2016 年 7 月 8 日。

《中國武術之太極》等道教文化節目。〔註19〕

組織宗教文化交流與推廣活動也是宗教文化傳播事業的重要組成部分，常見的宗教文化交流與推廣活動有：贈與活動，宗教組織將宗教文化出版物贈與學校、圖書館、研究機構、社會名流、其他道場、監獄、傳播媒體等；展覽活動，宗教組織舉辦宗教圖書展、宗教文物展、宗教書法繪畫攝影展等；文藝活動，宗教組織成立的宗教音樂團、歌唱團、舞蹈團、話劇團等演奏音樂、唱聖歌、表演舞蹈節目以及其他文藝節目等；體驗推廣活動，宗教團體舉辦誦經班、唱詩班、讀經會、法會以及其他宗教節日聚會等，組織社會民眾參與宗教知識考試，開展宗教飲食體驗活動，推廣素食文化等。通過參與各類活動，社會民眾不僅能夠直接地感受到宗教文化的魅力，而且還能夠正確地、深刻地認識宗教文化的內涵。例如伊斯蘭教長期舉辦的「臥爾茲」演講、道教每年組織的「玄門講經」活動、道教文化節、道教音樂匯演、佛教每年舉辦的禪宗六祖文化節、佛音晚會等，通過學術研討、講座、開光慶典、書畫展覽、文藝演出等形式積極弘揚寶貴的宗教文化，展現優秀的宗教文化精神。

總的來說，宗教文化傳播事業既是宗教組織積極地向社會公眾展示宗教文化內涵的過程，也是社會公眾認識宗教、理解宗教、參與宗教乃至信仰宗教的過程。在這個過程中，宗教信仰得到了傳播，宗教文化得到了傳承。

8.2.5　養生養老事業

宗教關切人的生、老、病、死，那麼養生養老事業自然也是宗教慈善公益事業的重要組成部分。同時，宗教還具有開展養生養老事業的特殊優勢。首先，宗教的養生文化是開展養生養老事業的重要基礎。宗教的養生文化不但包括科學合理的養生理論，而且還包括豐富有效的養生方法，尤其道教更是具有一套完整的養生保健體系，可以幫助人們建立更加健康的生活方式，更加科學合理地進行養生養老；其次，宗教道場大多設立在自然生態環境良好的名山大川，依託優質的生態環境開展高質量的養生養老事業，滿足人們對高質量養生養老服務的需求；最後，宗教的生死智慧為人們提供世俗養生養老服務無法提供的心靈依歸。養生養老如果只停留在保健身體、照顧身體的層面上，就不具備真正的意義。養生養老不但要養身，更要養心。只有對生命的真諦有了本質

〔註19〕資料整理自香港蓬瀛仙館官網 http://www.fysk.org/index.php，2016 年 6 月 23 日。

上的認識，才能保持超脫、自然的心態，熱愛生命，從容生活。

　　宗教的養生事業主要是指宗教組織利用本教的養生文化資源開展的以促進人的身心健康為目的的各項事業。目前來看，宗教的養生事業主要是從思想文化的角度開展的，以讀經班、禪修班、宗教文化夏令營、宗教生活體驗等為主要形式。從內容上來看，宗教的養生事業主要包括：養生文化建設，包括培養養生文化人才、提煉養生文化理論、整理養生文化史料、開展養生文化學術論壇等；養生文化宣傳，包括養生文化書籍和音像製品的製作發行、養生文化節目展播、養生文化的講座、學習班、體驗班；飲食養生，包括推廣佛教素食料理、開設素食餐廳、傳播素食養生的理念，道教養生茶、養生酒和齋菜的體驗與推廣等；運動養生，包括開展瑜伽、太極拳、五禽戲、八段錦等內容的體驗與學習班；旅遊養生，包括以學修體驗、夏令營為主要形式的各類讀經、抄經、禪修等宗教聖地旅遊休閒活動。除此之外，還有導引按摩、內丹修煉、辟穀等身體方面的調養與培養雅趣、存想靜思等精神方面的調養。根據以往對道教名山——武當山的兩次調研發現，武當山道教學院面向全國各宮觀招生，武當武術、道教養生等科目皆為必修，培養了大批養生文化人才；由武當山道教協會成立的武當工夫團學院和武當工夫團不僅教授武當武術，而且長期受邀去往世界各地展示和傳播武當武術；武當山道教協會還在世界各地設立武當太極養生分會，現已成立 20 餘所；武當山本身環境優美、底蘊沉厚，每年來武當山旅遊問道、體驗養生文化的遊客約有 500 萬。此外，武當山還有抄經、讀經、體道班、太極拳、八段錦、辟穀等體驗與學習班，產有武當艾灸條、武當藥酒、武當茶等養生品，深受海內外民眾的支持與喜愛。[註20] 香港蓬瀛仙館設有養生團，製作推出了系列養生節目如《不時不食》、《冬季養生》、《向都市病說再見》、《健康好煮意》、《生活絲絲甜》等，出版養生書籍《鄉郊食療》、《四季養生食療》等，並與其他宮觀進行養生文化交流，下轄祥龍圍綜合服務中心定期舉辦各類健康講座、健體運動班及身心健康活動，幫助居民建立健康的生活方式和積極的人生態度。[註21]

　　養老是政府、家庭和社會的共同責任。在人口老齡化不斷加速發展的今天，優質的養老服務需求也日趨強烈。宗教的養老事業主要是指宗教組織為了讓老年人能夠幸福地安度晚年所開展的以養老院、社區養老等為主要形式的奉養老

〔註20〕整理自武當山調研資料。
〔註21〕資料整理自香港蓬瀛仙館官網 http://www.fysk.org/，2016 年 6 月 23 日。

年人的服務。目前來看，宗教養老事業主要包括：開辦養老機構，宗教組織早期開設的養老院多以救濟和幫助孤寡的困難老人為主，伴隨著社會的安定與進步逐漸發展成面向整個社會的養老機構，為老年人提供身體照顧、心靈關懷、學習娛樂以及簡單的醫療護理服務；社區養老，宗教組織通過考察社區老年人的數量和需求，在社區內建立老年活動站、餐廳、托老所、文化健身活動室等設施，讓老年人既能夠在白天參與豐富的社區活動，晚上還能與家人同樂；居家養老，為了讓體弱多病老人、高齡老人、空巢老人等得到良好的身心照顧，一些宗教組織專門為居住在家的老年人提供生活照料、醫療護理、心靈關懷和解決日常生活困難等的專業化上門服務；除此之外，宗教組織還為具有宗教信仰的老年人提供信仰與生活兼具的服務，使他們既能安頓身心，又能增進信仰。伊斯蘭教維宗博愛基金會長期關注阿訇的養老服務，自 2012 年起為退居二線、年齡超過 75 周歲的老阿訇每月發放生活補助 500 元，直至其覆命歸真。〔註22〕香港蓬瀛仙館建有祥華、大埔兩所長者鄰舍中心，為區內長者和護老者建立社區支持網絡，提供多元化的活動供長者參與，如班組活動、義工服務、健康支持服務和鄉郊外展服務等。〔註 23〕天主教進德公益於 2002 年開辦進德老年之家，為無居所、無子女、無生活來源的老人提供免費養老服務，對其他老人收取低於一般民辦養老機構的費用，老年之家的工作人員是來自各地的修女、修士和志願者，為老人們提供 24 小時的養老護理、康復保健、心理撫慰、娛樂休閒、臨終關懷等人性化、全方位服務，截至 2008 年底，老人之家入住 68 位老人，其中殘疾老人 10 位、「三無」老人 10 位。〔註24〕在廣東，有宗教背景的養老機構多達十餘家，包括佛山市基督教郇光頤老院、東莞市基督教真光頤老院、興寧市基督教長者之家、迦拿組愛心安老院、汕頭市基督教天恩安老院、廣州花都區基督教慈恩護老院、廣東省基督教兩會廣州路加頤養院、汕尾市覺源寺養老院、興寧市慈光安養院、普寧佛協洪陽居士林、揭東市新亨鎮頤養院、潮州市開元寺、四會市六祖寺、潮州市明鏡古寺等。〔註25〕

〔註22〕 卓新平、鄭筱筠主編：《宗教慈善與社會發展》，北京：中國社會科學出版社，2015 年，第 222 頁。

〔註23〕 資料整理自香港蓬瀛仙館官網 http://www.fysk.org/，2016 年 6 月 23 日。

〔註24〕 明世法，《中國宗教的慈善參與新發展及機制研究》，成都：四川出版集團巴蜀書社，2014 年，第 123 頁。

〔註25〕 陳延超，《社會建設視野中的宗教公益慈善研究》，武漢：華中科技大學出版社，2015 年，第 58 頁。

　　總的來說，養生養老事業不但為社會大眾傳播了健康生活的理念和方法，還為人們過上有尊嚴的、充實幸福的晚年生活提供了重要保障。

8.2.6　喪葬祭祀事業

　　喪葬祭祀源於人們對死亡的哲學認識和宗教領悟，喪葬祭祀文化本質上是一種宗教文化。喪葬祭祀表達了人們慎終追遠的情懷和意蘊，倘若離開宗教，這種意義就會大打折扣。長期以來，喪葬祭祀文化是人類文化活動的重要組成部分，喪葬祭祀服務也是宗教為社會提供服務的重要形式。宗教的喪葬祭祀事業主要是指宗教組織充分開發和利用本教的喪葬祭祀文化資源所開展的各項事業。

　　目前來看，宗教的喪葬祭祀事業主要包括：喪葬祭祀文化建設，如培養喪葬祭祀的專業人才、提煉喪葬祭祀文化理論、研究喪葬祭祀儀軌體系、舉辦喪葬祭祀文化學術活動等；為往生者提供系統的喪葬祭祀服務，如為災難中的遇難者提供宗教的追思祈福悼念會和殯葬服務、為具有宗教信仰的往生者提供本教的喪葬儀式和殯葬服務、面向社會大眾提供其所需的喪葬祭祀用品及服務等；設立公益墓地陵園，為無名往生者和無力安葬的貧困往生者處理後事，並舉辦宗教的喪葬儀式和祭祀活動。值得一提的是，一些宗教組織近些年來積極回應「文明殯葬」、「生態殯葬」的倡導，大力推行綠色環保的喪葬祭祀用品和喪葬祭祀服務，如用 LED 蠟燭燈代替普通蠟燭、用獻花代替燒紙等。在汶川地震、玉樹地震等災難救援期間，伊斯蘭教為不幸遇難的穆斯林提供殯葬服務，佛教和道教為遇難同胞舉辦追思祈福法會，超度亡靈，慰藉人心。一些宗教組織還建有本教的公墓陵園，如伊斯蘭教的西北旺回民公墓、北京天主教陵園、北京基督教西北旺陵園、香港蓬瀛仙館思親公園等，為具有本教信仰的往生者提供本教的殯葬儀式和服務，以蓬瀛仙館思親公園為例，龕堂為往生者提供先人瓷像製作、安奉先靈、早晚上香、功德法事、科儀祭祀法會等服務。[註26] 此外，武當山、青城山等為離世的出家者提供免費墓地，一些寺廟和龕堂還設有往生牌位服務，給信仰本教的往生者提供宗教奉祀。

　　總的來說，宗教的喪葬祭祀事業是讓逝者安息、生者慰藉的服務，是宗教喪葬祭祀文化的本質要求，也是宗教服務社會的重要內容。

〔註26〕資料整理自香港蓬瀛仙館官網 http://www.fysk.org/，2016 年 6 月 23 日。

8.2.7　環保護生事業

　　環保護生問題是當今世界普遍關注的問題之一，因為動物、環境都與人類密不可分，它們如果出現問題，勢必會或多或少、或早或晚的影響到人類的生存。世界各大宗教的經典和教義中都包含著豐富的環保護生的思想，對人類與動物和環境的關係也有著深刻的認識。在人類與動物、環境的矛盾日趨突出的今天，各大宗教組織都十分重視環保護生事業的開展，積極探索人類與自然萬物和諧相處之道。宗教的環保護生事業主要是指宗教組織開展的以保護環境、愛護動物為主要內容的各項事業。

　　目前來看，宗教組織開展的環境保護事業主要包含以下幾個方面：環保文化建設，包括建構宗教環保文化體系、舉辦環保文化學術研究活動、資助社會上優秀的環保文化項目等；環保理念傳播，包括出版發行推廣環保理念的書籍、報刊、雜誌和音像製品，開展推行環保理念的各類講座、論壇以及其他宣傳活動等；環保活動實踐，包括開展垃圾分類、資源回收、能源節約、素食倡導、噪音防治、空氣、土壤及水源的淨化、環境清潔等活動。一些宗教組織不僅向社會大眾積極倡導環保思想，開展環保活動，而且以身作則，始終堅持踐行環保理念。他們的宗教道場建設十分注重資源的利用與回收，在能源的使用上也是非常節約，長期堅持垃圾分類、素食餐飲、節能減排等，真正將環保理念融入生活、用於生活。廣東省宗教界自 2007 年開始廣泛號召和開展植樹種林、創建綠色家園活動，各地宗教教團、寺廟道觀、宗教信眾等積極回應號召，僅 2007 年植樹節期間就有超過 5 萬人參加活動，投入資金 230 餘萬元，植樹 50 萬餘棵。據統計，截至 2014 年底，廣東全省共有 43.5 萬人參與到了「宗教界萬人植樹」活動，投入資金高達 3796.6 萬元，植樹多達 354 萬棵。為了推行環保、節能減排，廣東省各地佛教協會積極推行文明進香、清水供佛、檀香循環利用等，深入各寺廟宣傳節能知識、加強節能教育培訓、增強環保意識、建立節能制度，深圳市基督教兩會還以「節約、文明、整潔」為主題制定辦公守則，伊斯蘭教協會號召市內所有穆斯林餐廳減少使用一次性用品，節約水電資源，減少浪費。〔註 27〕

　　宗教組織開展的動物保護事業主要包括：宣傳動物保護理念，包括出版發行動物保護的書籍、報刊、雜誌和音像製品，投放保護動物的公益廣告，開展

〔註 27〕陳延超，《社會建設視野中的宗教公益慈善研究》，武漢：華中科技大學出版社，2015 年，第 76～79 頁。

推行動物保護理念的各類講座、論壇以及其他宣傳活動等；開展動物保護活動，以動物救助和護生為主。其中，動物救助主要是對瀕臨滅絕的動物、無家可歸的流浪動物的救助，通過資助動物救助機構、成立動物救助站、動物領養站等方式實現為需要救助的動物提供幫助。放生是近些年來比較常見的動物保護活動。但在指定時間、指定地點、放生指定動物往往會增加該類動物被捕殺的機會，滋生捕殺該類動物的行業，而且在放生時因為無知而導致北方動物放生到南方、海水生物放生到淡水、家養寵物放生到野外、異地生物因放生入侵等行為，反而使這些被放生的動物或環境中其他動物遭受滅頂之災，放生與殺生便無兩樣。因此，宗教組織倡導的是護生，而不是機械化的放生。護生就是尊重、珍惜、愛護動物的生命，為動物創造良好的生態環境。佛教和道教的寺廟宮觀大多設有放生和護生場所，如重慶華岩寺、廣州純陽觀等皆有放生池。廣東省佛教界幾乎每年都組織有放生活動，為了引導人們科學放生，廣東省佛教協會與廣州市佛教協會於 2009 年聯合舉辦「慈悲放生、關愛自然」活動，編印發行《廣東佛教界放生法會手冊》，引領全省佛教界善待生態，創建和諧自然，一些寺廟宮觀還將放生活動固定化、常態化，例如廣東惠州龍門萬壽古寺自 2011 年起將每個月的第四個星期六作為放生活動日。

　　總的來說，宗教的環保護生事業是在平等的觀念下對自然、動物和人類本身的保護，對自然資源、生態環境與人類社會的可持續發展具有重要意義。

8.2.8　文化服務事業

　　長久以來，宗教作為一種以信仰為核心的文化服務著人類社會。但伴隨著社會經濟的不斷發展，人們認識、瞭解和體驗宗教文化的興趣與需求也日漸強烈，故而宗教組織將宗教文化服務作為一項事業推向整個社會，既與時俱進符合社會需要，又能夠促進整個社會文化的蓬勃發展。因此，宗教文化服務事業主要是指宗教組織為了滿足人們認識、瞭解和體驗宗教文化的興趣和需要而開展的各項事業。目前來看，宗教文化服務事業主要包括宗教文化體驗服務和宗教文化旅遊服務。

　　結合社會民眾的需求，宗教組織提供內容豐富、形式多樣的宗教文化體驗服務，主要包括宗教修行文化體驗服務，如舉辦誦經、讀經、抄經、唱詩、禪修、素食、法會等體驗活動；宗教藝術文化體驗服務，如舉辦宗教音樂、舞蹈、歌曲、戲劇等文藝節目演出，開辦宗教書法展、畫展、文物展等，組織各類宗

教音樂、美術、繪畫、雕刻、茶藝、香道內容的學習班等；宗教教義與經典學習體驗服務，如舉辦各類教義與經典研習班、講座、比賽等；宗教儀式體驗服務，如為信徒提供宗教婚禮、洗禮等，為普通民眾提供短期出家、短期修道等體驗服務。當前我國佛教和道教的許多寺廟宮觀提供文化體驗活動，如南京棲霞寺的禪修班、上海道教學院的體道班等，為了豐富傳播和體驗方式，香港蓬瀛仙館於 1996 年專門成立了香港道樂團，成為香港唯一註冊專門從事道教音樂表演的音樂團體，團員包括教師、公司職員、學生等不同階層共三十餘人，常赴世界各地表演，並出版有《仙樂集》，在海內外影響廣泛。〔註28〕此外，中國道教協會每年組織「道教音樂匯演」，佛教界常舉辦「佛音晚會」，基督教和伊斯蘭教也常通過音樂晚會、歌舞戲劇等形式展示和宣傳優秀宗教文化。

　　宗教文化旅遊服務是由宗教組織提供的以宗教文化內涵為載體、具有文化品位和文化意蘊的滿足遊客多層次需求的旅遊服務活動。宗教文化旅遊服務不僅是為宗教信仰者提供朝聖旅遊服務，而且也為普通群眾提供了瞭解宗教文化、感受宗教文化和認識宗教文化的服務活動。目前來看，宗教組織開展了包括宗教文化古蹟觀賞、宗教修身養性度假、宗教節慶特色活動等多種方式的旅遊服務活動，同時還開發了相關的旅遊產品，如宗教明信片、紀念冊、書籍、紡織品以及其他紀念品和精神產品等。宗教雄偉精緻的建築、恢弘神聖的神像、清淨高遠的音樂、神秘莊嚴的儀式、博大精深的經典等豐富多樣的內容既給遊客們帶來了視覺享受，也使得遊客們的內心得到了洗禮和淨化。佛教和道教的寺廟宮觀大多座落在風景優美的名山大川，基督教的教堂、伊斯蘭教的清真寺也是極具特色的旅遊景點，宗教道場結合自身優勢開發的多元文化體驗項目通常都與旅遊密不可分。據統計，2015 年，武當山遊客量達 660 萬人，普陀山遊客量達 1484.4 萬人，峨眉山遊客量達 330 萬人，宗教文化旅遊是吸引人們瞭解、感悟和體驗宗教文化的重要管道。

　　總的來說，宗教文化服務事業具有娛樂、觀賞、審美、求知的特性，為人們尊重、認識、理解和領悟宗教文化提供了平臺，也為整個社會文化事業的繁榮發展注入了能量。

8.2.9　道德教化事業

　　道德教化功能是宗教的一個突出作用。宗教文化中的善惡觀念以及超越

〔註28〕資料整理自香港蓬瀛仙館官網 http://www.fysk.org/，2016 年 6 月 23 日。

個人此生的思想與修行會對信仰者產生巨大的道德教化引導作用，當這種道德觀念內化成為信徒們的行為準則時，信徒們就會在現世生活中行善積德，從而也在客觀上對整個社會產生一定的道德示範、引導和淨化功能。宗教的教化事業主要是指宗教組織開展的以宗教道德觀念淨化人的心靈、提升人的境界、促進社會道德和精神文明發展的各項事業。

實際上，宗教組織開辦的教育事業即是最為普遍的教化事業，教育是開展教化事業的主要方式。與此同時，宗教組織還開展了各類具有道德教化意義的活動。例如為幫助少年兒童形成良好品格而開展的童軍團、少年團等；為促進社會道德進步而開展的各種公益活動等；為引導社會邊緣人向善而開展的監獄布教、少管所布教、戒毒輔導等。值得一提的是，為引導和幫助社會邊緣人向善而開展的教化活動是宗教組織教化事業中較為獨特的一項。因為這些社會邊緣人基本上是脫離社會或是被社會遺棄的人，即便通過監獄、少管所、戒毒所的管教，其依然難以回歸社會，有些甚至還會重新走上犯罪之路。宗教組織意識到若想改變人的行為，終究還是要從人的心理入手。因此，他們主動走進監獄、少管所和戒毒所等機構，以宗教和心理的輔導為主、以技能的培訓為輔，通過開展諸如講座、禪坐、抄經、誦經、讀書會、文藝活動等多元化的課程內容，協助社會邊緣人培養健康的人生觀，真正找回自我，重新面對新的人生。例如成都大慈寺僧人在四川省女子監獄開展的服刑人員幫扶活動，成都文殊院赴戒毒所開展戒毒人員幫扶活動、山東大學佛教研究中心在監獄中系統開展「司法禪學」講座、上海玉佛禪寺與監獄簽訂幫扶協議並幫助服刑人員改造等，通過宗教文化中獨特的道德約束與激勵機制，促進社會邊緣群體的心理健康和人格完善。〔註29〕

總的來說，宗教組織本著平等的觀念，在愛與慈悲的感召下引導社會公眾形成向善的人生觀，起到了抵制罪惡、維護倫理、呼籲良知和凝聚社會的積極作用，不但促進了社會道德與精神文明的發展，而且也為國家安寧和社會穩定貢獻了力量。

當然，除了以上九項事業外，許多宗教組織還致力於開展以跨國、跨宗教、跨種族的國際交流、國際援助等形式為主的慈善公益事業，有的宗教組織還與軍隊、警察局等合作開展公益服務等，這些也是宗教組織自覺融入本社會的政策框架，發展專業、特色的社會服務的重要內容。

〔註29〕肖松，《罪犯宗教改造方式境外實踐的啟示》，《犯罪研究》，2016 年，第 3 期：第 45 頁。

第 9 章　做好宗教慈善公益事業的
條件與要求

9.1　做好宗教慈善公益事業的外部條件

通過對佛光山與救世軍慈善公益事業的考察，我們深刻地認識到，宗教不僅是一種以信仰為核心的文化和重要的社會意識形態，而且也是不可替代的社會力量，尤其在慈善公益領域發揮著世俗組織難以比擬的巨大作用，但想要做好宗教慈善公益事業，還需要一定的外部條件作為基礎和保障。

9.1.1　機制條件：完善的法律制度

雖然宗教組織在凝聚人力、物力、財力方面具有一定的資源優勢，但倘若沒有良好的制度環境，宗教慈善公益事業的社會功能依然難以發揮。透明、完善的慈善公益制度能夠喚醒更多的慈善公益力量，凝聚更多的慈善公益資源，保障宗教慈善公益事業步入正軌，有序運營。美國及港臺地區對宗教慈善公益事業從登記註冊、資金募集、財務收支、組織評估、信息披露以及活動管理幾個方面進行制度規範，為宗教慈善公益事業的發展創造了良好的社會環境。

第一，宗教慈善公益組織登記註冊與歸口管理制度。登記註冊與歸口管理制度是各國家和地區政府的一項基本管理制度，也是政府對宗教慈善公益事業進行制度規範的首要內容，雖然在具體的實施與操作上存在差異，但為引導

和規範宗教慈善公益事業的系統開展提供了一定的制度保障。在不同的國家和地區，政府對於宗教慈善公益組織的設立條件要求各異，准入門檻高低有別，登記註冊程序簡繁不一，主管機構也各不相同。以美國為例，美國的非營利組織註冊管理比較寬鬆，組織的註冊必須先向所在的州提出正式的結社要求，凡是符合稅法規定的團體都可以向美國聯邦國稅局申請慈善團體的免稅資格。美國政府對於非營利組織的設立條件要求較少，准入門檻低，註冊程序簡單，政府對非營利組織的管理主要集中在財務方面，非營利組織一旦發生有悖於非營利目的的行為就會受到法律制裁，政府並不在意非營利組織是否具有宗教屬性或屬於哪個宗教團體。在臺灣，宗教非營利組織可以分為宗教財團法人、宗教社團法人和宗教非法人團體，它們在設立前需要向不同的政府部門登記：「宗教財團法人的設立可根據業務的性質依法在相關部門登記設立，如在內政部門（社會福利與慈善基金）、教育部門（文教基金）、衛生部門（醫院）；宗教社團法人的設立由地方法院登記；宗教非法人團體可向主管部門登記。」〔註1〕香港政府一般不干涉社會慈善公益事業，宗教慈善公益組織登記註冊程序簡便容易，向社會福利署申請許可後便可開展慈善募捐活動，社會福利署負責制定和推行社會慈善公益服務，並擔當政策制定、資源分配和慈善公益組織監督的重任。

　　第二，宗教慈善公益資金的募集與財務管理制度。資金不但是宗教慈善公益組織運作的基礎之一，也是社會民眾愛心的體現。因此，政府對於慈善公益資金的募集與使用也制定了相應的要求和規範，目的是保證慈善公益資金募集與使用的過程公開透明，維護良好的社會慈善公益環境。為了預防和避免侵佔善款、濫用善資等犯罪現象的發生，政府通常會要求宗教慈善公益組織將慈善公益資金的募集與使用過程公布於眾，增強宗教組織慈善公益資金管理的透明度，建立起完善的社會公示制度。在臺灣，根據《勸募管理條例草案（協商版）》第15條規定：「勸募發起團體應於勸募期滿30日內，將捐贈人姓名、捐募數額、發售捐贈券情形及收支報告予以公告、登報、上網或印發徵信目錄；勸募所得財物如需轉由執行單位使用，應詳列清冊移交，並報主管機關備查。前項之公告應尊重不具名捐款人之隱私權。」〔註2〕在香港，由社會福利署公

〔註1〕明世法，《中國宗教的慈善參與新發展及機制研究》，成都：四川出版集團巴蜀書社，2014年，第179頁。
〔註2〕《勸募管理條例草案（協商版）》。

布的《慈善籌款活動最佳安排參考指引》規定：「所有由慈善機構舉辦或代表該機構舉辦的籌款活動，須公開慈善機構的名稱和籌集善款的目的；週年財務報告須在所有要項上均據實報導及準確無誤，並經外界審核；慈善機構宜在切實可行範圍內，就個別籌款項目編制財務報表，以供公眾查閱等。」〔註3〕除了建構善款捐贈與使用的公示反饋機制外，香港政府還通過相關審計部門對善款的募集與使用情況進行稽查，建立了一套系統的財務審查制度。香港政府為防止慈善公益組織出現貪污、謀利、欺詐和善款濫用等不當行為的發生，由社會福利署制定《慈善籌款活動內部財務監管指引說明》和廉政公署的《防貪錦囊》等引導規範善款運用與財務管理內容，慈善公益組織每年必須聘請第三方審計機構對其進行財務審查，並將審計結果公布於眾接受監督，政府對其上報的審計報表進行考察，合格即繼續享有免稅待遇，不合格則取消開展慈善公益事業的資格。

　　第三，宗教慈善公益組織的評估監督制度。對宗教慈善公益組織進行定期評估是政府監督工作的重要內容，臺灣政府每年都會對宗教慈善公益事業的具體情況進行考察評鑒，並且每三年進行一次大型評估，評估內容包括宗教慈善公益組織的財務狀況、業務水平以及社會評價等，設置從甲等到丁等的水平等級，政府對表現優秀的組織給予嘉獎，「貢獻卓著的組織」〔註4〕將上報至行政院進行獎勵，考核不理想的組織將於第二年覆評，覆評結果依舊則取消其經費補助。實際上，政府的評估工作既是監督，也是鼓勵，雖然政府的表彰以精神榮譽為主，物質獎勵為輔，但它所具備的意義價值卻是不可估量的，優秀的等級為宗教慈善公益組織贏得了良好的聲譽和形象，為組織成員增添了自豪感和榮譽感，為宗教慈善公益事業的發展帶來了持續的動力。下表是臺灣自1978 年起的宗教慈善公益事業成果政府表彰統計，經過三十年的評估監督工作，榮獲表彰的宗教慈善公益組織由最初的個位數發展至二百餘個，捐贈金額也從 1 億元增至十幾、甚至二十億，臺灣宗教慈善公益事業的迅猛發展可見一斑，政府監督鼓勵的效用不容小覷。

〔註3〕《慈善籌款活動最佳安排參考指引》。
〔註4〕指連續十年獲得十次或十五年內獲得十二次臺灣內政部評定為成績優秀，且年度捐款 1000 萬以上的宗教慈善公益組織。

臺灣歷年各直轄市、縣市宗教團體捐資興辦公益慈善事業成果統計表
〔註5〕

年　　度	捐贈金額（單位：新臺幣）	「內政部」給予獎勵數
1978	112620449	7
1979	223817956	17
1980	441691307	19
1981	418601537	33
1982	539345756	47
1983	589349861	19
1984	943189486	28
1985	1146411277	29
1986	1078487764	35
1987	1203864178	36
1988	1679767341	49
1989	1481001079	57
1990	1824261213	36
1991	1684138121	47
1992	2411378926	70
1993	2875464675	97
1994	2312831556	78
1995	2517319895	97
1996	2111687862	88
1997	1980800000	75
1998	1993591055	86
1999	1919692437	94
2000	1917849881	137
2001	1258725532	92
2002	1801217755	119
2003	995744114	143
2004	1746130141	146
2005	1205136419	143
2006	1036689644	177
2007	1203197297	186
2008	1337906532	196
2009	1405530116	222
合計	45366442162	2705

〔註5〕王佳，《中國佛教和慈善公益事業》，北京：宗教文化出版社，2014年，第343頁。

　　第四，宗教慈善公益活動管理制度。政府對於宗教慈善公益活動的管理基本上通過國家現行法律法規實現，即要求宗教慈善公益活動應依法開展。美國及港臺地區政府對於宗教慈善公益活動都按照一般性的社會活動予以指導、協助和監管，對活動的前期準備、實施過程和成效等方面並不進行跟蹤考察和實時監管。美國政府對宗教慈善公益活動只進行財務審查，對於宗教慈善公益事業的發展，則通過一套法律體系來完成，例如憲法保障公民自由參與慈善活動的權利、稅法實現對非營利組織的外部激勵與監督、公司法規範非營利組織的內部治理、非營利組織法明確非營利組織作為法律主體的起訴與被起訴權限等，通過多部法律法規的互相配合、互相補充，實現對慈善公益事業的監管與激勵，為宗教慈善公益活動的開展提供了相對寬鬆的空間，也為激發宗教慈善公益組織的活力與創新力帶來了環境保障。

　　綜上所述，美國及港臺地區政府保障了宗教慈善公益組織在進入社會公共領域時的主體地位與自主權力，積極引導和推動宗教慈善公益組織步入正軌、走向專業，在給予其自由發展空間的同時進行有力的監管，為宗教慈善公益事業的發展創造了相對完善的制度環境。

9.1.2　政策條件：有力的政策支持

　　來自政府有力的政策支持與切實的鼓勵是推動和促進宗教慈善公益事業蓬勃發展、蒸蒸日上的重要力量。美國和港臺地區政府對宗教慈善公益組織予以大力的政策支持，因為自覺地扶持民間慈善公益力量就是在客觀上減輕政府的社會負擔，同時也符合社會公眾的需求。目前，美國和港臺地區政府對宗教慈善公益事業的政策支持主要從稅收調節、項目資助和服務外包三個方面展開。

　　第一，稅收調節。稅收調節是政府激勵宗教慈善公益事業發展的重要方式，許多國家和地區都有專門鼓勵宗教慈善公益事業發展的法律法規和政策，基本上都是通過捐贈者稅收減免、宗教慈善公益組織稅收減免來實現。以美國為例，美國政府一是在經濟上給予宗教組織及其所屬的各類慈善機構免稅待遇，二是捐贈者激勵，即允許納稅人將捐贈給宗教組織及其所屬慈善機構的款項列入抵稅部分，這種優惠政策使得那些高收入群體願意將一部分收入捐獻給宗教組織或慈善機構，不但可以獲得免稅待遇，還能夠為慈善公益貢獻力量，並積累良好的社會聲譽。稅收調節政策極大地刺激了美國非營利組織的發

展，宗教組織則是其中的最大受益者。據統計，1977 年至 1996 年間，美國各宗教組織的收入增加了 43%，雇員人數增加了 53%。〔註6〕1999 年至 2003 年間，宗教慈善公益組織增加了 35000 家，增幅達 140%，每年對宗教組織的捐款超過 400 億美元，占全部善款的 47%。〔註7〕在香港，只要受香港法院司法管轄的宗教組織能夠證明本團體的主要活動是救助貧困、促進教育、推廣宗教或其他有益於香港社會而具有慈善性質的宗旨，且具備規範機構活動的文書，政府就會給與減免稅收的優惠；任何個人、企業、社會團體等能夠證明自己給公共性質的慈善公益機構或信託團體捐款，就可以在個人入息課稅、薪俸稅和利得稅下獲得扣除。

第二，項目資助。除了稅收調節外，政府還會為宗教組織開展慈善公益事業提供一定的資助，如技術輔助、財政資助，以及場地、設備、物資、人員培訓等支持。其中，財政資助是在各國家和地區政府中最為普遍、也是最有力度的政策支持。在臺灣，為了支持與鼓勵宗教組織開展慈善公益事業，發揮社會教化功能，政府對宗教組織予以一定的資金補助，如下圖所示：

《臺灣「內政部」2011 年度推展社會福利補助經費申請補助項目及
　　基準》〔註8〕

補助項目	補助金額（單位：新臺幣）
開辦設施設備費	最高 10 萬
充實設施設備費	最高 5 萬 歷年累計最高上限 60 萬
業務費	每月最高 1 萬
申請單位的管理人員、護理人員、社工人員、照顧服務員補助	每月 1 萬元以上 根據申請單位具體情況而定
志願者補助	根據申請單位業績而定
申請單位評鑒為甲等	每年最高獎勵補助 2 萬 山地、離島及偏遠地區另加 5000
偏遠地區的申請單位專業人員進修培訓	根據申請單位具體情況支持學費

〔註 6〕 Lester. M. Salamon. America's Nonprofit Section.The Foundation Center, 1999, NewYork, 2nd ed, p.154.
〔註 7〕 趙樂，《信仰的魅力與社會資本的實力：淺析美國宗教慈善組織的兩大支柱》：碩士學位論文，上海：復旦大學，2008 年。
〔註 8〕 內容整理自《臺灣「內政部」2011 年度推展社會福利補助經費申請補助項目及基準》。

　　另以香港為例，香港社會福利署是專門管理慈善公益組織的機構，其下設的津貼科專責執行項目津貼和監管等服務。香港政府自 2001 年起開始推行整筆撥款項目資助模式，整筆撥款督導委員會和整筆撥款獨立處理投訴委員會專門負責全程監管，獲得撥款的慈善公益組織盈虧自負。由下表可知，自八十年代末期，香港政府的福利總開支增長迅速，其中資助慈善公益組織的開支從約 10 億港元增至 70 億港元左右，始終占總開支的 20% 至 25% 左右。

香港政府福利開支結構 〔註9〕　　　　　　　　　　單位：億港元／%

年　份	總開支	非營利組織獲得資助金額	占總開支比例
1987～1988	28	6	23.1
1988～1989	34	8	22.9
1989～1990	42	10	23.7
1990～1991	51	13	24.8
1991～1992	60	16	26.3
1992～1993	71	18	25.7
1993～1994	88	22	25.3
1994～1995	105	27	25.7
1995～1996	133	33	25.1
1996～1997	169	40	23.7
1997～1998	204	46	22.5
1998～1999	257	55	21.5
1999～2000	290	62	21.2
2001～2002	297	72	24
2002～2003	322	79	24
2004～2005	328	66	20.1
2005～2006	341	67	19.7
2006～2007	346	67	19.5
2007～2008	341	68	20

〔註9〕引自梁祖彬，《香港非政府組織的發展：公共組織與商業運作的混合模式》，《當代港澳研究》，2009 年，第 1 期。轉引自黎熙元，姚書桓，《港澳非營利組織發展比較研究》，北京：中國社會科學出版社，2013 年，第 122 頁。

　　第三，服務外包。在美國和港臺地區，政府與民間社會力量共同承擔公共事務，宗教慈善公益組織即是民間社會力量的重要組成部分。在臺灣，政府十分重視與宗教慈善公益組織合作開展社會福利事業。以佛光山為例，佛光山的松鶴樓老人公寓是由高雄縣政府委託慈悲社會福利基金會經營管理的慈善公益項目，臺灣法務部矯正機構委託佛光山及其他宗教組織開展監獄教化與戒毒項目，大慈育幼院長期接收由高雄縣政府轉介的兒童個案等。在香港，政府在 1973 年就提交了一份社會福利白皮書，肯定了教會作為服務機構的意義價值。香港政府將社會福利服務分為三類：「一類是必須的（essential），如公共援助和感化類；二類是需要的（necessary），如有助消除社會問題的服務，有助維持生命和健康的服務等；三類是理想的（desirable），如提供文娛康樂和社交活動的服務。」〔註 10〕教會主要作為第二類社會服務的提供者，是香港政府在公共服務領域內的重要合作夥伴。香港政府早期以「談判式」的購買方式提供公共服務，2000 年以後開始實行公開競投方式。政府與合作機構簽訂《津貼及服務協議》，列明雙方責任義務，並通過訂立《服務質量標準》對合作機構提出服務質量要求，合作機構每年提供自我評估報告，政府每三年對外包服務進行外審，不合格者政府資助即取消。如下圖所示，香港政府通過服務外包的形式提供社會公共服務，基本上已經涵蓋了社會生活的方方面面，政府與非營利組織的合作也愈發密切、穩定。

香港政府資助非營利組織項目與金額〔註 11〕　　　　　　　單位：億港元

年　份	1987～1988	1995～1996	1999～2000	2001～2002	2002～2003	2005～2006	2007～2008
社會保障	66.8	66.6	72.59	69.5	69.5	72.7	73.0
安老工作	4.2	8.6	8.7	10.9	10.9	9.9	9.6
兒童及家庭工作	10.9	8.7	5.6	5.9	5.6	5.1	4.2
青少年工作	7.3	5.8	3.8	3.9	3.9	3.4	3.8
社區發展	2.5	1.5	0.9	0.9	0.9	0.4	0.4
康復工作	5.8	7.2	7.3	8	8.2	7.7	7.2

〔註 10〕 莫岳雲，《香港澳門政府對宗教慈善公益事業的管理》，《華南理工大學學報》，2011 年 8 月，第 4 期。

〔註 11〕 引自梁祖彬，《香港非政府組織的發展：公共組織與商業運作的混合模式》，《當代港澳研究》，2009 年，第 1 期。轉引自黎熙元，姚書桓，《港澳非營利組織發展比較研究》，北京：中國社會科學出版社，2013 年，第 124 頁。

違法輔導	2.5	1.5	1.0	0.9	1	0.8	0.8
福利開支共計	21.3	132.7	290	297	320	341	341
非營利組織資助共計	6.38	33.3	61.6	72.79	67	68	69

綜上所述，有力的政策支持對於宗教慈善公益組織的發展至關重要，通過稅收調節、項目資助和服務外包等形式，宗教慈善公益組織能夠貢獻更多的社會服務，並逐漸發展成為慈善公益領域的主力軍和解決社會問題、提供民眾福祉的中堅力量。

9.1.3　意識條件：民眾的廣泛認可

宗教慈善公益事業的大力發展離不開社會民眾的廣泛認可與大力支持，美國及港臺地區的宗教氛圍濃厚，慈善理念與慈善文化已成為一種融入了宗教、歷史、政治、消費等多種因素的、符合社會需求的理念共識，社會民眾無論是否有宗教信仰，無論生活在社會中的哪一個階層，都將這種慈善公益文化作為一種具有道德教化和監督指導功能的基本信條，他們大多具有強烈的慈善參與意願，慈善捐贈與志願服務也成為日常生活的一項行為習慣，這為宗教慈善公益事業的開展提供了豐富的人力、物力、財力和知力資源，是保障和推動宗教慈善公益事業發展進步的雄厚資本。

第一，民眾的社會捐贈是宗教慈善公益事業的有形基礎。宗教慈善公益組織的物質資源主要來源於三個方面：宗教組織支持、社會捐贈和政府支持，而宗教慈善公益組織憑藉強大的社會公信力和信仰文化的影響力獲得高度的社會認可和民眾支持，故而在動員和組織捐贈中往往可以獲得較為豐厚的物質資源，社會捐贈方面得天獨厚的優勢為宗教慈善公益事業奠定了堅實的有形基礎。在美國，宗教組織往往是社會慈善公益組織中最大的財富擁有者，據1996 年的統計資料顯示，當時美國 35 萬個宗教組織僅占全國非營利組織總數的 20%、慈善機構總數的 30%，但其獲得的捐款卻占全國慈善捐款總額的 60%。〔註 12〕近年來，在美國慈善公益組織快速增長的情況下，宗教組織依然能夠保持其核心地位，在 1999 年至 2003 年期間，宗教組織收到的捐助超過 400 億美元，占全部慈善捐助的 47%。〔註 13〕在香港和臺灣地區，社會民眾普遍具

〔註 12〕 Lester. M. Salamon. America's Nonprofit Section.The Foundation Center, 1999, NewYork, 2nd ed, p.154.
〔註 13〕 趙樂，《信仰的魅力與社會資本的實力：淺析美國宗教慈善組織的兩大支柱》：碩士學位論文，上海：復旦大學，2008 年。

有與人為善和樂善好施的美好品德，物質捐贈已成為公民的一種常態行為。據2003 年的一項統計資料顯示，臺灣最近一年曾直接或間接（購買義賣品）捐款給非營利團體、家庭或個人的總人數為535.3 萬人，平均每人捐款金額新臺幣7969 元。〔註14〕香港地區的慈善公益文化根深葉茂，已根植成為主流社會的核心價值，內化成為一種公民需要。香港有「慈善之都」的美譽，香港市民被譽為「世界上最慷慨的慈善人口之一」，據一項調查顯示，香港慈善機構要求慈善捐款的信，平均每一封可以得到 460 港元的捐款，遠超英美等慈善大國。另據香港青年協會在 2002 年發表的報告顯示，在 2000 多名 15 歲以上的受訪市民中，93.7%的人曾在年內捐款，包括直接將金錢捐給有需要的人士，或通過慈善公益組織等間接幫助有需要的人。〔註15〕

　　第二，廣泛的志願服務是宗教慈善公益事業的無形資源。志願服務是文明社會不可或缺的一部分，也是慈善公益事業的重要內容。目前，提供志願服務的人群主要來自宗教信徒、愛心民眾和社會服務受益者。首先，宗教信徒是提供志願服務的固定人群。無論是出於信仰的感召，還是愛心奉獻的渴望，在絕大多數國家和地區中，有宗教信仰的人群更熱衷於參與到慈善公益事業中，並且能夠提供長期的志願服務；其次，具有愛心的社會民眾是提供志願服務的有生力量。在一些國家和地區中，志願服務已成為一種普遍的社會文化，無論是年邁的老人、成功的社會人士、讀書的青少年，還是工作繁忙的職員、家庭主婦等，只要有時間，都願意參加助人行善、回報社會的志願服務；最後，社會服務受益者也是提供志願服務的潛在力量。一些宗教慈善公益組織在開展慈善公益事業時十分注重以家庭和社區為單位的關係建構和培育，通過各類慈善公益活動的開展，宗教慈善公益組織逐漸與家庭和社區建立了穩定、密切的聯繫，培養了信賴、友好的感情，因此，家庭和社區既是宗教慈善公益組織開展社會服務的平臺，也是其網羅資源的重要源頭，那些在慈善公益活動中的受助者往往抱著感恩、回饋和傳承愛的信心與信念加入到志願服務的隊伍中，所以慈善公益事業中的受助者也是提供志願服務的潛在力量。美國的宗教組織是提供志願服務的主要力量，據 1996 年統計顯示，由宗教組織提供的志願服務時間約等於 240 萬個全職員工的工時，占全國總數額的 40%。另據 1998 年

〔註14〕 王佳，《中國佛教和慈善公益事業》，北京：宗教文化出版社，2014 年，第 346 頁。

〔註15〕 《香港公益之——慈善之都》，《紫荊》，2010 年 5 月。

的統計，大約 56% 的美國成年人（1.09 億人）有過做志願者的經歷，其貢獻約等於 900 萬個全職雇員，199 億個工作小時（平均每個志願者每週義務工作 3.5 小時），創造價值約 2250 億美元。〔註16〕在志願服務方面，港臺社會已形成一種普遍的「助人為樂、服務為榮」的社會文化，無論是到宗教慈善公益組織中結成義工團隊，還是到社區中提供服務，抑或是在工作之餘的公益兼職等形式，大多數人都願意在空閒時間參與到志願服務中去，為社會慈善公益事業貢獻一些力量。

　　綜上所述，美國與港臺地區社會成熟普遍的慈善公益文化彰顯了人們對生命價值和社會進步的執著信念，傳遞了愛與慈悲的奉獻精神，是政府和社會普遍接受和倡導踐行的文化正能量，為宗教慈善公益組織乃至整個社會開展優質、高效的慈善公益事業奠定了堅實的思想基礎。同時，社會民眾對於宗教慈善公益事業的理解、認可與支持不僅為宗教慈善公益組織創造了廣闊而積極的發展環境，也為宗教慈善公益事業的開展提供了雄厚的物質資源與豐富的人力資源。

9.2　做好宗教慈善公益事業的內部要求

　　宗教慈善公益事業的大力發展除了一定的外部條件作保障外，還需宗教慈善公益組織自身加強建設。根據對佛光山與救世軍組織的探索，我們認為做好宗教慈善公益事業需要組織遵循宗教慈善公益事業的開展原則、健全宗教慈善公益事業的運營機制、完善宗教慈善公益事業的管理模式。

9.2.1　遵守宗教慈善公益事業的開展原則

　　為了保證宗教慈善公益事業能夠順利地開展，有序地進行並取得良好的結果，宗教慈善公益組織應遵循以下四項基本原則：

　　第一，依法推進是開展宗教慈善公益事業的首要原則。依法推進是指宗教慈善公益事業應該在國家的法律、法規、制度和政策規定、允許的範圍內開展和進行。由於宗教慈善公益事業不僅涉及到宗教，還關係到社會的其他相關領域，所以依法監管宗教組織、規範宗教慈善公益行為是十分重要的。縱觀全球，凡是宗教慈善公益事業比較發達的國家和地區，其相關的法律、法規、制度和

〔註16〕劉澎，《當代美國宗教》，北京：社會科學文獻出版社，2001 年，第 332 頁。

政策也相對更為合理和健全，宗教組織能夠依法開展慈善公益事業，宗教慈善公益行為也非常規範。例如英國作為宗教慈善傳統最為悠久的國家之一，早在1601年就頒布了世界上第一部規範慈善事業的法律《慈善用途法》，它作為中世紀傳統慈善與現代慈善的分水嶺，被稱為「現代慈善法的開端」，標誌著貧困問題第一次納入有組織的官方解決途徑，規範和引導了英國幾百年慈善公益事業的發展和運行；美國作為宗教慈善公益事業最為發達的國家之一，雖然並沒有像英國一樣制定專門的、獨立的關於慈善的法律，但有關宗教和慈善公益的規定及條款卻在憲法、保險法、稅法、公司法、非營利組織法、信託法、社會保障法等聯邦及各州的法律法規中有完整的表述，美國的宗教慈善公益事業也在良好的法律政策環境下依法推進，繁榮發展。因此，堅持依法推進作為開展宗教慈善公益事業的首要原則，能夠保證宗教慈善公益事業在法治的軌道上運行，還能充分發揮宗教組織的運作主體作用，從而為人類社會帶來更多福祉。

第二，服務社會是開展宗教慈善公益事業的根本原則。宗教慈善公益不是單純地同情施捨，不是簡單地捐款捐物，更不是捐贈多寡意味著功德大小，而是宗教組織長期堅持的社會服務，是對社會公平正義與互助互樂的真情呼喚，是對自身有限性與社會侷限性的超越。服務社會是宗教慈善公益事業的宗旨和目標，因為宗教組織開展的慈善公益事業既應該是宗教「博愛」、「慈悲」、「奉獻」精神的具體表現，也應該是基於其理念去促進、實現社會公益的願望表達。宗教組織獲得的一切社會資源都來自於人們對神的敬畏和奉獻，所以宗教組織也應該將這些愛和奉獻以慈善公益的形式回報社會。宗教慈善公益事業構成了宗教組織弘揚宗教精神價值的實踐方式，同時也使社會感受到了宗教對人的關愛，有利於宗教組織在社會中建立良好的聲譽，從而使社會公眾也會更加樂於向宗教組織捐贈和奉獻，這在客觀上也推動了宗教慈善公益事業的繁榮發展。因此，服務社會是宗教組織必須堅持始終並貫穿於慈善公益事業發展全程的根本原則。

第三，平等自願、公開透明是開展宗教慈善公益事業的基本原則。平等自願既是社會文明進步的體現，也是開展宗教慈善公益事業必須遵循的基本原則之一。在平等自願原則的要求下，社會公眾自願自主實施捐贈行為，自主決定捐贈的內容、規模、方式和用途，同時宗教組織還要充分尊重受助人的人格尊嚴，保護受助人的個人隱私。公開透明是保證宗教慈善公益事業能夠持續發

展和健康運行的基本原則，在公開透明原則的要求下，宗教慈善公益事業的運行必須做到信息公開、運行透明，包括捐贈程序、善款善物的管理與使用等信息都應當及時通過有效的形式向社會公布並接受社會監督，而捐贈信息則根據受助者的意願來確定是否公開和公開程度等。遵循平等自願、公開透明原則能夠保證宗教慈善公益事業在陽光下運行，也讓宗教慈善公益事業之路能夠更寬、更遠。

第四，嚴格自律與有效監督是發展宗教慈善公益事業的重要原則。如果宗教組織將慈善公益事業作為牟利的手段，那是對神明的褻瀆，也是對無私奉獻的捐贈者的辜負和侮辱。所以，宗教慈善公益事業需要嚴格自律，保證宗教組織的公信力，也就保證了宗教慈善公益事業的生命力。同時，外界的有效監管、監督也是發展宗教慈善公益事業的重要保障，包括來自政府部門的依法監管、第三方機構的監督、其他慈善公益組織的監督、以及來自社會公眾、媒體等方面的社會監督。遵守嚴格自律與有效監督的重要原則有助於宗教慈善公益事業建立健全自律、互律和他律的機制，也有助於形成廉潔高效、規範運行的慈善公益生態環境。

除此之外，發展宗教慈善公益事業還應有積極創新的意識，不斷適應高速發展、瞬息萬變的社會，努力探索能夠推動宗教慈善公益事業健康發展的新機制和新方式。同時，在具體的慈善公益活動開展前，宗教組織還應做出系統全面、詳實可行的計劃，並對可能發生的意外和安全問題提前加強防範、準備應急措施等，保障宗教慈善公益活動能夠安全、順利地開展和進行。

9.2.2 健全宗教慈善公益事業的運營機制

1. 建立多元化的宗教慈善公益事業運營主體

為了提供專業、廣泛的慈善公益服務，宗教慈善公益事業的運營主體也需多元化。佛光山與救世軍成立有專門的慈善公益運營機構，這些機構具有不同的性質和組織結構，也有著不盡相同的組織使命和目標定位，它們作為宗教慈善公益事業的運營主體，在社會中發揮著積極的影響和不可取代的重要作用。概括而言，其運營主體主要有以下幾種：

第一，宗教組織。宗教組織是指為了開展宗教生活，傳播宗教信仰，弘揚宗教文化，發展宗教事業而建立的以出家信徒或在家居士及平信徒為主要構

成的社會組織。〔註17〕在組織結構方面，由於教派、教義等差異，各宗教的組織結構和體制也不相同。如佛教、道教以寺院和宮觀為基本組織形式的叢林制；天主教的教皇（或教宗）主教制；東正教的牧首主教制；基督教新教的主教制、長老制、公理制等；以及伊斯蘭教以清真寺為基本組織形式的體制等。總的來說，宗教組織的結構主要分為三種〔註18〕：直線型宗教組織，即不設職能管理機構，各級管理人員只接受上一級領導人的指揮，如天主教的中央集權式「聖統制」；直線職能型宗教組織，即組織中設有「直線型」和「職能型」兩套系統，直線型系統按命令統一原則組織，職能型系統按專業化原則組織，一般中型以上的宗教組織多為此類組織結構；委員會制宗教組織，即從各部門來的人集合在一起共同探討問題、做出決策、或提出意見的一種組織，是宗教組織中非常普遍的結構形式，通常搭配直線式、直線職能式等一起運用，典型的委員會制宗教組織如基督教新教公理會、加爾文宗的長老會，以及港臺地區的寺院和宮觀等。

　　救世軍的組織結構是等級制度的軍事模式，在自上而下的直線組織中加入了職能機構，應屬直線職能型宗教組織。救世軍除了最高領導人「大將」以外，所有軍官職位都採取任命形式。救世軍的國際總部（位於英國倫敦）在軍中稱為「萬國總部」，大將在此受各行政部門和國際司令協助，管理救世軍的全球軍官和事工，此處亦為救世軍開展長期策略研究以及全球資源、理念和政策的推動中心。國際總部下轄軍區總部（國家級）、區總部（城市級）、部隊（地區級）和社會服務中心、教育機構等。通常而言，救世軍的運作方式在各個國家和地區都是相同的，但為了配合當地文化，事工和服務形式均由該地的軍區總部決定。此外，救世軍還設有顧問委員會及顧問小組，成員多為社會賢達，協助救世軍在政府關係、銷售、產業、法律、財務、教育、人事、市場推廣、傳訊、公共關係、危機管理及項目推行等範疇的工作，為救世軍提高工作效能、籌募善款、提升公眾形象等提供專業意見與支持協助。〔註19〕

　　佛光山屬於委員會制宗教組織，佛光山宗委會為最高領導機構，佛光山本山、各別分院、事業單位等都受其統轄管理和輔導、監督。佛光山宗委會尊崇開山宗長星雲法師為導師，設宗委九至十三人、候補委員三至五人，由序級學

〔註17〕楊玉輝，《宗教管理學》，北京：人民出版社，2008 年，第 237 頁。
〔註18〕楊玉輝，《宗教管理學》，北京：人民出版社，2008 年，第 251～256 頁。
〔註19〕引自救世軍港澳軍區官網 http://www.salvationarmy.org.hk/，2016 年 7 月 25 日。

士二級以上僧眾會員及入道會員，不記名選舉序級學士五級以上僧眾會員及入道會員擔任，通過民主投票方式選舉宗委會主席（即本寺住持），四年（原六年）一任，可連選連任一次，特殊情況有三分之二以上同意者可連任兩次。佛光山設有宗委會組織章程，1985 年通過並施行，經兩次修訂後於 2006 年正式公布，章程共有七章四十八條，分別從寺務、會員、組織、會議和經費等方面闡明了佛光山的組織規程和辦事規則。

救世軍港澳軍區組織架構 [註20]

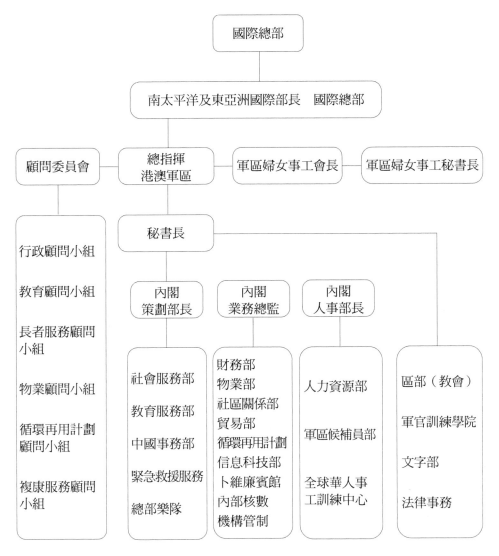

佛光山宗委會行政組織系統一覽表〔註21〕

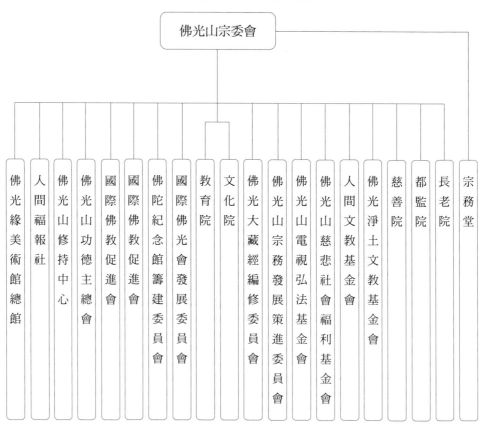

第二，慈善公益事業單位。慈善公益事業單位是指宗教組織為了發展慈善公益事業而依法成立的專門從事慈善公益工作的機構單位。宗教組織的事業經營管理主要有三種模式：直接經營管理模式、委託經營管理模式和董事會經營管理。〔註22〕通常而言，宗教組織的慈善公益事業單位都是直接經營管理模式，宗教組織享有充分的自主權，同時便於運用組織的資源優勢，發揮自身特色進行運營管理，也有利於宗教組織聲譽的提升。

佛光山與救世軍都設立了一些慈善公益事業單位，如育幼院、養老院、學校、醫院等，在此我們僅以佛光山為例，佛光山的慈善公益事業單位統歸慈善院直接運營管理，設院長一人，由住持在序級修士級以上僧眾會員中提名，經宗委會會議通過任用，任期四年，綜理院務。慈善院的組織結構如下：

〔註21〕佛光山：《佛光山開山四十週年紀念特刊‧佛光宗風》，高雄：佛光山文教基金會出版，佛光山宗委會發行，2007年，第40頁。

〔註22〕楊玉輝，《宗教管理學》，北京：人民出版社，2008年，第477頁。

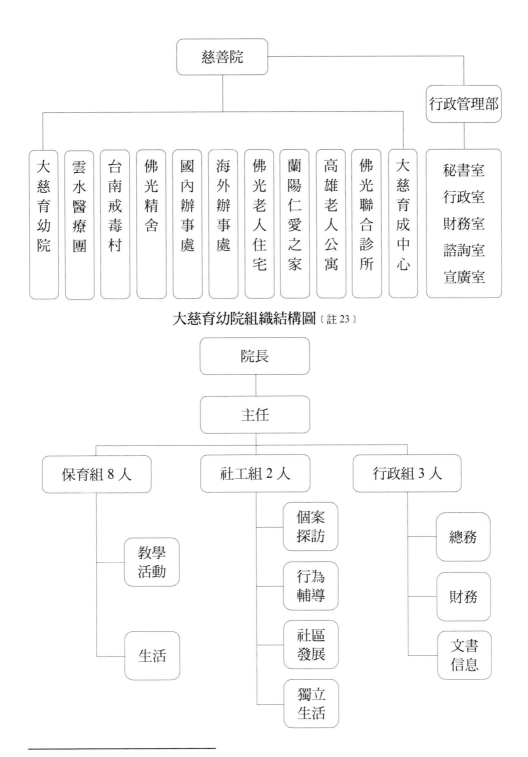

大慈育幼院組織結構圖〔註23〕

〔註23〕王佳,《中國佛教和慈善公益事業》,北京:宗教文化出版社,2014 年,第 256 頁。

　　我們選取大慈育幼院作為佛光山慈善公益事業單位的代表予以分析。大慈育幼院是佛光山成立的以專業教化兒童為使命的慈善公益單位，在組織結構方面，育幼院設院長、主任各 1 人，負責領導保育組、社工組和行政組工作。實際上，大慈育幼院在組織結構方面與一般的事業單位基本一致。宗教組織的慈善公益事業單位雖大多由宗教組織直接運營管理，但是基本上具有世俗事業單位的特點，而且單位的宗教性也得以轉化，即將宗教信仰與慈善精神轉化為機構單位的文化與信念。

　　第三，基金會。基金會是宗教慈善公益組織的一種形式，指的是宗教組織依法成立的利用自然人、法人或其他組織捐贈的財產，以從事慈善公益事業為目的、以財產活動為中心的非營利組織。在組織結構方面，基金會一般是由理事會、秘書處、秘書長以及各項目小組構成，基金會嚴格依照章程運用資金、開展慈善公益活動，遵循公開透明的基本原則。根據活動領域的不同，宗教組織的基金會可分為慈善救濟類、教育類、醫療類、文化藝術類以及其他類型。佛光山現成立有五個財團法人基金會，採用現代獨立董事會運營管理模式，由佛光山指派督導董事和人事，其他方面均依法定組織章程規定行事，它們的組織使命與組織結構如下圖所示：

佛光山五大基金會簡介〔註24〕

名　　稱	組織使命	組織結構
佛光山文教基金會	1. 舉辦佛教學術會議，及各種公益性文教講座。 2. 獎助僧眾出國弘法、留學、參訪。 3. 贊助有關佛學、教育等淨化社會人心的書刊發行。 4. 推廣國際佛教交流。 5. 籌設社會教育機構。	佛教學術會議組 委託自助研究組 僧伽道學研究組 弘法訪問講學組 教育事業獎助組 教育機構籌設組 生命教育推廣組 書刊專著出版組 人間音緣策劃組 教育公益活動 佛光電子大藏經 附屬作業組

〔註24〕圖表整理自佛光山：《佛光山開山四十週年紀念特刊‧佛光宗風》，高雄：佛光山文教基金會出版，佛光山宗委會發行，2007 年，第 36～40 頁。

佛光淨土文教基金會	1. 舉辦各種安定社會、淨化人心活動，及其他與本會宗旨有關的社會文教公益事項。 2. 相關土地開發、買賣、不動產登記、使用管理等。 3. 建築（含景觀、庭園設計）、土木（含雜項工作物）及室內設計及營繕、發包、施工管理。 4. 本寺及所屬道場機構法人證書、寺廟登記證、寺廟登記表及不動產權狀等重要證件的保存與管理。	行政管理部 工事部 工務部 設計部
人間文教基金會	1. 宣揚人間佛教理念。 2. 發行淨化心靈的圖文影音等出版品。 3. 設立文教機構，培養社會教化人才，從事終身教育活動。 4. 推廣國際佛教聯誼。 5. 獎助品學兼優及清寒學子。	行政策劃處 文化推廣處 獎助學金處 財務處
佛光山慈悲社會福利基金會	1. 推廣老人、兒童、少年社會福利及服務研習活動。 2. 與國際急難、災害、醫療、身心障礙者之救助。 3. 資助教育、文化、慈善團體。	義工培訓組 監獄教化組 急難救助組 醫院義助組 機構關懷組 友愛服務隊 獎助學金組 醫護倡導組 松鶴學苑 行政管理部
佛光山電視弘法基金會	1. 弘揚佛法，闡揚佛教精義，教化人心，淨化社會風氣，以達「心靈改革」之目的。 2. 善用傳播媒體社會教育功能，結合宗教與傳播科技，發揮宗教的社會功能。 3. 規劃製播新聞、文化、社會、教育等類型節目，以發揮多元傳播功效，並配合辦理相關文化、公益活動，以啟迪人心，善盡新聞媒體為社會公益的積極責任。 4. 接受政府暨社會其他機關委託，辦理非營利性與本會宗旨相關的一切業務及活動。	人間電視股份有限公司 佛光山電視中心 全國廣播股份有限公司 如是我聞文化股份有限公司 項目製作組

　　佛光山的五大基金會分別從文化、教育、慈善救濟、弘法等領域開展慈善公益活動，組織分工、分組與協調合作清楚完善，能夠讓有意參與慈善公益活動奉獻愛心的人們服務有門，也讓急需扶持和援助的人們的求援有路。實際上，越來越多的宗教組織選擇基金會的形式開展慈善公益事業，這與基金會使

命與目標明晰、資源整合力強、活動專業高效等優點是分不開的。不僅如此，宗教組織的基金會亦將宗教信仰與慈善精神轉化為機構的文化理念與價值導向，專業性特徵更加突顯。

第四，公益信託。公益信託是指為了包括慈善、宗教、文化、藝術、祭祀等公共利益目的，為整個社會或社會的不特定多數受益者而設立的信託。〔註25〕公益信託具有靈活性、主動性和持久性的特點，運營成本低、有利於財產的保值增值、并能對公益資產進行全方位監管。佛光山 2008 年成立的「公益信託星雲大師教育基金」是由星雲法師的稿費、版稅以及一筆字義賣籌款等資金構成，主要以推動教育事業、發揚「三好運動」為目的而設立的，通過該公益信託基金現已成立和舉辦了多屆鼓勵傑出、愛心教師的「教師獎」、鼓勵優質新聞從業人員的「星雲真善美新聞傳播獎」、提倡現代文學閱讀與寫作風氣的「全球華文文學星雲獎」、選拔與獎勵和諧良善校園風氣的「三好校園實踐學校」、發掘人師典範與弘揚師道的「星雲教育獎」、以及「星雲人文世界論壇」。〔註26〕

綜上所述，宗教組織、慈善公益事業單位、基金會和公益信託構成了宗教慈善公益事業的多元運營主體。其中，慈善公益事業單位、基金會和公益信託既具有宗教文化內涵，又具備現代運營管理模式，融合了世俗性與宗教性的雙重特點，兼具文化性與專業性的雙重特徵，因此在那些對宗教信仰還存在敏感和禁忌的國家和地區中尤為適用，也更容易獲得人們的理解和支持。

2. 發展靈活的宗教慈善公益資源運營模式

如何募集與運用慈善公益資源關乎宗教慈善公益事業的發展前景，因此，對於人力、物力、財力和知力資源的運營是宗教慈善公益事業運營機制中的重要環節。

第一，宗教慈善公益事業的資金來源。宗教慈善公益事業的資金主要有三個來源：政府資助，即通過組織資助、項目資助和表彰獎勵等形式支持宗教慈善公益事業；社會捐贈，即自然人、法人或社會團體出於愛心向宗教組織、宗教慈善公益事業單位或基金會自願無償捐贈財產用於開展慈善公益事業；宗教

〔註25〕秦倩，《宗教公益信託：宗教組織進入社會服務領域的新模式》，《世界宗教文化》，2010 年，第 2 期：第 58 頁。

〔註26〕《佛光公益季刊‧創刊號》，公益信託星雲大師教育基金出版，2015 年，第 20 ～21 頁。

組織自有資金，即宗教場所的捐贈收入、社會服務收入、宗教組織地產出租收入、創辦的經濟實體收入、以及旅遊景區門票分成等。對於不同的運營主體而言，這幾部分資金所佔的比例也有所不同。例如基金會的資金來源多以政府資助和社會捐贈為主，資助力度比較大的國家和地區政府往往會成為宗教慈善公益資金來源的主要部分，在慈善公益文化相對成熟的國家和地區，社會捐贈通常是宗教慈善公益事業資金來源中占一定比例且相對穩定的部分。當然，通過分析宗教慈善公益資金的來源，也可以大致判斷出該地區政府對宗教慈善公益事業的態度，該地慈善公益文化的發展程度，以及宗教組織的自養能力如何。

　　我們以救世軍港澳軍區為例，由下表可知，從 2010 年至 2015 年，救世軍港澳軍區平均每年的資金收入約 8 億元港幣，其中，政府資助始終占一半以上，足見香港政府對宗教慈善公益事業的大力支持和對救世軍社會服務能力的高度認可。救世軍通過提供服務、創辦經濟實體和投資等所獲收入占資金來源的第二位，可見救世軍的組織自養能力非常強，運營能力不容小覷。來自香港公益金和香港賽馬會、公眾及其他機構捐款的資金在五年來始終保持在救世軍資金收入的 10% 左右，說明香港社會已形成十分成熟的慈善公益文化，社會捐贈已成為一種穩定的常態化行為。

救世軍港澳軍區資金收入來源份額表 [註27]

年　份	香港政府	香港公益金和香港賽馬會	公眾及其他機構捐款	回收物資籌得款項	機構業務受益、服務收費、投資收入	總計金額（港幣）
2010～2011	55.6%	1.1%	10.6%	6.8%	25.9%	869528862
2011～2012	52.9%	0.9%	10.7%	7.1%	28.4%	910359570
2012～2013	56.2%	1%	7.5%	7.1%	28.2%	916440149
2013～2014	59.2%	1.3%	10.7%	11.2%	17.6%	635231584
2014～2015	63.8%	1.5%	5.7%	11.4%	17.6%	638368631

〔註27〕數據資料整理自《救世軍 2010 年報》、《救世軍 2011 年報》、《救世軍 2012 年報》、《救世軍 2013 年報》、《救世軍 2014 年報》、《救世軍 2015 年報》，年報下載於救世軍港澳軍區官網 http://www.salvationarmy.org.hk/。

　　對於很多宗教組織而言，在接受政府資助和社會捐贈時還會有組織自身的原則考量，並不會任何資金都全盤接受。例如不想過分依賴政府，抑或是不想過多被政府干預，便會明確拒絕或適度接受政府資助；強調組織的自主性，審慎地接受社會捐贈，避免巨額捐款的企業或個人影響組織的獨立性和資金使用的公正性。以佛光山大慈育幼院的資金來源為例，如下圖所示，大慈育幼院每年的政府補助僅占慈善公益資金的 15%左右，說明大慈育幼院並非依賴政府補助而運作的機構，其籌措善款的能力十分強大，組織的自主性與獨立性也相對較強。

大慈育幼院財務預算統計表〔註28〕　　　　　　　　單位：新臺幣

		2007 年度	2008 年度
收入 100%	社會捐助 %	11040000 85.7%	11450000 85%
	政府補助 %	1839972 14.3%	2027172 15%
總計		12879972	13477172

　　實際上，一個成熟的宗教組織不但可以有選擇地吸納外部資金，還要提升組織的自養能力和經濟實力，這樣才能擺脫依賴外部資金的「輸血模式」。但是，宗教組織如何提升自身的「造血能力」，是否可以借鑒和改良一些商業化模式來發展自身，也是一個值得思考的問題。

　　第二，宗教慈善公益事業的人力來源。如果缺乏廣泛、持久的人力資源，宗教慈善公益事業就會舉步維艱。目前來看，宗教慈善公益事業的人力來源主要有：教職人員，即宗教組織的實際領導者和組織者，也是運營和發揮宗教組織的各種功能的核心力量與根本所在，具有明確的宗教信仰、嚴密的組織性與紀律性、以及思想價值觀的超越性特點；〔註29〕宗教信眾，即基於共同的宗教信仰而凝結在一起的群體，是宗教的載體，也是宗教組織賴以存在的基礎；志願者，即「不以利益、金錢、揚名為目的，而是為了近鄰乃至世界進行貢獻的活動者」〔註30〕；受助者，即接受過宗教慈善公益幫助後轉化成為助人者；專業人士，即專職或協助宗教慈善公益組織處理各項事務的專業人才。

　　人力資源在宗教慈善公益事業中發揮著積極影響和重要作用。首先，教職

〔註28〕 王佳，《中國佛教和慈善公益事業》，北京：宗教文化出版社，2014 年，第 342頁。

〔註29〕 楊玉輝，《宗教管理學》，北京：人民出版社，2008 年，第 360 頁。

〔註30〕 彭小兵，《公益慈善事業管理》，南京：南京大學出版社，2012 年，第 110 頁。

人員的價值與作用是普通信眾和志願者所無法代替的，在某種程度上而言，宗教慈善公益事業正是因為他們的活動而得以存在和發展。當然，有的宗教組織會將提供志願服務作為組織成員的必修課，例如救世軍規定成員有義務在本組織內部提供志願服務，服務至少達半年的戰士才可以申請進入軍官培訓學校，經過兩年的全日制學習和實習後方能畢業。其次，信眾資源是一股強大的慈善公益力量，能夠保障和促進宗教組織產生和發揮巨大的社會作用，在宗教慈善公益事業中，能夠持久、穩定地參與並發揮積極作用的也是宗教信眾這個堅實龐大的群體。第三，志願者是宗教慈善公益事業的骨幹力量，無論是捐款捐物，還是奉獻時間和服務，沒有志願者的愛心參與，宗教組織乃至整個社會的慈善公益事業都難以發展壯大。第四，受助者是潛在的慈善公益力量，宗教組織或慈善公益組織中存在相當一部分教職人員或工作人員曾經得到過該組織不同程度的幫助，例如《美國最有效的組織》作者，救世軍前美國總司令——羅伯特‧A‧沃森在年幼時全家就曾接受過救世軍的幫助，而他也在青年時期就確定了要為救世軍奉獻一生的理想和信念，在某種程度上而言，由受助者轉化而來的施助者具有更為熱切、主動和堅定的服務態度與服務理念。最後，專業人士是宗教慈善公益事業的重要力量，無論是以顧問委員的形式協助宗教組織處理各類專業問題，還是以專職員工的形式在宗教組織、宗教慈善公益事業單位和基金會的職能部門工作，專業人士是開展宗教慈善公益事業的智囊團，也是推動宗教慈善公益事業專業化發展的關鍵所在。

第三，宗教慈善公益事業的資源募集。能否有效地動員所需要的社會力量，是宗教慈善公益事業成功的一個關鍵因素。宗教組織本身具有一定的創造和彙集社會資源的能力，無論是面向教內，還是面向社會，這種能力都應該得到全面的發揮。倘若一個宗教組織僅侷限於教內的動員聯繫與資源整合，那麼這個宗教組織的生命力是有限的，它的生存與發展也是令人擔憂的。實際上，宗教組織面向整個社會的互動聯繫和資源積累更能體現出其對社會的影響廣度和深度，募集資源的能力往往是宗教組織發展能力的標誌，也是對宗教慈善公益事業影響力與公信力的檢驗。在宗教慈善公益事業發達的國家和地區，往往會形成一個以宗教組織為中心的穩固的社會合作網絡，這個網絡囊括了政府、非政府組織〔註31〕、社區和個人，對於不同的對象，宗教組織也會運用不

〔註31〕即 non-governmental organization（NGO）的中譯，指的是不由國家建立、不屬於政府、非黨派性質的、致力於解決各種社會性問題的非營利自治性社會組織。

同的互動與動員方式，通過傳遞信息、溝通說服、匯聚資源、合作參與等步驟逐步取得預期動員結果，保障慈善公益事業的順利進行。

　　下圖是美國宗教慈善公益組織的動員模式，事實上，這也是宗教組織在慈善公益事業比較發達的國家和地區的一種彙集資源的範式。對於政府和政治性組織而言，宗教組織通常採用兩種方式，一是代表基層民眾或弱勢群體積極地向政府表達訴求，動員政府和政治性組織參與或支持慈善公益活動，並在合法合理範圍內向政府施壓；二是直接接受政府和政治性組織的捐款，或通過參與、合作等形式與政府和政治性組織共同開展符合兩者組織使命和發展目標的慈善公益項目。對於非政府組織而言，與宗教組織合作開展慈善公益事業是一個雙贏的選擇。其中，營利性組織可以通過向宗教組織提供物資或其他服務便利等協助其慈善公益事業的開展，而宗教組織也會通過慈善公益活動為營利性組織提供積極的正面宣傳，塑造良好的組織形象；非營利性組織與宗教組織的跨宗教或跨組織合作會增進宗教間的溝通理解和包容共識，促進組織間的對話交流和經驗借鑒；對於社區團體而言，宗教組織是它們最親密的夥伴，宗教組織的慈善公益活動甚至比政府提供的服務更為頻繁和便利，而宗教組織也將社區作為社會關係網絡中的基本單位和最有效的合作平臺，因為社區中蘊含著豐富的慈善資源是大規模動員活動的基礎所在；對於個人而言，宗教組織既可以是精神世界的信仰依歸，也可以是身陷困境時的求助對象，而宗教組織也在對個人的動員中傾注和傳播了慈善精神，努力獲得人們的認可與支持，成為人們奉獻愛心時首選的組織對象。

美國宗教慈善組織社會動員模式示意圖〔註32〕

傳遞信息——溝通——說服——合作			
政府和政治性組織 立法者和政策執行者 政策諮詢者和政黨	非政府組織 營利性組織（商業和工業組織） 非營利性組織（宗教慈善組織、世俗非政府組織）	社區團體 教會 學校 醫院	個人

　　為了更好地動員和凝聚社會資源，一些宗教組織還會成立專門的動員機構或宣傳部門，策劃與設計動員方案，建立和維護捐贈者網絡，開展定向募集

〔註32〕趙樂，《信仰的魅力與社會資本的實力——淺析美國宗教慈善組織的兩大支柱》：碩士學位論文，上海：復旦大學，2008年。

與公開募集活動，力圖將宗教組織的慈善公益精神通過專業化的方式傳達到社會之中，盡可能謀求最大程度的動員結果。目前來看，宗教慈善公益事業的宣傳動員方式主要有以下幾種：

　　舉辦動員大會，通常在大型慈善公益項目需要籌措物資時面向全社會開展的一種以演講為主要形式的宣傳會議；舉辦慈善晚會，主要是通過歌舞表演、作品拍賣等文藝形式為受災地區募集賑災所用的善款善資而舉辦的一種動員晚會；組織義賣，指將社會民眾製作的或者捐贈的物品進行拍賣，所得款項用於慈善公益活動；組織二手物資回收，指發動社會民眾捐贈不需要的二手物資，由宗教組織修葺翻新借贈予有需要的人士，或低價轉賣將款項用於慈善公益活動；發動慈善公益動員運動，通常是宗教組織代表基層民眾或弱勢群體向政府表達訴求時所發動的一種施壓運動；發動長期性大規模的募捐活動，主要是通過廣播、電視、印刷品等傳統方式，和互聯網、移動互聯網等現代方式籌措善款的一種活動形式；會員勸募，指的是一些宗教組織設立會員制捐募系統，由會員定期定額捐贈會費用於慈善公益，組織對高額捐贈會員予以精神獎勵的捐贈方式。當然，除了這些基本形式之外，不同的宗教組織還會運用一些具備本宗教傳統特點的動員方式，例如佛教的托缽行腳，即是利用佛教的傳統儀式活動來參與慈善公益的一種形式，是一種富有特色且成效顯著的動員方式，也是佛教組織籌措善款的一個重要途徑。

　　第四，宗教慈善公益事業的資源運用。宗教組織如何運用慈善公益資源深刻關係到宗教慈善公益事業的發展前景。在具體操作過程中，宗教組織應遵循一定的原則，符合相關的規定，並依據組織的自身發展與社會需求制定科學可行的規劃。

　　首先，宗教組織在運用慈善公益資源時應該遵循一定的原則，如合理合法原則、自願無償原則、公開公正原則、專款專用原則等，注重保護捐贈者的隱私和受助者的自尊，尤其是避免給受助者帶來道德綁架感和心理負擔，及時向社會披露善款物資使用明細，但對捐贈者與受助者的情況要根據其主體意願予以公開或保護。

　　其次，宗教組織在運用慈善公益資源時應符合相關規定和步驟，如建立健全捐贈管理制度，向捐贈人出具合法有效的收據，並將受贈物資登記造冊，妥善保管，同時根據捐贈者提出的使用意圖將物資分類；合理合法規劃捐贈物資，依照法律和章程規定，尊重捐贈者的意圖，秉承慈善公益的精神和服務宗旨，

對捐贈物資進行科學合理的規劃分配和使用；科學決策物資使用投向，通過調查研究和評估論證有計劃地投入使用，並對大額項目支出進行集體研究和民主決策；及時公開信息，接受政府審計部門、社會媒體、第三方機構等的監督。

最後，宗教慈善公益資源的流向反映了宗教組織的慈善類型和社會的慈善需求。宗教組織經過科學合理的規劃和決策後將慈善公益資源投向社會某項事業中，它囊括了社會救助、教育學術、醫療保健、文化傳播、養生養老、喪葬祭祀、環保護生、文化服務、道德教化等領域。通過宗教組織慈善公益資源的流向即可看出該組織的事業重心和慈善類型，例如慈善救濟型組織將資源大量投入到社會救濟事業，國際服務型組織將資源投入到海內外各地等。

下圖是救世軍港澳軍區的基金支出分配份額表，港澳軍區不僅立足於香港、澳門社會，而且面向中國內地和海外地區提供援助與服務，每年在中國內地和海外的慈善公益支出占總支出的一定比例，足以說明救世軍是一個國際型宗教慈善公益組織。

救世軍港澳軍區基金支出分配份額表〔註33〕

年　份	香港本地社會、社區及教育服務	中國內地服務	海外服務及援助	中央行政費用（籌募開支及物業項目）	處理回收物資和業務運營成本	總計金額（港幣）
2010～2011	76.5%	4.9%	2.7%	3%	4.7%	869528862
2011～2012	80.1%	2.5%	4.4%	3.2%	5.5%	910359570
2012～2013	86.1%	1.7%	0.9%	4.4%	5.5%	916440149
2013～2014	73.8%	5.4%	1.4%	6.3%	8.9%	635231584
2014～2015	77.8%	2.6%	0.5%	6.7%	7.9%	638368631

此外，慈善公益資源的流向也側面反映了社會的慈善需求，例如在近些年，許多宗教組織將慈善公益資源大量投入到環境保護事業中去，也說明了當

〔註33〕數據資料整理自《救世軍 2010 年報》、《救世軍 2011 年報》、《救世軍 2012 年報》、《救世軍 2013 年報》、《救世軍 2014 年報》、《救世軍 2015 年報》，年報下載於救世軍港澳軍區官網 http://www.salvationarmy.org.hk/。

前生態破壞與環境污染的嚴重程度，以及人們對綠色生態和健康環境的建設需求。對於宗教組織的慈善基金會而言，除了運作慈善公益項目外，為了基金的保值增值還可以將一定資源用於投資。

當然，前面談到的主要都是宗教組織物力和財力資源的運用，對於人力和知力資源，宗教組織主要是挖掘培養和發揮志願者的專長，組織志願者投入到合適的服務崗位上，而對於那些社會賢達和各領域的專家，宗教組織多將他們聚集在一起組成顧問委員會的形式作為宗教組織的智庫，為組織的發展提供專業性的意見和建議。

3. 形成規範高效的宗教慈善公益項目運營機制

根據前文對佛光山和救世軍兩大宗教組織的慈善公益事業的介紹，我們發現宗教組織的慈善公益項目基本涵蓋了人類社會生活的全部內容。依據項目週期和持續時間的長短，宗教組織的慈善公益項目可以分為長期項目，如佛光山的監獄布教項目、救世軍的循環再用項目等；短期項目，如各類義賣、義演等。依據慈善公益項目的目標導向，又可分為救助型項目，如賑災、撫孤育離等；預防性項目，如佛光山的「三好運動」等社會教化類項目；弘法型項目，如佛光山和救世軍開展的各類文化傳播與服務項目等；資助型項目，即將籌集的資金用於其他組織運作的慈善公益項目。實際上，無論宗教組織開展何種類型的慈善公益項目，都應該將現代科學的運營和管理方式貫穿於項目的全過程，從項目啟動、執行、控制、評估以及到結果的跟進，建立一套系統完善的慈善公益項目運營體系。

第一，宗教慈善公益項目的啟動。啟動是宗教慈善公益項目的起點，也是為整個項目做準備和打基礎的階段。在項目啟動這一重要過程中，宗教組織主要做到確定項目目標，既不能有悖於組織的信仰文化和慈善理念，也不能偏離組織的使命與目標定位，同時還要收集信息，分析當前社會中最緊迫的慈善需求，從而對症下藥、有的放矢；分析項目可行性，對項目的具體內容和組織內、外部條件的調查研究、分析比較和評估論證，對項目的成本消耗和可能取得的預期成果進行預測估計，從而對項目能否執行、如何執行做出科學、可靠和公正的預判；制定項目計劃，既要協調宏觀上的各方關係，考慮項目可能面臨的機會、出現的問題等，又要在微觀上安排時間、地點，準備相應的物資、人力，還要判斷項目實施過程中可能帶來影響的風險因素，如天氣、交通、突發事故等，並作出全面預估；編制項目預算，對項目實施過程的各方面費用都能夠有

一個準確的考慮和估計，並體現出慈善公益的本質特徵。

第二，宗教慈善公益項目的執行。項目執行即是實施計劃和實現目標的過程，在這一過程中，宗教組織應在項目計劃的基礎上，對慈善公益資源進行合理配置和有效整合，以期達到預期目標，取得最佳效果。項目執行過程中，在人力資源方面，宗教組織應建立一支專業化程度高、奉獻精神強的高素質團隊，尤其是項目的管理人員，作為整個項目的責任人，應具備良好的基本素質和優秀的領導能力，應擁有強烈的宗教事業心和神聖使命感、高尚的道德品質和較深的社會閱歷、勇於探索和善於創新的意識、解決問題的能力和較強的心理素質、以及管理學相關知識和處理危機公關的能力等；在物資資源方面，項目團隊應將項目計劃與實際情況相結合，合理分配和運用慈善公益物資；在進度管理方面，既確保項目能夠在計劃時間內實施完成並取得預期效果，還能夠根據現實因素靈活調整，合理安排，團結各方力量共同配合項目的進行；在經費使用方面，應以項目預算為基礎合理開支，通過經費的使用和管理對項目的進度和質量產生積極影響，取得最大的效益。

第三，宗教慈善公益項目的控制。控制是宗教組織為了保證項目按照既定的規劃和標準進行而實施的貫穿於宗教慈善公益項目全程的糾正、監督和監測行為。控制以項目計劃為基本依據，既是對項目實施過程的監督，也是對項目執行期間存在的偏差進行糾正的過程，還具有預測和發現新問題並及時分析、研究解決的作用。控制項目過程中，宗教組織應做到確定控制標準，堅持切實可行的原則，將項目內容和環節儘量具體化和規範化，並對可控標準制定靈活的變化範圍，使慈善公益項目的控制活動具有一定的彈性；衡量實際工作，偏差很有可能會導致組織的公信力和聲譽受損，故而應立足於整個項目的全局來衡量工作，並能透過現象看本質，在客觀的立場上對實際工作進行公正的判斷；採取糾偏措施，宗教組織與項目管理者和團隊做好交流溝通和信息傳遞，從而齊心協力地去改正錯誤，糾正偏差，及時止損。當然，慈善公益項目的運營過程中除了宗教組織自身的控制外，來自政府、監管部門、捐贈者、新聞媒體以及社會大眾的監督和控制行為也會對宗教慈善公益項目的規範運行帶來益處，保證項目的公開性與公正性，有助於項目的順利進行。

第四，宗教慈善公益項目的評估與跟進。當宗教慈善公益項目的運營任務已完成，或已達到既定目標時，宗教組織就應啟動相應的評估工作。評估主要是對項目進行信息匯總和資料整理，根據項目計劃的完成度、達到的績效成果

以及社會大眾的反映評價等，總結經驗教訓，為以後的項目開展奠定基礎。對於宗教組織而言，慈善公益事業是發揮社會作用和產生積極影響的重要途徑，慈善公益項目的社會評價會為宗教組織帶來直接的、長遠的影響，因此，宗教慈善公益項目的社會效果如何也深刻反映在公眾輿論與評價之中，這也是評估工作中不可或缺的重要內容。在評估工作結束後，宗教組織還應對慈善公益項目展開進一步的跟進，如對受助者回訪、對捐助款項的落實跟蹤等，通過一定的後續行動來深化慈善公益項目的結果，將慈善公益資源的效用發揮到最大。

第五，宗教組織建立慈善公益項目的雙向選擇機制。宗教組織的慈善公益項目通常有兩大來源，一類是自主開發與運作的項目，還有一類是外來項目，包括宗教組織參與、合作或接管的項目，例如宗教組織與政府、其他慈善公益組織、學校、醫院、法院、警局、媒體以及善心人士等合作的慈善公益項目、宗教組織接管的社會慈善公益項目等。無論是自主開發運作還是外來項目，宗教組織的項目選擇主要基於三點原則：一是該項目是否符合宗教組織的信仰理念、服務目標與組織定位；二是該項目的實施是否有利於信仰的實踐以及組織未來的成長；三是宗教組織是否具備相應的資源以及能否承擔相關的責任與義務。慈善公益項目的雙向選擇機制是將慈善公益服務置於市場機制中，通過市場競爭配置資源的一種運行形式。目前，宗教組織慈善公益項目的雙向選擇機制主要呈現三種模式：第一種是宗教組織的自主開發項目由服務市場選擇，服務對象可以根據宗教組織推出項目的目標宗旨、基本內容和意義價值等選擇是否申請該項目；第二種是由政府、學校、醫院、法院、媒體、社區等發布慈善公益需求，由各宗教組織、社會慈善公益組織等非營利機構依據自身實際情況與慈善公益需求制定相應的慈善公益項目規劃，再由發布方以招標形式選擇服務外包並確定執行；第三種是合作型項目，由宗教組織、社會慈善公益組織等發布慈善公益項目合作需求信息，經過申請、交流和評估等程序後從申請合作的組織單位中選擇合作方的形式。宗教組織建立慈善公益項目的雙向選擇機制有利於宗教組織明確和深化服務理念與目標定位，有助於宗教組織發揮資源優勢，打造特色服務，在激烈的市場競爭中能夠充分享有自主權和選擇權的同時，又能在競爭機制中提升組織發展、強化組織特色。這樣也很好地避免了宗教組織在開展慈善公益項目時一些不切實際的規劃，在節約資源、節省成本的前提下，能夠科學快速地制定出符合組織發展特色的項目和決策。

9.2.3 完善宗教慈善公益事業的管理模式

1. 嚴格而有特色的宗教慈善公益事業內部管理

宗教管理是指為了保障社會宗教生活的正常運行，促進社會宗教事業的健康發展，實現社會宗教生活的目標，而對宗教組織與宗教活動場所進行的決策、計劃、組織、領導、控制、協調等一系列活動，微觀管理內容涉及組織管理、信徒管理、教產管理、教職人員管理、教育管理、活動管理、事業管理等。〔註34〕宗教慈善公益事業的發展與延續離不開人們的親身參與和物質奉獻，因此，人力（包括知力）和財力（包括物力）管理是宗教慈善公益事業內部管理的核心內容。

第一，人員管理。宗教慈善公益事業的發展僅依靠信仰和熱情是不夠的，更需要一支卓越的隊伍，包括全心投入的教職人員、經驗豐富的專業人士、無私奉獻的志願者和捐贈者。因此，宗教慈善公益事業的人員管理主要是對教職人員、專職員工、志願者和捐贈者的管理。

在教職人員管理方面，不同的宗教組織會形成自己相對固定的組織機構和管理制度，其內容包括對教職人員的吸納、選拔和培訓等。以佛光山為例，佛光山實行十方叢林制度，訂有教士、師姑入道辦法和序級階位辦法等人事典制。在教職人員的吸納方面，凡符合以下條件的單身在家居士、本山各級學部畢業和結業生、於本山派下服務年滿三年以上職員且經主管單位推薦者、特殊因緣者，年滿 25 歲至 45 歲，具有高中以上或同等學力，即可申請入道，經主管單位審核、面試、體檢後呈師父上人裁決。在教職人員的選拔與培訓方面，佛光山依據《佛光山宗委會組織章程》制定了嚴格的序級階位辦法。僧眾分為：清靜士，共六級，每級一年；學士，共六級，每級二至三年；修士，共三級，每級三至六年；開士，共三級，每級五至十年；長老。教士、師姑分為：清靜士，共六級，每級一年；學士，共六級，每級二至三年；修士，共三級，每級三至六年。徒眾序級階位根據戒臘、學歷、年資、經歷、特殊技能等項目進行核定，如根據學歷國小（小學）按清靜士二級計算、國中（初中）按清靜士三級計算、高中按清靜士四級計算、專科按清靜士五級計算、大學按清靜士六級計算、碩士按學士一級計算、博士按學士二級計算。入道後即需接受本山的職務調派，並對道業不忘初心、對學業解行並重、對事業恪盡職守、對同參和諧相處，徒眾階位的等級晉升也需考察學

〔註34〕楊玉輝，《宗教管理學》，北京：人民出版社，2008 年，第 3~4 頁。

業、事業和道業的綜合水平。〔註35〕

　　救世軍的人員管理制度結合了軍事化管理的特點，在教職人員的吸納方面，凡是願意接納救世軍的信仰，與基督耶穌建立個人聯繫，且年滿14周歲，即有機會成為救世軍的士兵。在教職人員的選拔和培訓方面，成為救世軍軍兵前，必須先學習救世軍的基本信仰和教義，簽署「軍兵戰條」，這份信仰誓約涵蓋救世軍的十一項基本信仰，規定了士兵的生活準則，且要求士兵在經濟上支持救世軍的事工，奉獻時間與才能，與人分享耶穌基督信仰。那些因各種原因尚未成為軍兵的人則組成了「救世軍之友」，他們承認救世軍是他們的教會，並出席聚會、支持本軍事工。具有良好表現的軍兵會選入軍官訓練學院深造，在經過審查並被納入候補委員後，他們將接受為期兩年的特別設計課程，學習聖經、教義、救世軍歷史以及傳道技巧等，訓練結束後即被任命各階層職務，在軍中擔任全職事奉。救世軍的契約是終身制的，退休也只是「任務的改變」，為了避免軍官家庭的競爭性事業壓力，救世軍要求已婚人士夫妻雙方都必須是軍官。〔註36〕除此之外，救世軍還專門成立有青年兵，凡年滿七歲且簽署信仰誓約的即可加入，青年兵可以參加特別的聚會，也可以接受訓練學習，是軍兵的後備力量。〔註37〕

　　在專職員工管理方面，宗教組織在吸納專職員工時除了專業水平的衡量外，往往還會有宗教信仰方面的考量，一般情況下會要求宗教信仰的一致性，同時也會考察其是否具有從事慈善公益工作的熱忱和奉獻精神。組織通常建立雙重人事管理制度，即從宗教信仰和一般人事方面進行管理，並建立良好的人事檔案制度，通過設定工作任務和目標責任來約束和激勵專職員工的積極性，根據工作重心和項目特點對專職員工進行培訓。佛光山的慈善公益事業單位如學校、醫院、美術館等與各基金會裏都有大量的專職員工，這些員工大多具有佛教信仰，擔任教師、醫生、律師、財會等工作，並且部分人具有社會福利、社會工作、心理學、管理學等方向的碩士、博士學位，專職員工的專業技能與管理理念為佛光山慈善公益事業的可持續發展貢獻了重要力量。為了培

〔註35〕佛光山：《佛光山開山四十週年紀念特刊·佛光宗風》，高雄：佛光山文教基金會出版，佛光山宗委會發行，2007年，第88～89頁。

〔註36〕提名已婚人士擔任軍官時其配偶也須同意參加培訓，提名未婚人士擔任軍官時其結婚對象須是軍官或同意成為軍官。

〔註37〕整理自救世軍港澳軍區官網 http://www.salvationarmy.org.hk/，2016年8月17日。

養和提升專職員工的服務水平，佛光山積極組織員工參加和開展課程研習與深造。例如大慈育幼院的老師們都是具有保育合格證書的正式教師，他們仍需參加社會工作和心理輔導等內容的專業課程，包括臺灣內政部兒童局主辦的「兒童及少年福利專業人員保育及生活輔導核心課程訓練」（14 課時）、高雄縣及專門機構主辦的「南部地區兒童少年安置及教養機構保育及生活輔導員核心課程訓練」（16 課時）、「安置機構說明」（2 課時）、「兒童及青少年安置及教養機構工作人員訓練」（12 課時）、「遊戲治療、關繫治療、生命關懷與助人輔導」（6 課時）等。〔註38〕

在志願者管理方面，一是要加強志願者的組織動員工作，傾聽他們的心聲，並注意將事業的需求與志願者的追求相結合；二是完善對志願者的激勵機制，精神獎勵為主，物質獎勵為輔；三是為志願者創造更多的人生發展條件，為他們提供一定的鍛鍊機會、表現機會和成長條件，使事業成長與人生發展相結合。〔註39〕佛光山有專門的志願者服務隊，並長期招募社會各界的愛心人士加入其中，專職員工與志願者間形成了一種分工與協作的關係。以佛光山慈悲社會福利基金會的志願者管理為例，在招募方面，友愛服務隊要求年滿 20 歲以上，身體健康，國中（初中）以上學歷，有計算機基礎且每週至少服務一個上午（下午）時段者優先。〔註40〕符合申請條件的志願者將接受基金會的評估，在正式成為志願者前需接受 48 小時的培訓，並申請志願服務手冊成為正式志願者，基金會根據其專長及能力分配服務崗位。在培訓與調動方面，基金會通過課程講解、講座、研討會、會談、經驗分享討論會等形式，傳授志願者社會服務理論與方法、心理輔導的基本知識，以及對佛教的正信正念。基金會為志願者累計服務時間，政府每年則根據服務時間等選出優秀志願者，並頒發金銀銅獎和榮譽卡以資鼓勵，獲表彰的志願者還可以享受免門票等小福利，讓志願者在服務過程中體驗了信仰與奉獻的快樂，獲得了人生與事業的成長。

在捐贈者管理方面，宗教組織要認識到捐贈者是需要用心維繫和管理的重要對象，對於捐贈者的管理應注意以下幾個環節：一是要成立專門的機構部門，形成規範的捐贈者管理體系；二是要主動維繫與捐贈者間的關係，不僅要

〔註38〕 王佳，《中國佛教和慈善公益事業》，北京：宗教文化出版社，2014 年，第 257 頁。

〔註39〕 楊玉輝，《宗教管理學》，北京：人民出版社，2008 年，第 483 頁。

〔註40〕 佛光山慈悲社會福利基金會官網 http://www.compassion.org.tw/h_0541_volunteer.aspx，2016 年 8 月 12 日。

將捐贈財物的使用情況及時反饋，還要始終滿懷感恩之心，對特殊貢獻的捐贈者予以精神鼓勵和反饋；三是建立一套捐贈者動員體系，充分調動他們在宗教慈善公益事業中的積極性與創造性，賦予他們一定形式的民主權力，激發他們的主人翁意識，從而使他們更有熱情為宗教慈善公益事業的發展做出貢獻。佛光山對於信眾和捐贈者建立了一套會員體制，信眾會員主要分為：一般信眾會員、護法信眾會員、佛光人會員、功德主會員和榮譽會員，信眾會員享有七項權利和義務，分別是：恭敬三寶，認同本寺宗風理念；服務獻智，護持弘法利生事業；護法衛教，維護本寺聲譽權益；精進修道，參與各項共修活動；護法檀那，尊重教團僧事僧決；婚喪喜慶，本寺得酌情協助之；福利事業，得享優先優惠權利。〔註41〕這些信眾會員是支持佛光山慈善公益事業的常態化力量，許多大規模的募捐活動中都有他們的付出與貢獻。佛光山不僅為信眾會員提供諸多便利，為了銘記與感恩所有捐贈者的支持，佛光山每期的報刊、雜誌上都有一定的篇幅用於感謝捐贈者，本山還有特別感謝捐贈者的功德牆，每年組織和舉辦感恩捐贈者的答謝會、交流會等，與捐贈者建立了穩定密切的友好關係。

　　第二，財務管理。財務管理是一項專業性程度高的工作，對整個宗教組織的發展有著至關重要的影響。對資金及其運用效果的管理是實現慈善公益事業可持續發展的必要條件，健全的財務機制有助於提升內部效率，降低運作成本，有助於宗教組織樹立誠信健康的良好形象，利於長遠發展。在預算管理方面，預算的編制應符合宗教組織發展的長期規劃與總體目標，並由中層和基層部門人員共同討論，提出意見，將各部門意見匯總整理並修訂完善後，交由最高決策機構審查決議，而後下達給各部門執行，預算執行過程中應做到有效地控制，各項經費的使用有章可循、有據可依，保證預算執行的嚴謹性；在決算管理方面，決算編制需全面完整、真實準確地反映宗教組織的財務狀況與預算執行結果，能夠為財政部門審查批覆決算和編制此後的預算提供有效參考和基本依據；在收入管理方面，宗教組織應實現財務收支統管，全部歸口於財務管理部門，直接納入組織預算，並統一核算和管理，避免挪用、濫用等不良現象的發生；在支出管理方面，宗教組織應充分發揮財物使用效益，運用集中管理、定員管理、定額管理、定項管理等方法對支出項目、範圍和標準等進行管

〔註41〕佛光山：《佛光山開山四十週年紀念特刊‧佛光宗風》，高雄：佛光山文教基金會出版，佛光山宗委會發行，2007年，第34～35頁。

理；在財物監督方面，一是監督綜合財務計劃的預算編制與決算實施情況，提高資金使用效率，二是監督收支情況，促進宗教組織的增收節支，三是對宗教組織的財產監督，防止資產流失。佛光山與救世軍都是大型的、成熟的、專業的宗教慈善公益組織，具有獨立的財務系統和健全的財務管理制度，配備專業的財務工作人員，組織制定清晰明確的預算和真實準確的決算，慈善公益項目嚴格按照制度規範進行。不僅如此，嚴格的財務監督制度也促使佛光山與救世軍成為公信力極強的宗教慈善公益組織，在他們的官方網站上，人們可以任意查閱和下載當年或多年前的經審核的財務報告，報告中詳細展示當年度收入來源與支出分配，各項目的預算與決算編制，以及詳盡的財務報表信息等，為社會民眾監督宗教慈善公益組織的運行提供了渠道，對預防腐敗、提高組織公信度和社會認同度起到了巨大地推動作用。

第三，內部監督與自律。健全的監督機制是保障宗教慈善公益事業健康發展的根本，其中，內部監督與自律是宗教組織公信力建設的重要內容。宗教組織內部的自我監督，可以通過成立專門的內部監督機構或定期開展評估活動來實現，例如佛光山慈悲社會福利基金會定期開展內部自評活動，由主管評員工，上級評主管等實現組織自評。此外，宗教組織應與其他非營利組織間建立共同遵守的行為規範和自律準則，共同維護慈善公益事業的社會形象。當然，基於信仰的宗教組織在進行慈善公益行為時應比一般性的世俗組織更加細心謹慎，因為一旦發生違規操作或徇私舞弊的行為，不僅會傷害社會民眾的慈善熱情和宗教感情，也會給信仰本身帶來無法彌補和不能原諒的傷害。

2. 飽含文化策略的宗教慈善公益事業外部建設

第一，宗教組織的形象塑造。組織形象是重要的無形資產，它代表了宗教組織在社會民眾心中的意義和價值，形象的好壞決定了無形資產價值的高低。相較於一般性的社會組織而言，宗教組織是以信仰為凝聚力的團體，組織形象具有極強的凝聚力與整合功能，對內產生激勵作用，對外亦有規範與導向價值。在宗教繁多、信仰自由的時代裏，信仰市場的競爭歸根結底就是組織形象的競爭，哪個宗教組織擁有良好的形象特色，哪個宗教組織就會凝聚更多的信徒，獲取更多的資源，從而為慈善公益事業的開展奠定基礎。因此，宗教慈善公益事業的發展壯大離不開良好的組織形象，而組織形象的塑造主要從以下三個方面入手：

首先，建立明確的組織使命與目標定位。在慈善公益事業領域，宗教組織

的競爭對象不但有其他宗教組織，而且還有大量的世俗慈善公益組織。在競爭如此激烈的大環境中，宗教組織如果沒有明確的組織使命與目標定位，就會迷失組織的發展方向，難以獲取有效的資源維持組織的正常運營，更何談慈善公益事業的開展。作為宗教組織，救世軍和佛光山雖然屬於不同的宗教，具有不同的組織結構和運營管理模式，但在組織使命與目標定位上的精神理念基本一致。救世軍的國際使命宣言是：「救世軍是一個國際性組織，是基督教普世教會之一。本軍的信仰是基於聖經，本軍的服務是源於神的愛，本軍的使命是傳揚耶穌基督的福音，並奉他的名在不分彼此的原則下去滿足有需要的人。」〔註42〕佛光山的組織使命是：「本寺以秉持佛陀之教法，弘法利生，覺世牖民，提倡人間佛教，建設佛光淨土為宗旨。」〔註43〕在具體實踐上，佛光山更是提出了「以文化弘揚佛法、以教育培養人才、以慈善福利社會、以共修淨化人心」〔註44〕。可見，傳播宗教信仰和發展慈善公益是救世軍與佛光山兩大宗教組織的使命與目標，圍繞這一組織使命與目標定位，救世軍與佛光山開展了大量的慈善公益活動，為宗教組織塑造了深入人心的形象，維持了宗教組織的重要性與獨特性。因此，宗教組織明確的組織使命與目標定位決定了組織的服務對象與服務內容，有利於宗教組織在激烈的競爭環境中取得必要的、有效的資源來維持組織的正常運營，有利於宗教慈善公益事業的發展壯大。

其次，建構宗教組織的形象特色。宗教慈善公益事業到底靠什麼才能取得成功？當一個宗教組織專注於傳播信仰與開展慈善公益事業的使命之時，社會民眾究竟憑藉什麼因素去選擇支持或參與這個宗教組織的慈善公益活動而非另一個組織？答案就是宗教組織的形象特色，形象特色就是組織的品牌，組織的聲譽。對於開展慈善公益事業的宗教組織而言，取信於民就是生死攸關的大事，因為人們只會把時間和金錢奉獻給他們認為誠實可靠、專業性強、透明度高的宗教組織。2000 年，美國救世軍的一項社會調查顯示，人們期望慈善公益機構應具備的重要質量排行榜中，「有效使用捐贈物資」排在首位，他們對救世軍給予了很高的評價（滿分 10 分，救世軍得了 8 分），其

〔註42〕救世軍港澳軍區官網 https://salvationarmy.org.hk/about-us/our-mission-and-values/，2016 年 8 月 17 日。

〔註43〕佛光山：《佛光山開山四十週年紀念特刊‧佛光宗風》，高雄：佛光山文教基金會出版，佛光山宗委會發行，2007 年，第 34 頁。

〔註44〕佛光山：《佛光山開山四十週年紀念特刊‧佛光宗風》，高雄：佛光山文教基金會出版，佛光山宗委會發行，2007 年，第 18 頁。

中，工作努力（8.5分），富有同情心（8.31分），寬容（7.25分），當被詢問一想到救世軍腦海中首先浮現的是什麼時，1／3的回答是救世軍主動幫助窮人和危難者。〔註45〕那麼宗教組織的慈善公益形象究竟應該如何塑造呢？

建構組織的形象特色〔註46〕

建構內容	策略方法	說明
組織的宗教屬性與內涵	運用「宗教價值觀」向社會大眾宣傳組織的觀點與思想	藉由宣傳讓組織的中心思想與服務理念結合
組織的專業領域與背景	宣傳專業意識以奠定組織整體榮譽	協助組織與社會大眾建立「接納與合作」的共識
組織的規模與制度	研發組織制度的效益管理策略	以「溝通」及「管理」建立互利的群體關係
組織的服務內容與範圍	將以往應急性與急就章的業務轉為有計劃性的會務	增進組織與社會大眾間的良好關係

上表為我們提供了一些思路：宗教組織的慈善公益形象離不開信仰的支持，宗教價值觀是聯結組織與社會民眾的情感橋樑，也是讓宗教組織與世俗非營利組織區隔的重要因素，人們對佛光山和救世軍的支持，在某種程度上而言也是對佛教和基督教的潛在認可。慈善公益服務的專業性是宗教組織的生命力，品牌效應的形成歸根結底在於服務的質量，當慈善公益服務完全滿足甚至高於社會民眾的期望和需求時，宗教組織就會在社會民眾心中樹立起「高質量」的旗幟，形成「值得信任」的共識，從而獲得人們的接納與支持。宗教組織的運營與管理制度是組織建構形象特色的內在機制，良好的組織運營與有效的組織管理會幫助宗教組織健康、穩定地發展壯大，其慈善公益事業也會逐步形成規模，這是宗教組織建構形象特色、形成獨一無二的品牌的內在機制和發展策略。增進社會民眾對宗教慈善公益服務的內容和範圍的瞭解是宗教組織建構形象特色的重要方式，宗教慈善公益服務從「無序」發展至「有序」，從「應急性」發展至「計劃性」是宗教組織進步的必然現象，但社會民眾卻未必對其所有的成長過程瞭如指掌，例如2000年對美國救世軍的調查顯示，人

〔註45〕〔美〕羅伯特・A・沃森、本・布朗，彭彩霞、席瑞雪譯，《美國最有效的組織》，北京：中信出版社，2003年，第92頁。

〔註46〕王佳，《中國佛教和慈善公益事業》，北京：宗教文化出版社，2014年，第209頁。

們對於救世軍慈善公益項目的印象主要是家品店和災難救助，而救世軍實際開展的慈善公益服務卻廣泛得多，因此，增進社會大眾對宗教慈善公益服務內容和範圍的瞭解，形成宗教組織與社會大眾間的良性互動關係，是宗教組織建構形象特色的重要方式。

最後，發揮宗教領袖的人格魅力與明星特質。宗教領袖作為組織的領導人，常被視為是宗教組織整體的公關形象，因此，塑造和維護宗教領袖的形象，發揮宗教領袖的人格魅力與明星特質也是宗教組織形象塑造的重要內容。根據佛光山星雲法師與救世軍卜維廉將軍的宗教領袖形象，我們總結出宗教領袖的形象塑造通常包含以下兩個方面：一是與社會民眾分享宗教領袖的人生軌跡和榮譽事蹟。宗教領袖的人生軌跡通常也蘊含了宗教組織從建立到發展的成長歷程，分享宗教領袖的榮譽事蹟和思想動態既可以增進社會民眾對於宗教領袖的人生履歷和性格特徵、宗教組織的成立緣起與發展歷程的瞭解，還可以拉近社會民眾與宗教領袖、宗教組織的距離。二是宣揚宗教領袖的生活智慧與管理哲學，強化其領導人風格。優秀的組織領袖是組織成功的必要條件，根據《首先，打破所有的規則》一書的觀點：「優秀的員工需要偉大的經理。優秀的員工可能會因為公司很具個人魅力的領導、高薪及其世界一流的培訓項目而加盟該公司，但他在該公司呆的時間長短及創造能力卻直接取決於他與其直接上司的關係。」〔註47〕同理，宗教領袖的管理方式與行事風格對宗教組織的發展也會產生重大影響，例如星雲法師倡導人間佛教，提倡「皆大歡喜」的管理方式，便有了今日給人歡喜的佛光山人間教團；卜維廉將軍倡導傳教與事俸並重，提倡軍事化管理，便有了今日最有效的組織救世軍。將宗教領袖的生活智慧與管理哲學傳播和分享給社會民眾，既能夠取得民眾認可，凝聚組織力量，又可以讓社會民眾在這種智慧結晶與哲學理念中汲取營養，用於生活，獲得成長。

第二，宗教組織的對外營銷。「營銷是一個有系統的程序，需要精心設計與規劃，而非漫無章法的隨意行動。它的目的是完成交易，特別是自願性的交易。交易的內容可能是以金錢換取產品或服務，為某個目的換取貢獻，或是志願者付出的時間，它們都有自願性交換的意味在內。」〔註48〕營銷是一門學

〔註47〕〔美〕羅伯特‧A‧沃森、本‧布朗，彭彩霞、席瑞雪譯，《美國最有效的組織》，北京：中信出版社，2003年，第103頁。

〔註48〕〔美〕詹姆斯‧P‧蓋拉特著，鄧國勝等譯，《非營利組織管理》，北京：中國人民大學出版社，2013年，第37頁。

問，也是重要的社會科學，它包含四個要素：產品、價格、推銷和地點。對於宗教組織而言，產品是慈善公益服務，價格是免費或成本低價，推銷是讓社會民眾認識和瞭解該服務，並明確服務的價值，地點是宗教組織所在地及其服務所覆蓋的範圍。宗教組織的對外營銷緊密圍繞這四個因素展開活動，並從分析市場需求、提升服務質量和創新營銷方式入手，將組織營銷的效果發揮到最好。

以市場為服務導向。宗教組織以市場為服務導向提供慈善公益服務，意味著宗教組織的每一項服務產品首要考慮的問題是服務究竟提供給什麼人，他們的需要是什麼。以市場為服務導向的宗教組織會形成一個由市場力量驅動的決策氛圍，以佛光山慈悲社會福利基金會為例，在我們的走訪和調研中，基金會的某位領導分享了他們的三好快樂園公益服務項目入駐社區的流程：首先，基金會前往社區，傾聽社區居民家長和小朋友們的願望與需求；其次，瞭解社區及其周邊的慈善公益資源和相關服務；再次，結合社區需求分析哪些應該提供的有價值的服務尚未被提供，這些服務是否符合基金會的使命與發展目標，基金會是否具有足夠的資源來提供該服務；最後，制定社區服務計劃，由組織討論決策。由此可見，以市場為服務導向就是要求宗教組織始終將服務對象的需求放在首位，結合組織自身的使命目標、資源水平和服務能力來制定服務計劃，做出組織決策。

提升服務產品的質量。縱然組織的營銷方式多種多樣，但千變萬化、絢麗多姿的營銷手段也抵不過消費者對服務產品質量的認可，宗教組織對外營銷的法寶歸根結底是提升慈善公益服務的質量。以救世軍在美國的發展情況為例，美國的社會民眾對救世軍持有高度讚賞的態度，但救世軍卻從未花費大量金錢進行廣告宣傳，他們發現民眾的好感來源於人與人之間、社區與社區之間的口口相傳，在廣告泛濫的年代裏，「以表現來營銷」的方式反而使救世軍取得了令人驚訝的成就。「救世軍每個項目的成功都會使整個救世軍受益——事實上，我們享受了全國範圍內的乘數效應。這種好感由無數感受匯成，有的人有從救世軍項目中獲得幫助的直接經歷，但大多數人卻是從我們所服務過的左鄰右舍那兒聽來的，聽他們說我們是多麼富有同情心，多麼值得信賴。」〔註49〕因此，提升服務產品的質量是宗教組織成本最低、持續時

─────────────────────────

〔註49〕〔美〕羅伯特・A・沃森、本・布朗，彭彩霞、席瑞雪譯，《美國最有效的組織》，北京：中信出版社，2003年，第93頁。

間最長的營銷方式，也是其他眾多營銷方式運用的基礎，沒有好的服務質量，再高明的營銷手段終究也會失去意義。

　　運用現代化的傳播與營銷方式。在信息爆炸的當今社會，誰能有效地利用現代化的傳播與營銷方式，誰就能搶佔市場、奪得先機。在非營利組織激烈的營銷競爭中，許多組織選擇成立一個專門的營銷或宣傳機構，或通過雇傭具有營銷專業背景的工作人員，為在職員工提供非營利組織營銷課程，培養和開發員工的營銷潛力等方式進行組織的營銷工作。佛光山為宗教組織的宣傳與營銷提供了一個成功的範式。首先，佛光山將精義高深的佛法佛理轉化為生活化、現代化的內容傳播給社會民眾，通俗易懂、言簡意賅的理論易於被社會各階層民眾理解和接受，並對個人生活、家庭幸福、鄰里關係、社會和諧等諸多方面產生積極作用；其次，推出多元化的慈善公益服務，涵蓋社會民眾生老病死的全程，為組織的良好口碑奠定基礎；再次，宣傳以星雲法師為核心的人間佛教領袖人物，塑造其德高望重的高僧形象，維護和保持其極高的人氣威望與出鏡率，發揮其宗教領袖人格魅力與明星效應；最後，充分利用現代傳媒手段，如報紙、雜誌、書籍、漫畫、電臺、電視臺、互聯網等，將佛光山的教育、文化、慈善和共修理念與動態及時分享給世界各地，將佛光山打造成為全球性佛教組織和國際化佛教道場。因此，與時俱進的多元傳播與營銷方式可以增強宗教組織的知名度和競爭力，拓展宗教組織的信仰市場與服務領域，從而推動組織的發展壯大。

第 10 章　推進大陸地區宗教慈善公益事業發展的幾點思考

　　我國大陸地區的宗教慈善公益事業起步較晚，但進入 90 年代乃至 21 世紀以來，宗教慈善公益事業步入快速發展時期，越來越多的宗教教職人員和愛心信眾投身於慈善公益事業之中，宗教慈善公益組織陸續成立，宗教慈善公益事業的內容愈加完善，宗教組織在信仰與社會資源方面的彙集與整合能力愈發凸顯。據統計，截至 2015 年底，全國有宗教文化背景的基金會 59 家，其中公募基金會 10 家，非公募基金會 49 家。在地域分布上，江蘇省 9 家，廣東省 6 家，河北省 5 家，北京、上海、山東和重慶等 2 家，天津、雲南、廣西、江西、山西等 1 家。在這些基金會中，愛德基金會（基督教背景）、無錫靈山慈善基金會（佛教背景）和慈濟慈善事業基金會（佛教背景）的透明度最高。〔註 1〕大陸地區的宗教慈善公益事業存在巨大的發揮潛力和上升空間，因此，結合佛光山與救世軍發展慈善公益事業的經驗，我們對推進大陸地區宗教慈善公益事業的發展提出了幾點思考。

10.1　政府層面：引導和鼓勵宗教慈善公益力量的成長

10.1.1　加強對宗教慈善公益事業的法律與政策支持

　　健康良好的法律政策與制度環境是孕育宗教慈善公益事業的肥沃土壤，

〔註 1〕《學者專家：中國宗教公益慈善方興未艾》，《福音時報》，2015 年 12 月 7 日，http://www.gospeltimes.cn/index.php/portal/article/index/id/31323。

它既能夠為宗教組織提供一個廣闊的發展空間，任其自主靈活地開展慈善公益事業，又能夠通過嚴格的法律法規和系統的制度體系對宗教慈善公益事業進行有效地監管，還能夠運用相應的優惠政策對開展慈善公益事業的宗教組織予以鼓勵和支持。我國於 2016 年 9 月 1 日起正式實施《中華人民共和國慈善法》，政府相關部門也陸續出臺了配套法規，通過直接登記註冊、慈善公益組織認定、公開募捐資格、互聯網公開募捐、稅收優惠政策、慈善信託管理、民政部門監管等十幾個方面對社會慈善公益事業進行規範，目的是保證慈善公益事業有法可依、有章可循。同時，國家也鼓勵宗教進入慈善公益領域，並給予了一定的政策空間，但與美國及港臺地區相比，大陸地區對於宗教慈善公益事業的法律保護與政策支持力度尚顯單薄，優惠落實存在不到位和滯後緩慢的情況，國家仍需在法律和政策方面大力促進宗教慈善公益事業的開拓發展，支持社會資源向宗教慈善公益組織傾斜，落實宗教慈善公益事業的相關優惠政策，激勵宗教慈善公益組織的發展進步，為宗教慈善公益事業創造更大的生存與發展空間，提供更加開闊自由的發展平臺。

10.1.2 建立宗教慈善公益服務購買制度

近年來，我國政府與慈善公益組織的合作增多，政府向慈善公益組織購買公共服務的方式已在諸多領域中實現，慈善公益組織也在不同層面參與到了政府治理環節中，但是在目前作為合作夥伴的慈善公益組織中，宗教組織和具有宗教背景的慈善公益組織卻是屈指可數的。實際上，宗教組織具有一些世俗慈善公益組織不具備的資源優勢，倘若政府能夠通過合作的方式將宗教組織在養生服務、養老服務、臨終關懷、喪葬祭祀、道德教化等領域的資源加以有效地運用與合理地推廣，宗教組織將會為民眾帶來更多良好、專業的社會服務。香港、澳門和臺灣地區已經形成較為成熟的政府與宗教組織的慈善公益合作模式，大陸地區尚處於探索和試行階段，例如 2012 年南京市棲霞區民政局委託基督教愛德基金會管理養老項目頤養中心，愛德基金會引進海外資深養老機構的先進模式和成熟經驗，培養了一支由專業社工、護士、治療師等組成的綜合服務團隊，在周邊十幾個社區推進養老服務，建設機構、社區和居家三位一體的養老模式，獲得了政府和民眾的高度認可。2014 年，受江蘇省委統戰部和省宗教局的委託，愛德基金會承辦了第一期江蘇省宗教界慈善公益研討培訓班，為來自全省五大宗教的 60 多位負責人提供了為期五天的理論與實

踐研討培訓，為不同宗教搭建慈善公益的對話平臺，開全國之首創。〔註2〕對於政府而言，服務外包將政府從服務的提供者這一角色轉變為服務的資助者和監督者，這在一定程度上節省了政府成本，也減少了政府與基層民眾因社會服務而產生的摩擦，起到緩解社會矛盾的作用。對於宗教組織而言，作為第三方部門，可以更好地整合政府資源，提供高質量的服務，從而積累組織聲譽，獲得更多的認可與支持。當然，大陸地區政府購買宗教組織社會服務的方式還需借鑒港澳臺地區運作成熟的制度設計，建立完整的實施制度與評估激勵機制，對宗教組織應提供的社會服務預先做出規模與質量的要求，並通過政策扶持與經費支持的方式保障服務的順利開展，同時實施嚴格的評估考察與組織監督，完善獎懲制度。

10.1.3　將第三方評估機構納入制度化體系

健全的評估制度應涵蓋自我評估、政府評估和第三方評估，我國政府對於慈善公益組織的評估工作始於 2006 年，先後制定了《關於推進民間組織評估工作的指導意見》、《全國性民間組織評估實施辦法》和《社會組織評估管理辦法》，對慈善公益組織評估結果設 5 個等級〔註3〕，等級有效期 5 年，其中，獲得 3A 以上等級的慈善公益組織可以優先接收政府職能轉移，獲得政府優先購買服務資格，獲得政府獎勵和申請公益性捐贈稅前扣除的資格；獲得 4A 以上等級的可以簡化年度審查程序，由地方各級人民政府民政部門報上一級民政部門審核備案；省級人民政府民政部門在每年 12 月 31 日前將 5A 等級名單和評估情況上報民政部。〔註4〕但目前我國政府對於能夠彌補政府監管不足的第三方評估制度還有很多需要完善的部分，當下既沒有法律法規對第三方評估機構的主體資格作出明確界定，也使得第三方評估機構在參與評估過程中難以協調和處理評估對象與政府部門間的關係，社會上對第三方評估機構缺乏認可，且第三方評估機構自身也缺乏約束監管，需要依賴政府扶持。美國建立了獨立的第三方評估制度，知名的民間評估機構有全國慈善信息局（NCIB）、卓越的非營利組織（Great Nonprofits 簡稱 GN）、馬里蘭州非營利組織聯合會（Maryland Association of Nonprofit Organization）、慈善導航（Charity Navigator）

〔註2〕《愛德基金會三十週年工作報告》，愛德基金會官網 http://amity.org.cn/index.php？m=Home&c=News&a=view&id=235，2016 年 9 月 1 日。
〔註3〕由高至低依次為 5A 級、4A 級、3A 級、2A 級和 1A 級。
〔註4〕彭小兵，《公益慈善事業管理》，南京：南京大學出版社，2012 年，第 208 頁。

等，它們的主要工作就是對慈善公益組織進行評估，使社會民眾能夠掌握更多的信息，對慈善公益組織有更全面的認識。第三方組織的評估層次更深入、內容更具體、手段也更專業，對宗教組織的慈善公益行為具有強大的約束力。因此，政府和慈善公益組織都應該正確對待第三方評估機構的介入，政府及早將第三方評估機構納入制度化體系之中，確保其法律上的主體地位，保障其評估工作能夠有法可依、有章可循，而第三方評估機構也應不斷提高自身的專業化水平，始終保持機構的獨立性、公開性和公正性，逐步擴大機構的影響力，增強機構的公信力。

10.1.4　支持構建包括宗教組織在內的慈善公益資源網

作為慈善公益事業的主導者與推動者，政府應該積極促進民間慈善公益力量的交流與合作，尤其是在當前大陸地區慈善公益需求大、慈善公益資源不均、慈善公益組織相對分散的情況下，充分調動和發揮包括宗教組織在內的民間慈善公益力量是十分必要的。基於互聯網的應用優勢，政府可以充分發揮牽頭作用，支持構建統一分類的慈善公益組織協作網，鼓勵全國的慈善公益組織以會員的形式參與其中，按照地區、宗教、慈善公益組織專長等差異因素劃分組織類別，建立會員信息共享和互動合作機制，支持建立包括宗教組織在內的社會慈善公益組織協作機制，發揮政府平臺的高度整合資源和優化資源配置的優勢，同時，政府也可以通過網絡平臺直接追蹤和監管慈善公益服務的質量與效果，掌握社會慈善公益資源的需求與流向，減少社會慈善公益資源的浪費，增強慈善公益活動的針對性，提升慈善公益組織的協作性、實效性，從而在整體上推動我國社會慈善公益事業的進步。

10.2　組織層面：發展特色宗教慈善公益模式，提供專業化社會服務

目前，大陸地區的宗教慈善公益事業呈現出積極良好的發展趨勢，但若想提供特色化、專業化和可持續化的社會服務，宗教慈善公益組織仍需從以下幾個方面加強建設。

10.2.1　慈善理念成熟化

首先，宗教組織應該認識到開展慈善公益事業既是宗教信仰的必然要求，

也是組織融入社會、服務社會的必要方式，倘若宗教組織將自己封閉在教會廟堂，只做純粹的信仰相關的活動，那麼這個宗教組織的活力與前途也會大打折扣，因此，確立慈善公益的基本觀念，並將慈善公益事業作為與信仰事業一樣重要的內容去開拓發展，將是宗教慈善公益組織成熟的標誌；其次，宗教慈善公益事業經歷了從傳統慈善到現代公益的轉型，宗教慈善公益事業的理念也從「授之以魚」到「授之以漁」，從「感恩捐助者」到「感恩受助者」，從「同情憐憫」到「尊重愛護」，從「完全的信息公開」到「尊重捐贈人和受助者意願」等等，慈善公益行為每一次進步的背後都蘊含了一個逐步成熟和完善的慈善公益思想；最後，宗教組織應該認識到慈善公益的本質並非同情憐憫和施捨救助，而是專業化的社會服務，應將信仰事業與社會服務進行區隔，不開展以傳教為目的的慈善公益事業；因此，成熟的宗教慈善公益思想既有宗教信仰和倫理道德的核心價值，又融入了現代公益理念的內在要求，它引導宗教慈善公益組織在高速發展的社會中實現現代化轉型與創新，並為慈善公益事業的發展指明了方向。

10.2.2　組織管理規範化

佛光山與救世軍為我們提供了宗教慈善公益組織的治理模板，雖然未必完全適用於大陸地區的宗教慈善公益組織，但也為組織的規範化管理提供了一定的經驗借鑒。宗教慈善公益組織的規範化管理意味著既要完善作為社會服務機構所應具備的科層化結構，又要體現宗教信仰的文化內涵與凝聚力，還要充分團結和發揮熱心信徒的積極性，組成文化精英與社會賢達的諮詢智囊團，為宗教慈善公益組織的發展注入活力。當前大陸地區的宗教組織多以宗教慈善公益組織、社會服務單位和基金會的主體形式進入慈善公益領域，無論以哪一種組織形式活動，都應注重建立和運用現代管理機制與科學的運營機制，促進組織的規範化，始終保持宗教慈善公益組織低成本高效率的運營管理優勢。宗教慈善公益組織低成本高效率的秘訣主要有兩個：一是能夠最有效地利用資金。救世軍在慈善公益項目的運營中十分注重時間與資金的利用率，「我們努力不把太多金錢和時間浪費在那些不能直接服務於項目的活動上，在我們收到的每 1 美元中至少就有 83 美分直接用於為人們服務，剩下的 17 美分用於購買開展項目所需的基礎設備，以及用來支付管理費用和募集資金的費

用。」〔註5〕救世軍美國軍區在得克薩斯州一年的營運資金約 2300 萬，其中用於執行、管理和日常開銷的費用僅有 160 萬美元，占總資金的 7%。二是能夠有效地動員人力。宗教慈善公益組織在動員人力方面具有信仰因素的優勢，志願者是宗教慈善公益組織的特色力量，他們在不以物質報酬為目標的情況下，為改善社會服務和促進社會進步而貢獻個人的時間與精力，訓練有素的志願者能夠提供高效專業的服務，志願服務也有效地幫助宗教慈善公益組織節約成本，節省開支。同時，科學的運營機制要求決策、執行和監督相分離，募捐與實施慈善公益活動相分離，運用市場化理念開展宗教慈善公益活動的策劃與營銷，推廣宗教慈善公益品牌，成立自律機構，接受第三方評估監督。現代管理機制要求建立健全法人治理結構，完善對員工、志願者及捐贈者的激勵機制，維護和團結好捐贈者隊伍，提升組織的應變與創新能力等。

10.2.3　組織運營品牌化

宗教組織在開展慈善公益事業時，應結合組織的實際情況與服務對象的實際需求，有意識地彰顯組織特色，著力打造組織的慈善公益品牌。當然，探索和建立宗教組織的慈善公益品牌是一個任重道遠的過程，往往需要較長的時期，但結合佛光山與救世軍的發展經驗，我們認為可以從以下方面著手：

第一，運用親切有感染力的宗教語言營造互助互樂的慈善公益氛圍。宗教組織是信徒們的精神家園，其語言也體現著本教的文化特色，如基督教中信徒們皆以兄弟姐妹相稱，佛教信徒統一姓「釋」，宗教組織宛如一個相親相愛、互相尊重的大家庭。在開展慈善公益事業時，宗教組織也將本教的語言特色融入在了項目和服務的過程中。例如佛光山出版的一系列生活智慧的佛法書籍《佛光菜根譚》、《往事百語》、《星雲法語》、《迷悟之間》等，都是運用平實親切、婉約哲理的語言來詮釋佛法中的為人處世之道，既蘊藏著豐富的人生哲理與深遠意義，又飽含文學的優美與莊嚴，傳播人間佛教的慈悲智慧，弘揚真善美的倫理價值觀，深受社會大眾的喜愛。佛光山的法師、專職員工和志願者在提供慈善公益服務時也常使用「惜福」、「感恩」、「吉祥」等親切質樸的詞彙，讓受助者感受到家人般的關愛與溫暖。

第二，通過統一醒目的服飾標誌宗教組織的團體身份，便於社會公眾辨

〔註5〕〔美〕羅伯特‧A‧沃森、本‧布朗，彭彩霞、席瑞雪譯，《美國最有效的組織》，北京：中信出版社，2003 年，第 21 頁。

識和熟記。服飾是宗教文化特色的一種體現，也是宗教信徒身份認同的標識。在卜維廉於 19 世紀創建救世軍時，就規定了統一的制服，制服不僅是職業化的體現，也象徵著勇氣和紀律。「對新加入救世軍的窮人來說，制服帶走了衣衫襤褸所帶來的羞恥感。為了做得更好，他們身著制服，象徵著他們願意摒棄流行服飾的世俗關注。」〔註 6〕起初，基於現實因素的考量，救世軍通過統一制服表示自己的團體身份。但經過百餘年的發展與堅守，制服對於救世軍而言已具有了更深刻的意義，制服是救世軍引以為榮的標誌，它代表著成員們在為共同的目標而努力，也象徵著救世軍的百年成長，能夠激發和鼓勵成員們進一步踐行組織使命。毫無疑問，當人們通過制服將救世軍的過去與現在的社會服務緊密聯繫起來時，制服就成為了一項效果顯著、意義非凡的慈善公益形象廣告。

第三，靈活運用慈善公益活動中的宗教儀式，喚起組織成員與參與者的情感共鳴。宗教儀式不僅是宗教組織鞏固自身的手段，還能夠「喚起並不斷喚起人們的情感，以獲得精神上的愜意」〔註 7〕。宗教組織在開展慈善公益活動時十分強調宗教儀式的靈活運用，例如佛光山大慈育幼院每天早上都會組織院童做早課，雖然也需要身著海青，手執法器，但內容與佛教儀式存在不同，育幼院主要是通過早課的形式培養院童的集體意識和秩序養成。佛光山的監獄教化活動中也經常組織一些佛教儀式項目，如打坐、抄經等，目的是幫助服刑人員收斂心緒，集中精神，體會和感悟佛教的精神，從而指導實際生活，重獲新生。當然，在一般性的慈善公益活動中，佛光山的儀式內容和形式都會適當的簡化，僅保留見面與道別時的雙手合十、互道「吉祥」、「阿彌陀佛」等，但也能夠在一定程度上促進參與者的情感與精神交流。

10.2.4　服務項目常態化

宗教慈善公益事業的可持續發展離不開常態化的社會服務項目，「常態化的社會服務項目最大限度地展示了自己的社會性身份的認同模式」〔註 8〕。

〔註 6〕〔美〕羅伯特‧A‧沃森、本‧布朗，彭彩霞、席瑞雪譯，《美國最有效的組織》，北京：中信出版社，2003 年，第 99 頁。
〔註 7〕〔法〕愛彌兒‧涂爾幹著，渠東、汲喆譯，《宗教生活的基本形式》，上海：上海人民出版社，1999 年，第 406 頁。
〔註 8〕卓新平、鄭筱筠主編：《宗教慈善與社會發展》，北京：中國社會科學出版社，2015 年，第 7 頁。

正如佛光山的大慈育幼、雲水醫療、監獄教化和救世軍的家品店、社區計劃服務等項目，它們作為組織幾十年如一日的常態化項目，已成為宗教組織與社會溝通的橋樑、與社會民眾互動的窗口，而這亦是社會民眾參與慈善公益的重要平臺。若想做到項目常態化，宗教組織還需建設以宗教教職人員為核心，以宗教信眾為骨幹，以志願者和愛心人士為同仁的慈善公益人才隊伍。佛光山與救世軍在組織建設方面尤為強調人才的重要性，佛光山更是將教育事業作為組織的四項使命之一，不僅為佛教界培養了許多出色的人才，還為社會教育貢獻了不可忽視的龐大力量，佛光山承擔慈善公益工作的法師和專職工作人員基本上都是社會福利、社會服務、心理健康、非營利組織管理等領域的專業人士，他們具有堅定的佛教信仰，較高的文化水平，很多具有碩士、博士學位，並且綜合素質與實踐能力也十分突出，他們作為佛光山的中堅力量，切實推動了佛光山慈善公益事業的飛速發展。此外，宗教組織的常態化慈善公益項目一方面要彰顯組織的服務特色，另一方面還要貼近社會民眾的日常生活，項目內容與慈善理念有機結合，易於激發人們的善心善舉。當然，慈善公益項目的常態化需要組織具備可持續的資源基礎，故而建立宗教組織的常態化捐贈機制，為常態化項目提供持續的資源配置，積極推動慈善公益項目的創新，與時俱進地完善常態化項目內容，方能保證項目的質量，促進宗教慈善公益事業可持續發展。

10.2.5 慈善資源網絡化

慈善資源是保障宗教慈善公益事業可持續發展的重要內容，宗教組織如何展示自身優勢，聚集與整合更多的慈善資源是一項值得探討的課題。當前，互聯網為宗教慈善公益事業的發展帶來諸多便利，利用互聯網搭建慈善公益資源平臺可以成為宗教組織重要的資源成長策略。首先，建立宗教慈善公益網站，為宗教組織與社會民眾的交流對話搭建網絡平臺。運用宗教慈善公益網站介紹組織宗旨、使命目標、項目訊息以及財務報告等，為社會民眾瞭解和參與宗教慈善公益活動提供便捷途徑；其次，善用網絡渠道籌措善款，打造網上募捐的籌款方式。互聯網與移動互聯網不僅拉近了社會民眾與宗教組織的距離，而且也為宗教組織籌措善款提供了節約宣傳成本的方式，手機銀行、網上銀行等使宗教組織的募捐更為便捷和廣泛，網絡慈善平臺也使得宗教組織與捐贈者間的溝通更為暢快；最後，善用網絡慈善平臺宣傳宗教慈善公益組織的正面

形象。宗教組織應善於利用互聯網廣泛、便捷和高效的平臺優勢，著力塑造組織的積極形象，提升組織在互聯網上的知名度，獲取更多的社會關注與支持。

10.3　社會層面：民眾主動參與支持和監督宗教慈善公益事業

10.3.1　社會民眾積極參與支持宗教慈善公益事業

　　助人為樂、樂善好施是中華民族自古以來的傳統美德，但大陸地區與港澳臺地區的社會民眾相比，其對待宗教慈善公益事業的熱情尚存在很大差距，與一些西方國家對照亦是相距甚遠。根據《2011 年中國慈善捐助報告》顯示，當年來自各類企業的捐贈為 486 億元，個人捐贈為 267 億元，而宗教組織接受的捐款數量僅占 0.89%，數量微小，不足百分之一。〔註 9〕總體來看，大陸地區的社會民眾慈善參與熱情不高，尚未形成固化的慈善行為，偶有的災難救助型捐贈難以持續，對宗教組織的慈善公益支持力度較小，慈善監督意願也不強烈。但根據瀋陽市宗教局組織的「瀋陽市宗教與社會和諧專題調研」活動報告顯示：「70%的不信教群眾認為『宗教應當積極服務社會，促進社會和諧』；僅有 3%的不信教群眾認為『宗教是消極的，不可能在慈善公益事業方面有所作為』。」〔註 10〕可見，絕大多數社會民眾對於宗教服務社會及其發揮促進社會和諧的積極作用是高度認可與支持的。當然，為了引導和鼓勵社會民眾主動參與和積極支持宗教慈善公益事業，國家、宗教組織、傳媒等社會各界還需貢獻一份力量。首先，國家應在輿論上注重引導和表彰宗教組織的慈善公益服務，客觀評價宗教慈善公益事業的作用和價值，使社會民眾能夠明確認識到宗教慈善公益事業的本質和意義；其次，宗教組織需要重新塑造和整合宗教慈善公益文化，將宗教慈善公益思想與社會倫理價值有機結合，通過與時俱進的現代解讀、活潑生動的語言表述來詮釋高深艱澀的理論，以一種易於理解、容易接受的方式傳播給社會民眾，從而達成社會共識，引領全民慈善，與此同時，淡化慈善公益項目的宗教色彩，從名稱到

〔註 9〕卓新平、鄭筱筠主編：《宗教慈善與社會發展》，北京：中國社會科學出版社，2015 年，第 39 頁。

〔註 10〕任桂芳：《瀋陽市宗教與社會和諧專題調研》，《宗教與世界》，2010 年，第 2 期。

內容都應努力做到「去宗教化」〔註11〕，更易於獲取社會民眾的認可與支持；最後，社會傳媒對宗教慈善公益事業應給予一定關注，並進行客觀公正地報導，既能夠為社會民眾提供認識和瞭解宗教慈善公益事業的方便途徑，也是對宗教慈善公益組織的社會監督。

10.3.2　增強與宗教慈善公益組織的項目合作

社會各界的企業單位、商業部門、其他社會團體等應該充分認識到宗教慈善公益事業的特殊作用和積極意義，嘗試與宗教慈善公益組織建立良好的合作關係，形成穩定的合作機制。救世軍港澳軍區的發展模式為我們提供了一個很好的範例，港澳地區的企事業單位、其他社會團體與救世軍建立項目合作關係，為救世軍的特殊救助對象提供培訓與實習機會、工作崗位以及其他服務等，不但幫助社會解決了一些特殊的矛盾和難題，也為本單位塑造了良好的社會形象，而這也相當於一個無形的廣告，增添了組織單位的公益內涵與社會價值。大陸地區在一些領域也進行了有益的探索，例如2015年西安大型公立醫院交大一附院與佛教古剎大興善寺合作辦醫，寺廟的法師和義工將結合佛教文化為患者提供康復指導、心靈疏導和臨終關懷等服務。〔註12〕值得一提的是，合作雙方需要注重維繫合作夥伴的長期關係，宗教慈善公益組織應定期組織答謝活動，並在年報等刊物上表達對合作機構支持慈善公益項目的感謝，合作的組織單位也應為受助對象提供可持續的學習與工作機會，制定特殊的受助人員管理與獎勵機制，並使慈善公益文化成為組織單位文化理念的重要組成部分。

10.3.3　形成全方位的宗教慈善公益事業社會監督系統

調動社會民眾的慈善熱情，不但需要民眾積極參與和支持宗教慈善公益事業，而且還要民眾加入宗教慈善公益事業的社會監督系統。一般而言，完善的社會監督主要包括傳媒監督、公眾監督和第三方組織監督。其中，傳媒監督是一項重要且有效的監督方式，因為報紙雜誌、電臺電視和網絡等媒體是社會民眾獲取信息的主要渠道，其傳播速度快、影響範圍廣、具有一定的信息導向

〔註11〕　項目的去宗教化並不意味著組織宗教性的喪失，宗教文化依然是宗教慈善公益組織的核心精髓。
〔註12〕　《西安交大一附院與大興善寺合作辦醫推臨終關懷》，網易新聞2015年7月11日：http://news.163.com/15/0711/08/AU7ST9TH00014AEE.html。

和威懾作用，能夠對宗教慈善公益事業的健康發展產生一定的約束力，基本上大部分的慈善公益醜聞都是由傳媒曝出的，傳媒監督的及時性、廣泛性和影響性遠超其他社會監督方式。但僅有傳媒監督還是遠遠不夠的，公眾監督具有社會廣泛性和民眾參與性，對宗教慈善公益事業的發展具有極為重要的影響，一旦公眾認為宗教慈善公益組織存在隱瞞、欺騙等行為，就會產生不信任的感情，從而影響以後的捐贈和支持。當然，獨立於政府和組織的第三方評估機構往往具有嚴格專業的評價體系，通過第三方評估機構的分類指導與管理，能夠有效規範宗教慈善公益行為，提升宗教慈善公益組織的業務水平與公信度，還能夠在一定程度上彌補政府監管的不足。

本篇小結

　　通過本篇的分析和闡述，我們明確地認識到，宗教慈善公益事業既是社會保障體系的有益補充，有助於促進社會文明、緩解社會矛盾和維護社會穩定，又是宗教融入社會、服務社會的重要途徑，有助於宗教傳播慈善文化、擴大社會影響，而宗教信仰所獨具的超越性、持續性和非功利性等特質也是促進和推動宗教慈善公益事業發展進步的獨一無二的重要力量。然而，想要做好宗教慈善公益事業，還需外部的社會條件與內部的組織運營管理互相配合。完善的制度環境、良好的法律政策以及廣泛的社會支持共同構成了宗教慈善公益事業的基礎保障。宗教組織遵守正確的開展原則，才能保證宗教慈善公益事業發揮民間慈善公益力量的最大效用。同時，協調、高效的運營機制，多元化的運營主體、靈活的資源運營方式和健全的項目運營模式有助於宗教組織實現慈善公益資源的優化配置，組織內部嚴格而有特色的管理模式，以及飽含宗教文化策略的外部建設方式和高度自律的自我監督系統有利於宗教組織在激烈的慈善公益競爭中脫穎而出，獨樹一幟。誠然，佛光山與救世軍為我國大陸地區宗教慈善公益事業的發展提供了政府、組織和社會三個層面值得借鑒的經驗和方法。然而限於時間、資源以及個人水平的關係，第十章對於推進大陸地區宗教慈善公益事業的思考和建議比較宏觀，仍需細化，對於一些問題的把握和分析不夠成熟，有待加強，這也是未來本文需要進一步豐富和完善的地方。

參考文獻

一、專著類

1. 〔埃及〕穆斯塔發・本・穆罕默德艾瑪熱編，穆薩・實文安哈吉、買買提・賽來哈吉譯，《布哈里聖訓實錄精華》，北京：中國社會科學出版社，2003年。

2. 〔德〕卡爾・白舍客著，靜也、常宏等譯，《基督宗教倫理學》第二卷，上海：上海三聯書店，2002年。

3. 〔法〕愛彌兒・涂爾幹著，渠東、汲喆譯，《宗教生活的基本形式》，上海：上海人民出版社，1999年。

4. 〔美〕阿爾文・H・賴斯著，潘若琳、趙家珍譯，《非營利創新管理》，北京：北京大學出版社，2007年。

5. 〔美〕貝奇・布查特・阿德勒著，金錦萍等譯，《美國慈善法指南》，北京：中國社會出版社，2007年。

6. 〔美〕詹姆斯・P・蓋拉特著，鄧國勝等譯，《非營利組織管理》，北京：中國人民大學出版社，2013年。

7. 〔美〕加里・貝克爾著，王業宇、陳琪譯，《人類行為的經濟分析》，上海：三聯書店，1995年。

8. 〔美〕萊斯特・M，薩拉蒙著，賈西津、魏玉等譯，《全球公民社會——非營利部門的視界》，北京社會科學文獻出版社，2002年。

9. 〔美〕羅伯特・A・沃森、本・布朗著，彭彩霞、席瑞雪譯，《美國最有效的組織》，北京：中信出版社，2003年。

10. 〔美〕密爾頓・英格著，金澤等譯，《宗教的科學研究》，北京：中國社會科學出版社，2009 年。

11. 〔美〕彼得・德魯克著，吳振陽等譯，《非營利組織的管理》，北京：機械工業出版社，2016 年。

12. 〔美〕香農・L・榮格著，江怡、伊傑譯，《宗教與美國現代社會》，北京：今日中國出版社，1992 年。

13. 〔美〕亞瑟，C，布魯克斯著，王青山譯，《誰會真正關心慈善》，北京：北京市社會科學文獻出版社，2008 年。

14. 〔日〕窪德忠著，蕭坤華譯，《道教史》，上海：上海譯文出版社，1987 年。

15. 〔伊拉克〕穆罕默德・本・侯賽因・謝里夫・萊迪選編，《辭章之道》，北京：宗教文化出版社，2003 年。

16. 陳鼓應，《老子今注今譯》，北京：商務印書館，2006 年。

17. 陳延超，《社會建設視野中的宗教公益慈善研究》，武漢：華中科技大學出版社，2015 年。

18. 陳霞，《道教勸善書研究》，成都：四川出版集團巴蜀書社，1999 年。

19. 方立天，《佛教哲學》，北京：中國人民大學出版社，2006 年。

20. 馮英、穆風龍、聶文倩編著，《外國的慈善組織》，北京：中國社會出版社，2008 年。

21. 顧長聲，《傳教士與近代中國》，上海：上海人民出版社，1983 年。

22. 國家宗教事務局政策法規司編，《宗教團體教規制度彙編》，北京：宗教文化出版社，2012 年。

23. 國家宗教事務局政策法規司編，《宗教政策法規讀本》，北京：宗教文化出版社，2012 年。

24. 國家宗教事務局政策法規司編，《宗教政策法規檔選編》北京：宗教文化出版社，2012 年。

25. 何光滬主編，《宗教與當代中國社會》，北京：中國人民大學出版社，2006 年。

26. 黃侃，《黃侃手批白文十三經》，上海：上海古籍出版社，1983 年。

27. 江明修，許世雨，劉祥孚，《臺灣宗教慈善》，《中國慈善發展報告》，北京：社會科學文獻出版社，2013 年。

28. 金澤，邱永輝，《宗教藍皮書・中國宗教報告》，北京：社會科學文獻出版

社，2015 年。

29. 賴永海，《宗教與倫理》，南京：譯林出版社，2010 年。

30. 李養正，《道教概說》，北京：中華書局，2001 年。

31. 黎熙元，姚書桓，《港澳非營利組織發展比較研究》，北京：中國社會科學
    出版社，2013 年。

32. 劉澎，《當代美國宗教》，北京：社會科學文獻出版社，2001 年。

33. 劉澎，《國家・宗教・法律》，北京：中國社會科學出版社，2006 年。

34. 劉智，《天方典禮》，天津：天津古籍出版社，1988 年。

35. 呂大吉，《中國現代宗教學術研究的百年回顧與展望》，《宗教與民族》第
    一輯，北京：宗教文化出版社，2002 年。

36. 滿義法師，《星雲模式的人間佛教》，臺北：遠見天下出版股份有限公司，
    2005 年。

37. 滿義法師，《星雲學說與實踐》，臺北：遠見天下出版股份有限公司，2005
    年。

38. 民政部政策法規司主編，《中國慈善立法課題研究報告選編》，北京：中
    國社會出版社，2009 年。

39. 明世法，《中國宗教的慈善參與新發展及機制研究》，成都：四川出版集
    團巴蜀書社，2014 年。

40. 彭小兵，《公益慈善事業管理》，南京：南京大學出版社，2012 年。

41. 聖嚴，《戒律學綱要》，北京：宗教文化出版社，2006 年。

42. 王明，《太平經合校》，北京：中華書局，2014 年。

43. 王佳，《中國佛教和慈善公益事業》，北京：宗教文化出版社，2014 年。

44. 星雲法師，《佛光山開山故事：荒山化為寶殿的傳奇》，高雄：佛光文化事
    業有限公司，2012 年。

45. 星雲法師，《禪學與淨土》，上海：上海辭書出版社，2008 年。

46. 徐以驊等主編，《宗教與美國社會──宗教非政府組織》，北京：時事出
    版社，2008 年。

47. 楊天宇，《禮記譯注》，上海：上海古籍出版社，2004 年。

48. 楊玉輝主編，《宗教管理學》，北京：人民出版社，2008 年。

49. 楊慶堃、范麗珠，《中國社會中的宗教：宗教的現代社會功能與其歷史因
    素之研究》，上海：上海人民出版社，2005 年。

50. 楊團、葛順道主編,《慈善藍皮書‧中國慈善發展報告》,北京:社會科學文獻出版社,2014 年～2015 年。

51. 張慶熊,《愛心和社會關懷是一切偉大宗教的共同點》,《基督教學術第二輯》,上海:上海古籍出版社,2004 年。

52. 張慶江、魏德東主編,《中國公益事業的回顧與展望》,北京:宗教文化出版社,2008 年。

53. 中國伊斯蘭百科全書編輯委員會,《中國伊斯蘭百科全書》,四川:四川辭書出版社,1994 年。

54. 周秋光、曾桂林,《中國慈善簡史》,北京:人民出版社,2006 年。

55. 鄭功成,《當代中國慈善事業》,北京:人民出版社,2010 年。

56. 朱越利,《道藏說略》,北京:北京燕山出版社,2009 年。

57. 卓新平、鄭筱筠主編,《宗教慈善與社會發展》,北京:中國社會科學出版社,2015 年。

58. 卓新平、邱永輝主編,《宗教與可持續社區研究》,北京:社會科學文獻出版社,2014 年。

59. 資中筠,《散財之道──美國現代公益基金會述評》,上海:上海人民出版社,2003 年。

60. 資中筠,《財富的歸宿:美國現代公益基金會述評》,上海:上海人民出版社,2005 年。

61. 鄒世允,《中國慈善事業法律制度完善研究》,北京:法律出版社,2013 年。

二、期刊類

1. 畢素華,《論基督教的慈善觀》,《南京社會科學》,2006 年,第 12 期。

2. 陳粒,《救世軍:沒有槍炮的「軍隊」》,《創造》,2007 年,第 9 期。

3. 鄧子美,《關於「佛教慈善事業」專題研究》,《深圳大學學報》,2012 年,第 29 卷第 1 期。

4. 董文琪,《救世軍的人員激勵之道與啟示》,《企業家天地》,2007 年 4 月。

5. 董棟,《宗教界開展公益慈善事業問題研究》,《世界宗教文化》,2012 年,第 1 期。

6. 高睿,《宗教與慈善之我見──以伊斯蘭教的慈善事業為例》,《今日中國

論壇》，2013 年，第 1 期。

7. 郭天紅、王佳，《臺灣佛教對社會慈善的積極作用——以佛光山和慈濟為重點》，《黑龍江民族叢刊》，2012 年，第 3 期。

8. 龔萬達、劉祖雲，《當代中國宗教慈善事業發展：歷史與現實的審視》，《甘肅社會科學》，2013 年，第 5 期。

9. 何方耀，《營造發揮宗教組織社會公益積極作用的法制環境——以廣州的宗教團體為例》，《廣州社會主義學院學報》，2012 年，第 4 期。

10. 黃裕生，《原罪與自由意志——論奧古斯丁的罪責倫理學》，《浙江學刊》，2003 年，第 2 期。

11. 胡紹皆，《宗教慈善事業的公信度從哪裏來》，《中國宗教》，2012 年，第 3 期。

12. 蔣堅永，《發揮宗教界人士和信教群眾在促進經濟社會發展中的積極作用——廣東省宗教界參與和興辦社會公益慈善事業調研報告》，《中國宗教》，2008 年 5 月。

13. 焦自偉，《宗教慈善大有可為——寫在〈關於鼓勵和規範宗教界從事公益慈善活動的意見〉發布之際》，《世界宗教文化》，2012 年，第 2 期。

14. 諶娟，《當代中國道教慈善事業研究——以成都道教為樣本》，《青海社會科學》，2012 年，第 1 期。

15. 賴永海，《緣起論是佛法的理論基石》，《社會科學戰線》，2003 年，第 5 期。

16. 李琳、明世法，《國際宗教慈善發展研究的新進展》，《中共石家莊市委黨校學報》，2013 年 4 月，第 15 卷第 4 期。

17. 李萍春曉，《融入宗教元素的中國社會慈善轉型文獻綜述》，《企業導報》，2013 年，第 15 期。

18. 李月娥、滿小歐、李真，《美國宗教非營利組織參與慈善事業的優勢評析》，《學會》，2012 年，第 5 期。

19. 李玉用，《論道教參與公益慈善事業的歷史傳統與現實實踐——以江蘇茅山道院參與公益慈善事業為中心》，《中國道教》，2012 年，第 5 期。

20. 李天綱，《宗教慈善的借鑒與實踐——以意大利「聖愛智德」和上海「普安堂」為例》，《華東師範大學學報》哲學社會科學版，2013 年，第 2 期。

21. 劉繼同，《慈善、公益、保障、福利事業與國家職能角色的戰略定位》，《南京社會科學》，2010 年，第 1 期。

22. 劉波，《宗教慈善若干法律問題研究》，《中國宗教》，2013 年，第 3 期。

23. 劉芳，《中國宗教性公益組織發展模式芻議》，《世界宗教文化》，2012 年，第 2 期。

24. 劉培峰，《宗教與慈善——從同一個月臺出發的列車或走向同一站點的不同交通工具》，《世界宗教文化》，2012 年，第 1 期。

25. 馬國川，《資中筠：悄然進行的新公益變革》，《財經》，2015 年，第 27 期。

26. 馬麗蓉，《清真寺的慈善功能與伊斯蘭教的「關愛弱勢」思想》，《回族研究》，2008 年，第 1 期。

27. 莫岳雲，《香港澳門政府對宗教慈善公益事業的管理》，《華南理工大學學報》，2011 年 8 月，第 4 期。

28. 裴勇，《宗教界開展社會公益慈善事業的優勢與空間》，《中國宗教》，2008 年，第 4 期。

29. 秦倩，《宗教公益信託：宗教組織進入社會服務領域的新模式》，《世界宗教文化》，2010 年，第 2 期。

30. 孫茹，《救世軍》，《國際資料信息》，2003 年，第 4 期。

31. 孫家寶，《美國政府對宗教事務的管理》，《世界宗教文化》，2011 年第 4 期。

32. 譚苑芳，《佛教慈善事業非營利組織治理結構的侷限及其回應》，《廣州大學學報》，2012 年 11 月，第 11 卷第 11 期。

33. 唐曉，《基督教理念與臨終關懷》，《天風》，2011 年，第 11 期。

34. 王作安，《我國宗教立法的回顧與思考》，《世界宗教研究》，2008 年，第 3 期。

35. 王作安，《推動宗教公益慈善事業又好又快發展》，《中國宗教》，2012 年，第 155 期。

36. 王振耀，《宗教與中國現代慈善轉型——兼論慈悲、寬容、專業奉獻及養成教育的價值》，《世界宗教文化》，2012 年，第 1 期。

37. Weller、張士江、劉培峰、鄭筱筠，《對話宗教與慈善公益》，《世界宗教文化》，2011 年，第 2 期。

38. 星雲法師，《人間佛教的藍圖》（上），《普門學報》，2001 年，第 5 期。

39. 邢婷婷，《社會公益：制度性宗教轉型的路徑——基於理論與實踐的雙重思考》，《理論界》，2013 年，第 7 期。

40. 肖松，《罪犯宗教改造方式境外實踐的啟示》，《犯罪研究》，2016 年，第 3 期。

41. 葉介甫，《從美國、加拿大和古巴宗教情況看我國宗教如何促進社會和諧》，《廣州社會主義學院學報》，2012 年，第 3 期。

42. 曾桂林，《伊斯蘭教慈善思想探析》，《寧夏社會科學》，2012 年 3 月。

43. 張志鵬，《宗教對慈善活動的積極作用》，《中國民族報》，2010 年，3 月 30 日。

44. 張士江，《宗教：慈善的動力之一》，《世界宗教文化》，2012 年，第 3 期。

45. 鄭功成，《法制、傳媒與慈善機構的公信力》，《人物》，2006 年，第 5 期。

46. 鄭筱筠，《中國宗教公益慈善事業的定位、挑戰及趨勢》，《中國宗教》，2012 年，第 3 期。

47. 祝慧、莫光輝，《差距、困境與突破：民族地區宗教慈善組織的發展路徑研究》，《學會》，2012 年，第 10 期。

48. 朱峰，《當代香港基督教社會福利事業述評》，《福建師範大學學報》，2008 年，第 6 期。

49. 卓新平、張訓謀、王卡、林啟泰、鄭筱筠，《再論宗教與慈善公益》，《世界宗教文化》，2012 年，第 2 期。

50. 周秋光、曾桂林，《中國慈善思想淵源探析》，《湖南師範大學社會科學學報》，2007 年，第 3 期。

三、英文文獻類

1. Eileen W. Lindner ed. *Yearbook of American and Canadian Churches: Counseling charitable Choice*. Abingdon Press, 1998.

2. Lester M. Salamon. *America's Nonprofit Section*. The Foundation Center. NewYork, 2nd ed, 1999.

3. Warren Weaver, etal. *U.S. Philanthropic Foundations: Their History, Structure, Management and Record*, New York: Harper & Row Publishers, 1967.

四、學位論文類

1. 黃飛君，《全球視野下宗教單元的宗教動能研究——以佛光山和臺灣基督教長老會的國際網絡建構為例》：博士學位論文，上海：復旦大學，2011年。

2. 高倩倩，《基督教慈善思想探析》，碩士學位論文，濟南：山東師範大學，2013年。

3. 黃海波，《宗教性非營利組織的身份建構研究》：博士學位論文，上海：上海大學，2007年。

4. 馬海成，《伊斯蘭慈善思想與制度研究》：博士學位論文，上海：上海外國語大學，2012年。

5. 施乃瑜，《宗教傳播與化世的新範式——佛教在當代中國興辦高等教育之思考》：博士學位論文，上海：復旦大學，2008年。

6. 王許林，《試論伊斯蘭教早期的慈善事業》，碩士學位論文，長春：東北師範大學，2011年。

7. 張培新，《臺灣宗教性非營利組織運作的社會資本考察——以慈濟功德會為例》：博士學位論文，臺北：臺灣大學，2005年。

8. 趙樂，《信仰的魅力與社會資本的實力：淺析美國宗教慈善組織的兩大支柱》：碩士學位論文，上海：復旦大學，2008年。

9. 仲鑫，《當代佛教慈善公益組織及其活動的研究》：博士學位論文，南京：南京大學，2011年。

五、經典類

1.《大正藏》全文在線檢索 http://fodian2，huayen，net/。

2.《道藏》，北京：文物出版社，上海：上海書店，天津：天津古籍出版社，1988年。

3.《古蘭經》，麥地納：法赫德國王古蘭經印製廠，1987年。

4.《聖經》，上海：中國基督教兩會出版部發行組，2007年。

六、報刊年鑒類

1. 佛光山宗委會，《佛光山開山四十週年紀念特刊》（全十冊），高雄：佛光山文教基金會出版，2007年。

2. 《佛光山慈悲社會福利基金會 2000 年慈善年鑒》高雄：財團法人慈悲社會福利基金會出版，2000 年。

3. 《佛光山慈善事業》（專刊第一期至第六期），高雄：財團法人佛光山慈悲社會福利基金會出版，2012 年 9 月～2014 年 12 月。

4. 《佛光公益季刊》（第一期、第二期），臺北：公益信託星雲大師教育基金出版，2015 年。

5. 《救世軍年報》2010 年～2015 年。

6. 《救世軍年度概覽》2010 年～2015 年。

7. 《救世軍中國事務部年報》2010 年～2014 年。

8. 《救世軍軍信》第 47 期～第 70 期，2012 年 5、6 月～2016 年 5、6 月。

9. 《人間佛教的實踐：2014 國際佛光會中華總會特刊》，臺北：國際佛光會中華總會，2014 年 12 月。

10. 《人間福報》2015 年 7 月 30 日。

11. 《香港公益之——慈善之都》，《紫荊》，2010 年 5 月。

12. 〈The Salvation Army Social Fund：Annual Financial Report〉.2010～2015.

13. 〈The Salvation Army Combined Financial Statements〉.2010～2015.

14. 〈The Salvation Army Hong Kong and Macau Command Social Fund〉.2009～2010.

15. 〈The Salvation Army Hong Kong and Macau Command General Fund〉.2009～2010.

16. 〈The Salvation Army Year Book 2016〉.

七、法律法規類

1. 《慈善籌款活動最佳安排參考指引》（臺灣）。

2. 《關於鼓勵信託公司開展公益信託業務支持災後重建工作的通知》。

3. 《基金會管理條例》。

4. 《美利堅合眾國憲法》。

5. 《勸募管理條例草案（協商版）》（臺灣）。

6. 《中華人民共和國公益事業捐贈法》。

7. 《中華人民共和國信託法》。

8. 《中華人民共和國慈善法》。

9.《中共中央關於構建社會主義和諧社會若干重大問題的決定》。

八、網站類

1. BLIA 國際佛光會世界總會 http://www.blia.org/

2. 愛德基金會官網 http://www.amity.org.cn/

3. 重慶華岩文教基金會官網 http://www.dahy.org.cn/

4. 財團法人佛光山文教基金會 http://fbce.fgs.org.tw/

5. 大正藏在線閱讀全文檢索 http://fodian2.huayen.net/

6. 佛光山財團法人宜蘭縣私立蘭陽仁愛之家官網 http://www.fgsrm.org.tw/

7. 佛光山全球信息網 https://www.fgs.org.tw/introduction.aspx

8. 佛光山電子大藏經 http://etext.fgs.org.tw/

9. 佛光山普門中學官網 http://www.pmsh.khc.edu.tw/pmsh/abus.htm

10. 佛光山大慈育幼院官網 http://tatzu.compassion.org.tw/

11. 佛光山大慈育成中心官網 http://tatzu.compassion.org.tw/0131-origin.html

12. 佛光山慈悲社會福利基金會官網 http://www.compassion.org.tw/index.aspx

13. 公益信託星雲大師教育基金 https://www.vmhytrust.org.tw/

14. 救世軍港澳軍區網站 http://www.salvationarmy.org.hk/

15. 救世軍國際官方網站 http://www.salvationarmy.org/ihq

16. 救世軍美國軍區官網 http://salvationarmyusa.org/

17. 進德公益基金會官網 http://www.jinde.org/

18. 南京方舟啟智中心官網 http://www.njark.cn/

19. 太虛大師全集在線閱讀 http://www.beihua.org/txdsjj.jhtml

20. 香港蓬瀛仙館官網 http://www.fysk.org/index.php

附錄一　受訪者情況簡介

姓名縮寫	性　別	所從事的工作	訪談時間與地點
XBL 師姑	女	佛光山大慈育幼院院長	2015/7/19　8：30～10：00 佛光山大慈育幼院教室 2015/7/20　9：00～10：30 佛光山檀信樓
YL 法師	女	佛光山慈善院院長	2015/7/20　9：00～10：30 佛光山檀信樓 2015/7/30　14：00～15：00 佛光山大慈育幼院會客室
YZ 法師	女	佛光山慈善院工作人員	2015/7/20　9：00～10：30 佛光山檀信樓 2015/7/21　8：00～18：00 佛光山宗史館、佛陀紀念館 2015/7/24　8：00～18：00 抄經堂、麻竹園、滴水坊 2015/7/28　8：00～18：00 高雄別分院
WHL　小姐	女	佛光山慈悲社會福利基金會主任	2015/7/22　10：00～12：30 佛光山檀信樓；滴水坊
SHK 博士	男	佛光山南華大學教授	2015/7/23　15：00～15：30 佛陀紀念館
MD 法師	女	佛光山慈悲社會福利基金會監獄教化負責人	2015/7/25　14：00～15：30 佛光山文教廣場

MZ 法師	女	佛光山傳燈會執行長	2015/7/27　9：00～10：00 佛光山文教廣場
MS 法師	女	佛光山聯合診所執行長	2015/7/27　14：30～16：00 佛光山聯合診所
PT 小姐	女	佛光山義工	2015/7/26　15：00～16：30 佛光山抄經堂

附錄二　訪談大綱

一、調研過程

1. 調研時間：2015 年 7 月 18 日～8 月 1 日。

2. 調研地點：臺灣佛光山。

3. 調研方法：深度訪談法，主要與佛光山慈善院院長、工作人員，以及各慈善公益單位的執行人或項目負責人以及義工等進行面談；文獻閱讀法，包括查閱佛光山慈善院及各慈善公益單位的報刊年鑒和檔案資料，整理各單位官方網站信息與數據，以及閱讀瞭解當地媒體和刊物報導的組織相關信息等。

二、訪談提綱

由於各訪談對象是不同的慈善公益單位的執行人、項目負責人或工作人員，因此，在具體的情境中，訪談問題也隨之進行了調整和改動，以下訪談提綱主要是對普遍性訪談問題的歸納。

1. 是什麼樣的因緣讓您投身到佛光山慈善公益事業中？之前是否具有從事慈善公益事業的經驗？目前主要負責哪些慈善公益項目？

2. 根據您在海內外（或不同慈善公益組織、或組織內的不同部門）的慈善公益工作經驗，佛光山在開展慈善公益事業方面有何特點？

3. 您認為佛光山慈善公益事業在當前臺灣社會福利事業中是什麼樣的角色？與世俗福利事業相比，佛光山有何優勢？

4. 佛光山成立的各慈善公益單位是否與其他宗教慈善公益組織（或世俗單位）交流合作，是否有長期的合作項目？效果如何？

5. 佛光山在開展慈善公益項目時是否受政府部門的控制和干預？政府對佛光山慈善公益事業的支持與監督體現在哪些方面？與政府進行慈善公益項目合作效果如何？對佛光山慈善公益事業的發展有何影響？

6. 佛光山在慈善公益資源與項目的運營和管理方面有哪些有益的經驗值得分享借鑒？

7. 當前臺灣的宗教慈善公益相關法律法規和政策對佛光山開展慈善公益事業起到怎樣的作用？如果調整當前的宗教慈善公益制度環境，希望調整哪些內容？

8. 佛光山與臺灣其他知名的宗教慈善公益組織（如慈濟功德會）相比，有哪些顯著的不同？佛光山的核心競爭力與優勢存在哪些方面？與其他宗教慈善公益組織關係如何？

9. 佛光山在海外開展的慈善公益事業與臺灣本地有何不同之處？對於佛光山在大陸地區的慈善公益項目有何發展規劃？對於大陸地區的宗教慈善公益事業有何建議？

10. 佛光山的慈善公益事業有哪些需要改進、調整和完善進步的地方？佛光山未來的慈善公益事業發展重點與發展方向是什麼？

由於佛光山的官方網站及各慈善公益單位的官方網站運營維護較好，信息更新迅速，因此信息量較為豐富，而且佛光山慈善院及各慈善公益單位的報刊、年鑒、檔案等資料十分詳實，加上通過對有關人員的訪談所補充瞭解的信息，基本上能夠掌握佛光山慈善公益事業的主要情況。